Xpert.press

Die Reihe **Xpert.press** vermittelt Professionals
in den Bereichen Softwareentwicklung,
Internettechnologie und IT-Management aktuell
und kompetent relevantes Fachwissen über
Technologien und Produkte zur Entwicklung
und Anwendung moderner Informationstechnologien.

Olaf Berberich

Trusted Web 4.0 – Bauplan für die digitale Gesellschaft

Konzepte der Dezentralisierung und Anonymisierung

Springer Vieweg

Olaf Berberich
Krefeld, Deutschland

ISSN 1439-5428
Xpert.press
ISBN 978-3-662-49207-9 ISBN 978-3-662-49208-6 (eBook)
DOI 10.1007/978-3-662-49208-6

Die Deutsche Nationalbibliothek verzeichnet diese Publikation in der Deutschen Nationalbibliografie; detaillierte bibliografische Daten sind im Internet über http://dnb.d-nb.de abrufbar.

Springer Vieweg

Gedruckt auf säurefreiem und chlorfrei gebleichtem Papier.

Springer Vieweg ist Teil von Springer Nature
Die eingetragene Gesellschaft ist Springer-Verlag GmbH Berlin Heidelberg

Vorwort

> Jeder wird in den nächsten zehn Jahren von der digitalen Transformation betroffen sein.
> Wird die Technik uns in Zukunft beherrschen oder wird Sie uns helfen?
> Technik ist weder gut noch böse. Doch nur, wenn sich breite Konsumentengruppen für eine lebenswerte Zukunft einsetzen, wird es diese auch geben.
> Dieses Buch bildet auch für den Laien eine Grundlage, um die Chancen und Risiken der Digitalisierung zu verstehen.

Zunehmend wird heute der Mensch von neuer Technologie überrollt. Gleichzeitig entsteht eine unsichere Situation durch neue Risiken, wie Cyber War und Cyberkriminalität. Es entwickelt sich ein undifferenziertes Unbehagen in breiten Bevölkerungsschichten. Jeder sollte dieses Unbehagen durch eine fundierte Meinung ersetzen.

Der Ansatz der Dezentralisierung und Anonymisierung zeigt, dass es keine grundsätzlichen technischen Hindernisse für ein viel sichereres Internet gibt. Vielmehr gelangt das ursprünglich als militärische Infrastruktur geplante Internet zu seiner vollen Entfaltung, wenn alle Straßenverkehrsteilnehmer für das autonome Fahren automatisiert miteinander kommunizieren und viele Milliarden Geräte im „Internet der Dinge" miteinander verbunden sind.

Anstatt auf Basis der Erfahrungen neue Konzepte umzusetzen, stehen Führungskräfte aus Politik und Wirtschaft der Entwicklung weitgehend ratlos gegenüber.

Alle diejenigen, für die die Konzepte in diesem Buch zu weit gehen, seien angeregt, sich mit eigenen kritischen Beiträgen an der gesellschaftlichen Diskussion zu beteiligen. Alles ist besser als die heutige Lethargie und Selbstverliebtheit der Zentralisierungsbefürworter.

Trusted Web 4.0 – Konzepte einer digitalen Gesellschaft ist der kleine Bruder von *Trusted Web 4.0 – Bauplan für die digitale Gesellschaft*, welches für Führungskräfte und aktive Gestalter der digitalen Zukunft bestimmt ist. Wenn Sie nicht selbst als Führungskraft in die Organisation von digitalen Wertschöpfungsprozessen, IT-Sicherheit und Datenschutz eingebunden sind, also nicht so weit in die Tiefe gehen wollen, um Trusted Web 4.0 selbst umzusetzen, dann empfehlen sich die *Konzepte einer digitalen Gesellschaft*. Jeder ist von der digitalen Transformation betroffen. Jeder sollte sich hierzu eine eigene Meinung bilden. Wenn Sie *Konzepte einer digitalen Gesellschaft* gelesen haben, können Sie die bestehenden zentralisierten IT-Tendenzen verstehen und hinterfragen. Zudem erfahren Sie, warum wir uns in der entscheidenden Phase der Weichenstellung für die Entwicklungen der nächsten Jahrzehnte befinden.

► Jede Stimme für Trusted Web 4.0 ist eine Stimme für den Erhalt der Demokratie!

Seit 1999 beschäftigt sich der Autor mit einem sicheren Internet. Während nach dem Platzen der Dotcomblase deutsche und europäische Konsortien sehr gute Konzepte in der Schublade verschwinden ließen, arbeitete er unbeirrt weiter an der Idee eines Internets, welches vom Menschen beherrscht wird und nicht den Menschen beherrschen soll.

Anfang 2008 veröffentlichte er sein erstes Buch: *7/11 Insiderstory des Wandels in Deutschland 1999–2015*. In diesem Zusammenhang definierte er den Begriff des Trusted Web 4.0.

► Trusted Web 4.0 ist die Integration aller über das Web verfügbaren Ressourcen in ein Gesamtsystem.
Maschinen, Geräte und Menschen sind global erreichbar in dezentralisierten, anonymisierten Strukturen organisiert.
Trusted Web 4.0 bildet vordigitale Gesellschaftsstrukturen ab.
Die Wertschöpfungsketten werden neu organisiert.

Trust bedeutet Vertrauen

Im Zusammenhang mit Web 4.0 ist nicht das blinde Vertrauen von Menschen auf die Zuverlässigkeit der Technik gemeint. Vielmehr bildet das steigende Misstrauen der Menschen gegenüber der Technik den Nährboden für Lösungen, die Menschen nicht bevormunden, sondern als im positiven Sinne kritische Partner in eine Win-win-Situation einbinden wollen.

Vertrauen ist gut, Kontrolle ist besser

Wenn Millionen von Daten unkontrolliert abfließen, dann liegt das oft daran, dass nachhaltige Stabilität von Institutionen zugunsten kurzfristiger Rationalisierungseffekte durch Zentralisierung aufgegeben wird.

Das Buch zeigt, mit welchen technischen und organisatorischen Maßnahmen Institutionen eine der vordigitalen Gesellschaft zumindest entsprechende Sicherheit wiederherstellen können.

Der einzelne Mensch steht im Mittelpunkt

In einer mobilen Welt übernimmt er verschiedene Rollen, als Arbeitnehmer, Geheimnisträger und Privatperson. Der Mensch sollte im Mittelpunkt eines jeden Sicherheitskonzepts stehen. Damit er sich und entsprechend seiner Rolle andere schützen kann, muss er die Prozesse, in die er eingebunden ist, verstehen können. Er soll die Verfügungshoheit über alle seine Daten erhalten. Nur so kann er echte Verantwortung übernehmen.

Technik muss sich den Menschen unterordnen. Damit die Technik vom Menschen akzeptiert wird, sollte die Kommunikation zwischen Mensch und Technik den Regeln der menschlichen Kommunikation angepasst werden.

Das Buch beleuchtet interdisziplinär die soziologischen, rechtlichen, organisatorischen und technischen Grundlagen für eine digitale Transformation. Im Ergebnis bildet es die Grundlage für die Entwicklung neuer disruptiver Technologien für neue nachhaltige Geschäftsmodelle.

Im Folgenden wurden aus Gründen der Lesbarkeit bei den Begrifflichkeiten nicht beide Geschlechtsformen berücksichtigt. Hierdurch soll jedoch kein Geschlecht diskriminiert werden.

Abkürzungsverzeichnis

5G	Nachfolger des derzeitigen Standards LTE (4G)
BSI	Bundesamt für Sicherheit in der Informationstechnik
BYOD	Bring your own device
DDoS	Distributed denial of service
DoS	Denial of service
GAC	Governmental Advisory Committee
GISAD	Global Institute for Structure relevance, Anonymization and Decentralization
IANA	Internet Assigned Numbers Authority
ICANN	Internet Corporation for Assigned Names and Numbers
M2M	Kommunikation zwischen Maschinen
PDS	Persönliches digitales System
TLD	Top-Level-Domain
XML	Extensible Markup Language

Inhaltsverzeichnis

Abbildungsverzeichnis

Soziologische Grundlagen 1

► Technik muss sich an die Gesellschaft anpassen und nicht die Gesellschaft an die Technik.

1.1 Kommunikationspsychologische Grundlagen

► Eine Kommunikationsstörung zwischen Mensch und Technik ist ursächlich für die fehlende Akzeptanz von Onlinewerbung, Apps und dem Internet der Dinge.

Schon immer war Sprache die mächtige Waffe zur Differenzierung der gebildeten Herrschenden von weniger gebildeten Bevölkerungsgruppen, aber auch zur Unterdrückung (Wirtisch et al. 2001). Im Rahmen der digitalen Transformation gewinnt die Kommunikation zwischen Mensch und Maschine, aber auch zwischen den Maschinen untereinander (M2M) an erheblicher Bedeutung. Es hat sich, gerechtfertigt durch technische Notwendigkeiten, eine Parallelwelt der Kommunikation mit Netzwerkprotokollen, Maschinen- und Programmiersprachen entwickelt. Die derzeitige Forderung, dass Menschen sich an die Technik, zum Beispiel durch das Erlernen von Programmiersprachen, anpassen, gelangt da an ihre Grenzen, wo Menschen zu dieser Anpassung nicht oder nicht mehr bereit sind bzw. in Zukunft Maschinen sich zunehmend selbst programmieren. Die M2M-Kommunikation von mit künstlicher Intelligenz ausgestatteten Systemen wird menschlichem Zugriff völlig entgleiten, wenn nicht bereits in der Konzeption von M2M-Kommunikation die Menschen generell berücksichtigt sind. Kommunikation ist viel mehr als reine Sprache. Alle Aspekte der menschlichen Kommunikation müssen auch bei der Kommunikation zwischen Menschen und Maschinen berücksichtigt werden, sonst kommt es zu schwerwiegenden Kommunikationsstörungen.

Trusted Web 4.0 transformiert die vordigitalen Errungenschaften in eine digitale Gesellschaft. Diese Studie stellt das Grundgerüst für eine an die menschliche Kommunikation angepasste technische Kommunikationsstruktur dar.

O. Berberich, *Trusted Web 4.0 – Bauplan für die digitale Gesellschaft*, Xpert.press,
DOI 10.1007/978-3-662-49208-6_1

1.1.1 Anonyme Kommunikation

► Vordigitale Errungenschaften sind das Ergebnis gesellschaftlichen Konsenses und sollten erhalten bleiben.

Es gibt viele Gelegenheiten, in denen wir heute anonym mit anderen Menschen kommunizieren und sogar Geschäfte abwickeln. Wir empfangen Päckchen, ohne zu wissen, wie der Paketbote heißt, wir heben am Bankschalter Geld ab und kennen den Bankmitarbeiter nicht. Beide Personen nehmen wir anhand von Merkmalen wie einer Uniform oder wegen eines besonderen Standorts in ihrer Funktion wahr.

Aber wir können auch problemlos mit völlig Fremden kommunizieren, ohne sie als Funktionsträger zu erkennen. Aufgrund seines Verhaltens stufen wir jemanden als Einheimischen ein und fragen ihn nach dem Weg.

In den folgenden Abschnitten wollen wir uns ein Beispiel näher ansehen: Eine Person als „Sender“ fragt eine zweite Person als „Empfänger“ nach der Uhrzeit.

An diesem einfachen Beispiel „Zeitmesser“ können sowohl die geschichtliche Entwicklung von Kommunikation mit Technik als auch die verschiedenen Dienstleistungskommunikationsprozesse erläutert werden.

Zeitmesser gab es schon in Form von Sonnenuhren 3000 v. Chr. (Wikipedia 2015, Geschichte der Zeitmessgeräte). Die Natur hat die Maßstäbe gesetzt, nach denen schon 2000 v. Chr. die Tage in zwei Zwölf-Stunden-Zeiträume eingeteilt wurden. Die Idee der Sonnenuhr wurde auf die analoge Uhr und später auf die digitale Uhr übertragen. Zeitmesser unterlagen bisher einem stark vereinfachten Kommunikationsprozess, da sie an bekannten Stellen, wie zum Beispiel Kirchtürmen, aufgehängt wurden und ihre Bildsprache über viele menschliche Sprachen hinweg eindeutig ist.

Mit dem Smartphone hat sich das verändert. Wer eine analoge Uhr auf seinem Smartphone darstellen will, muss mit ihm kommunizieren. Es erfolgt ein komplexer Prozess von Aktionen und Interaktionen, bis der Nutzer die Uhrzeit erhält. Uhr-Apps haben meistens gegenüber anderen Apps den Vorteil, dass ihre Funktion eindeutig bestimmt ist. Selbst wenn die Uhr-App nicht nur über eine Zeitanzeige, sondern auch über einen Wecker und eine Stoppuhr verfügt, so kennt man diese Funktionen bereits von aufwendigeren Analoguhrmodellen.

Die nächste Evolutionsstufe ist die Smartwatch. Sie gaukelt uns optisch eine analoge Uhr vor, kann aber meist noch mehr als das Smartphone, da sie mit dem Nutzer fest verbunden zum Beispiel dessen Puls messen kann.

Zeit wird zukünftig eine immer größere Rolle spielen. In der Programmierung spricht man von zeitkritischen Prozessen, in der M2M-Kommunikation von kurzen Latenzzeiten und so weiter.

Der Zeitmesser selbst mag noch für den ein oder anderen ein Modeaccessoire bleiben. Sein modischer Aspekt wird aber in Zukunft hinter Systemen zur Abfrage komplexer Aufgaben, wie zum Beispiel die Erinnerung an einen Termin bei gleichzeitiger Ticketbestellung, verschwinden.

Während eine analoge Uhr noch von jedem technisch Begabten zerlegt und die Funktion der Einzelteile im Wesentlichen verstanden werden konnten, erschließen sich uns in Zukunft die im Hintergrund ablaufenden Programmprozesse nicht mehr.

Im „Internet der Dinge" wird auch der PC selbst noch einem Wandel unterliegen, weil das uns unterstützende „persönliche digitale System" (PDS) die Summe aller vernetzten Devices ausmachen und nicht mehr in einer Kiste mit einem Monitor zu finden sein wird. Umso wichtiger wird es sein, mit personenbezogenen Daten sparsam umzugehen.

Ein Sender ist weder, wenn er einen Unbekannten nach der Uhrzeit fragt, noch, wenn er auf die Kirchenuhr sieht, gezwungen, seine Anonymität aufzugeben. Und wenn er 10.000 € in der Tasche trägt, die er vorher bei der Bank abgehoben hat, kann er diese Information für sich behalten, wenn er sich nach der Zeit erkundigt. Je nach undurchsichtiger Berechtigungseinstellung seines Devices erhält hingegen die Zeit-App bei ihrem Aufruf auch die Geoangaben über seinen Bankbesuch.

In Zukunft sollen wir mit menschlicher Sprache oder mit Gesten Anweisungen geben können oder wir werden – wie bei den selbstfahrenden Autos – vom Kommunikationsprozess ausgeschlossen. Im Zweifel werden uns Maschinen dann vernichten, weil wir ihren Zielen nicht mehr entsprechen (Bostrom 2014).

Ein wesentlicher Grund, warum wir dazu neigen, Verantwortung an technische Systeme abzugeben, ist die vordergründige Steigerung unserer Convenience (s. Kap. 2, Abschn. 2.2). Auf der anderen Seite bieten autonome Roboter erstmalig die Möglichkeit einer dezentralen Vernetzung intelligenter Systeme. Auch wenn diese Intelligenz bisher noch auf die vorprogrammierten Verhaltensmöglichkeiten begrenzt ist, weisen die ersten technischen Systeme eine Komplexität auf, die einen der menschlichen Kommunikation vergleichbaren komplexen und standardisierten Informationsaustausch erforderlich machen (s. Kap. 1, Abschn. 1.1.8).

1.1.2 Das Vier-Seiten-Modell der Kommunikationspsychologie

> Kommunikationspsychologische Aspekte spielen auch eine Rolle in der Kommunikation zwischen Mensch und Technik.

Trusted Web 4.0 möchte die IT an die Menschen anpassen. Am Beispiel der Zeit kann man gut erkennen, wie Technik aus der Natur entstanden ist und sich die entsprechenden Begriffe anhand des Verständnisses von Technik entwickelt haben. Die digitale Transformation hingegen bildet nicht mehr einzelne für den Menschen verstehbare Techniken ab, sondern transformiert komplette Arbeitsabläufe in digitale Prozesse. Wenn der Mensch beherrschender Teil dieses Kommunikationsprozesses bleiben soll, dann muss die Mensch-Maschinen-Schnittstelle zuerst nach dem Menschen und dann nach der Maschine ausgerichtet werden. Erkenntnisse der menschlichen Kommunikation sind soweit möglich auf die M2M-Kommunikation und die Kommunikation zwischen Menschen und Maschinen zu übertragen.

Nun mögen Techniker erwidern, dass technische Kommunikation sich ja eben durch Eindeutigkeit auszeichnet. Trojaner und Viren zeigen aber deutlich, wie eine vordergründige Nachricht auch technisch für einen anderen Zweck missbraucht, also mit mehreren Bedeutungen versehen werden kann.

Es ist eine menschliche Stärke und die Quelle der Kreativität, dass menschliches Denken unterschiedlich ist. In der Vergangenheit ist es uns hervorragend gelungen, die Individualität der Menschen zu fördern und trotzdem die für eine Verständigung notwendige Standardisierung durch Sprache zu erreichen. Die Kommunikation auf das reine Vermitteln von Nachrichten zu reduzieren, greift zu kurz. Eine gesunde menschliche Kommunikation ist eine Interaktion unter Einbeziehung aller Sinne, in der Ungenauigkeiten durch wiederholtes Nachfragen ausgeräumt werden können. Kommunikationsstarke Menschen sind hierüber in der Lage, die Botschaft hinter der Botschaft eines Senders zu erkennen.

Technische Kommunikation findet heute noch im Wesentlichen zwischen zwei Softwareprogrammen statt, die nur eine kleine Anzahl von Wenn-dann-Möglichkeiten zulassen. Hingegen werden sich die Möglichkeiten der Kommunikation autonomer Systeme durch höhere Freiheitsgrade der „intelligenten" Software der menschlichen Kommunikation nähern. Ein echter Mehrwert für die Menschen wird sich hieraus nur ergeben, wenn autonome Systeme das Wesen menschlicher Kommunikation verstehen und ein technisches Äquivalent entwickeln, welches den Möglichkeiten menschlicher Kommunikation möglichst nahekommt.

Die Kommunikationspsychologie benutzt folgendes Modell, um Störungen in der Kommunikation zu verstehen und zuzuordnen: Jede Nachricht hat vier Seiten. Betrachtet man die unterschiedlichen Seiten, versteht man, wie Missverständnisse entstehen können. Das Vier-Seiten-Modell in Abb. 1.1 (Thun 2015) stellt in diesem Buch die Grundlage für einen Vergleich zwischen menschlicher und maschineller Kommunikation dar.

Die Sachebene entspricht am ehesten der technischen Kommunikation. In unserem Beispiel informiert der Sender darüber, dass er eine Information über die Zeit benötigt.

Die Selbstkundgabe ist das, was der Sender über sich preisgibt, und hat erheblichen Einfluss darauf, ob der Sachinhalt der Nachricht wahrgenommen wird. Sieht der Sender aus, als ob er auf der Straße geschlafen hätte, wird der Empfänger möglicherweise vermuten, dass der Sender in Wirklichkeit betteln will und die Frage nach der Uhrzeit nur einen Vorwand darstellt. In der M2M-Kommunikation fehlt die Selbstkundgabe bisher völlig.

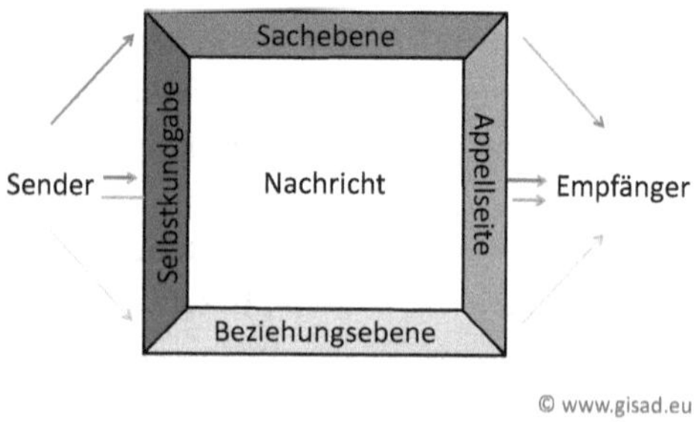

Abb. 1.1 Grafische Darstellung des Vier-Seiten-Modells. (Thun 2015)

In der Beziehungsebene kommt die tatsächliche oder vermutete Wertschätzung der Gesprächspartner zueinander zum Ausdruck. Hierüber kann der Sender möglicherweise erkennen, dass der Empfänger die Uhrzeit nicht mitteilen wird, weil er die Hautfarbe des Senders nicht akzeptiert. Auch hierfür gibt es bisher keine Entsprechung in der M2M-Kommunikation.

Die Appellseite enthält die Erwartung des Senders, vom Empfänger als Antwort die Uhrzeit zu erfahren. Wenn er auf der Sachebene nicht fähig war, eine verständliche Frage zu stellen, wird auf der Appellseite möglicherweise der Empfänger nicht in der Lage sein, eine Antwort zu geben. Eine Entsprechung in der M2M-Kommunikation wäre ein „Handshake“, welcher die Beantwortung einer Frage erwartet.

Was auf den ersten Blick als fehleranfällige menschliche Schwäche interpretiert werden kann, ist in Wirklichkeit ein sehr komplexer Prozess, der technisch nur sehr schwer nachzubauen ist. An dieser Stelle ist es von Nachteil, dass Menschen sehr anpassungsfähig sind. So haben viele Nutzer bereits erhebliche Zugeständnisse an eine reduzierte Kommunikation gemacht, um digitale Produkte kostengünstig und Informationen ohne Zeitverzögerung zu erhalten. Diese Vorteile sind inzwischen in Onlineshoppingportalen weitgehend ausgereizt.

Die verschiedenen Betrachtungsseiten menschlicher Kommunikation zeigen die Vielschichtigkeit, die es uns ermöglicht, anonymisiert miteinander erfolgreich zu kommunizieren und trotzdem Manipulationen durch den Kommunikationspartner weitgehend einzuschränken. Kommunikationspsychologen beschäftigen sich im Wesentlichen mit Kommunikationsstörungen. Die meisten Menschen sind in der Lage, uneindeutige Situationen durch einen erneuten Aufbau einer Kommunikation zu lösen. „Ich komme gerade vom Abenteuerspielplatz“, würde in unserem Beispiel die Zweifel, ob der Fragende betteln will, innerhalb von wenigen Sekunden zerstreuen.

Eine im Sinne der Menschen erfolgreiche digitale Transformation kann nur funktionieren, wenn man möglichst viele Aspekte menschlicher Kommunikation auf die Kommunikation zwischen Menschen, digitalen Devices und Maschinen überträgt. Im Gegensatz zu einer kurzzeitigen Unterwerfung unter die reduzierten Kommunikationsmöglichkeiten von Shoppingportalen bringen Menschen große Widerstände auf, wenn es um die permanente und allumfassende Unterwerfung unter eine technische reduzierte Kommunikation geht.

1.1.3 Die vier Dienstleistungskommunikationsprozesse

► Gleichbleibende Prozesse dienen als Grundlage für Standardisierungen.

Wenn es einen Appell vom Sender zum Empfänger gibt, dann kann die erwartete Reaktion des Empfängers als Dienstleistung an den Sender verstanden werden. Die Dienstleistungskernprozesse sind die Anfrage einer Dienstleistung, ihr Erhalt, das Bezahlen und das Empfehlen des Dienstleisters (s. Abb. 1.2).

Abb. 1.2 Dienstleistungskommunikationsprozesse

Ein Kunde fragt nach der Dienstleistung „Zeitangabe". Er erhält die aktuelle Zeit. Üblicherweise bezahlt er durch ein „Dankeschön". Möglicherweise fühlt sich eine ältere Dame durch die freundliche Art des Dienstleisters veranlasst, diesen zu fragen, ob er ihr über die Straße helfen kann. Eine Empfehlung funktioniert also auch automatisch durch Auswertung des positiven Verlaufs der ersten drei Prozesse.

In jedem einzelnen der Kommunikationsprozesse hat das Vier-Seiten-Modell Gültigkeit. Nicht nur in der Mensch-Maschine-Kommunikation, auch in der Kommunikation zwischen Menschen mittels Technik ist der Wegfall der emotionalen Informationen über die Selbstkundgabe und die Beziehungsebene ein großes Problem.

Derzeit erfolgt die M2M-Kommunikation noch in einem geschlossenen Kreislauf. Innerhalb einer Fabrik sind die Beziehungen zwischen den Maschinen statisch fixiert. Hierbei können keine Probleme in der Selbstkundgabe und auf der Beziehungsebene entstehen, weil keine Kommunikation mit einem offenen Ende und unbekannten Partnern geführt wird, sondern die Möglichkeiten der Kommunikation zwischen Maschinen auf Variablen innerhalb weniger Parameter begrenzt sind. Zum Beispiel meldet eine Maschine: „Ich übergebe ein Produkt zu Weiterbearbeitung" oder „Ich habe einen Fehler, wähle eine andere Zuliefermaschine an." Es spricht nichts dagegen, dass in Zukunft Roboter, die zum Beispiel über alle Produktionsfertigungseigenschaften in der Textilfertigung verfügen, automatisiert, inklusive des Bezahlens, den gesamten Dienstleistungskommunikationsprozess direkt mit dem Kunden durchlaufen. Hierzu müssten Selbstkundgabe und Beziehungsebene im hohen Maße in die Maschine-Mensch-Kommunikation eingebunden sein. Mensch und Maschine sind dabei besser geschützt, wenn sie anonym bleiben. Gezielte Angriffe werden nicht auf unbekannte Ziele durchgeführt.

1.1.4 Probleme auf der Beziehungsebene

- Kommunikationsstörungen haben extreme Auswirkungen auf die Akzeptanz von Technik.

Obwohl die Beziehungsebene bisher von den Device-Designern nicht berücksichtigt wurde, existiert sie. Unbeirrbar fordert Technik eine bestimmte Vorgehensweise ein. Wenn der Nutzer eine Smartphonetaste zu lange drückt und dadurch nicht der Bildschirm an-, sondern sein Smartphone ausgeht, dann wird die Kommunikationsstörung der Technik als Benutzerfehler betrachtet. Tatsächlich besitzen besonders ältere Nutzer möglicherweise nicht mehr die erwarteten haptischen Fähigkeiten oder Reaktionszeiten. Einem menschlichen Kommunikationspartner würde man wahrscheinlich sagen: „Wenn du nicht mit mir reden willst, dann ist das dein Problem." Der Nutzer wiederum akzeptiert die Technik nicht, wenn er sich bevormundet fühlt.

Hinter jeder Technik stehen zumindest heute noch menschliche Entwickler, welche die Anforderungen ihrer Auftraggeber umsetzen. Viele Geschäftsmodelle moderner Apps basieren auf schneller Verbreitung durch vordergründig kostenlose oder kostengünstige Dienstleistungen. Das eigentliche Geschäft wird mit der Auswertung personenbezogener Daten generiert. Spätestens nach der Sensibilisierung durch die Presse entsteht so eine Kommunikationsstörung auf der Beziehungsebene, die zur Verweigerung der Kommunikation führen kann: „Dann installiere ich eben keine Apps mehr!" Selbst junge gesunde Nutzer können diese Kommunikationsstörung nicht durch Nachfragen beheben: „Warum bietest du mir die Zeitinformation nur an, wenn ich dir meinen genauen Standort mitteile? Kann ich dir nicht alternativ meine Zeitzone mitteilen?". Gesunde Menschen zeichnen sich gerade dadurch aus, dass sie wie im nichtdigitalen Leben gestörte Kommunikation zum Selbstschutz vermeiden.

Zudem muss in der Kommunikation zwischen Menschen und Maschinen immer eine Hierarchie eingehalten werden. Ein zukünftiges PDS sollte sich jederzeit dem Menschen unterordnen. Das geht bekannterweise nicht durch ständige Widerworte. Einen ersten Versuch in diese Richtung bilden Navigationssysteme. Eine immer gleich ruhige Stimme macht Routenvorschläge. Werden die Vorgaben nicht eingehalten, stellt sich das System ohne Widerworte auf die neue Situation ein.

Selbst Menschen mit kognitiven Beeinträchtigungen sollten im Rahmen ihrer Möglichkeiten noch in der Lage sein, Entscheidungen zu treffen und die Oberhand über das PDS zu behalten. Wir werden eines Tages von Maschinen beherrscht, wenn wir der Technik erlauben, Entscheidungen zu treffen, uns ohne unser Wissen zu überwachen oder in unserem Namen Handlungen durchzuführen. Unabhängig vom Appell der Maschine an den Menschen und der vermittelten Sachinformation, muss zu jeder Zeit eine Beziehung zwischen der Technik als Dienstleister und dem Menschen als wertgeschätzten Kunden aufrechterhalten werden.

1.1.5 Probleme bei der Selbstkundgabe

► Technik muss eine klare Rolle als untergeordneter Helfer einnehmen.

Die Versuche, Roboter menschlich aussehen zu lassen, damit sie akzeptiert werden, gehen in die völlig falsche Richtung. Technik muss in ihrer Funktion erkannt werden und nicht einen gefälschten Menschen vorgaukeln. PDS sollten Fragen stellen, wenn sie nicht weiterwissen und sie sollten die Privatsphäre und Wünsche des Kunden achten. Das ist weit weniger kompliziert, als es sich anhört.

Wenn ein Kühlschrank das Essen nachbestellen will, dann ist ein Prozess vorzuschalten, in dem der Nutzer gefragt wird, ob jetzt eine Bestellung mit entsprechendem Inhalt abgeschickt werden soll. Diese Fragen sollten zu Zeiten gestellt werden, wenn sie situativ angebracht sind. Wer gelegentlich Fastenwochen einlegt und dann unerwünschte Lieferungen erhält, wird mit seinem „intelligenten" Kühlschrank nicht froh.

Eine Unzahl von personenbezogenen Daten wird mit dem vordergründigen Ziel gesammelt, den Kunden besser verstehen zu können. Diese Daten bedeuten Macht in den Händen der Verwerter, egal ob es sich dabei um Großrechner oder Menschen handelt. Sie bieten aber aus der Sichtweise individueller und kreativer Individuen keinen echten Mehrwert für die Kunden.

So wundert es nicht, wenn eine aktuelle Studie in Bezug auf das „Internet der Dinge" die Frage nach der Überforderung der Verbraucher stellt (eco-Verband der deutschen Internetwirtschaft e. V. 2015a). Immerhin ein Drittel der Befragten hat Angst vor möglichem Kontrollverlust. Wenn Maschinen nur das tun, was ihre Hersteller wollen, und die Dienstleistung nicht als Hilfe empfunden wird, dann werden diese Maschinen nicht akzeptiert. Entsprechend wird sich hoffentlich eine direkte IPv6-(Internet-Protocol-Version-6-)Vernetzung mit Kommunikation aller Dinge untereinander nicht durchsetzen.

Die Alternative ist ein PDS, welches zum Beispiel im Smart-Home-Bereich alle mögliche Kommunikation von Devices zu Systemen außerhalb des Hauses so aufbereitet, dass den Nutzern verständliche Fragen zu anstehenden Aufgaben gestellt werden können. In der Kommunikation sollte das PDS nur dann die einzelnen Devices und ihre technischen Funktionen im System erläutern, wenn es danach gefragt wird. Ansonsten entspricht es den Menschen viel eher, wenn über Aufgaben gesprochen wird. Welche Teile des Systems wie an der Erfüllung einer Aufgabe beteiligt sind, ist normalerweise uninteressant. Die Kommunikation mit externen Teilnehmern im Internet sollte in jedem Einzelfall nur nach Erlaubnis durch den menschlichen Benutzer mittels zwischengeschaltetem PDS möglich sein.

1.1.6 Möglichkeiten der menschlichen Kommunikation

► Menschliche Kommunikation ist viel komplexer als der reine Austausch von Sachinformationen.

Die menschliche Kommunikation in ihrer häufigsten Ausprägung findet und fand „face to face" mit gesprochener Sprache statt. Hierbei benutzen wir alle unsere Sinne meist unbewusst, um auf der Beziehungsebene eine Einordnung vorzunehmen und uns über die Selbstkundgabe darzustellen. Einem geschickten Verkäufer gelingt es, eine hohe Übereinstimmung zwischen den einzelnen Seiten des Vier-Seiten-Modells herzustellen. Anders gesagt, wenn es ihm über die Beziehungsebene gelingt, als sympathischer Helfer mit Know-how verstanden zu werden und eine vollkommene Übereinstimmung mit der Selbstkundgabe des Kunden, sei es auch nur durch fehlenden Widerspruch, besteht, dann werden auch Sachinhalt und Appell akzeptiert und das Produkt wird gekauft. Das stärkste Argument, warum sich die „face to face“-Kommunikation bis heute gehalten hat, ist die Echtzeitmöglichkeit der Auseinandersetzung des Empfängers mit dem Sender. Bevor sich Missverständnisse festsetzen, können sie in einer gesunden Kommunikation ausgeräumt werden. Oft geht es auch nicht um Missverständnisse, sondern um verschiedene Standpunkte, die in einer ständigen Feinjustierung und in erneutem Senden von abgestimmten Nachrichten der Kommunikationspartner dazu führen, dass am Ende ein Konsens erzielt werden kann.

Die schriftliche Kommunikation zwischen Menschen hat den Nachteil, dass eine Vielzahl von Sinnen nicht zur Verfügung steht und die Feinjustierung nicht mehrfach und direkt, sondern über längere Zeiträume wesentlich seltener stattfindet. Auch hier sind die grundlegenden Probleme aufseiten der Selbstkundgabe und der Beziehungsebene zu finden. Durch einen leichtfertig geschriebenen Satz, kann der Sender einen Empfänger ungewollt verletzen. Briefe von einem durch den Empfänger nicht wertgeschätzten Sender werden nicht gelesen. Hierfür reicht möglicherweise schon aus, dass ein Empfänger einen Sender nicht persönlich kennt. Eine anschließende Korrektur ist wesentlich schwerer möglich.

Diese Nachteile können durch die Vorbereitungszeit teilweise ausgeglichen werden. Eine präzise mit einem umfangreichen Vokabular versehene Stellungnahme kann auf Kompetenz hinweisen. Schriftliche menschliche Kommunikation hat den Vorteil, mögliche Diskriminierungen einer „face to face“-Kommunikation, zum Beispiel durch ein unvorteilhaftes Äußeres, zu vermeiden. Auch erzeugt die schriftliche Kommunikation eine langfristige Verbindlichkeit.

1.1.7 Digitale Kommunikationsprothesen

► Technik ist nicht menschlich, aber sie kann an menschliche Bedürfnisse optimal angepasst werden.

„Eine Prothese in der Medizin bezeichnet den Ersatz von Gliedmaßen, Organen und Organteilen durch künstlich geschaffene, funktionell ähnliche Produkte“ (Wikipedia 2015, Prothese).

Funktionell ähnlich bedeutet nicht gleich. In der Regel bietet eine Prothese also nicht die gleichen Eigenschaften wie das Original. Manchmal gelingt es, einzelne Eigenschaften besser als beim Original zu gestalten. So gelang es dem südafrikanischen Sprinter Oscar Pistorius, mit Beinprothesen sogar schneller zu laufen, als Menschen mit gesunden Beinen dies können. Bei Prothesen werden immer Teile des Menschen durch Technik ersetzt.

Bei Kommunikationsprothesen ersetzen von Dienstleistern standardisierte Abläufe und darauf abgestimmte Standardnachrichten die Menschen im Kommunikationsprozess. Seit der Entstehung des Internets gab es zahlreiche Versuche, Kommunikationsprothesen zu entwickeln. So hat man zum Beispiel versucht, in Onlineshops Avatare (virtuelle Figuren als Verkaufsberater) zur Steigerung der Markenloyalität einzusetzen (Huber et al. 2011). Natürlich ist eine Steigerung überall da möglich, wo entsprechender menschlicher Einsatz geleistet wird. So ist das Ergebnis: „je größer die Expertise eines Avatars, desto positiver die Einstellung des Konsumenten gegenüber diesem Avatar", nicht gerade verwunderlich. Anders gesagt, je mehr menschlicher qualitativer Input hinterlegt ist, desto größer der Erfolg. Wenn man eine überschaubare Anzahl standardisierter unveränderlicher Produkte an eine große homogene Gruppe verkauft, lohnt sich der Einsatz von Avataren.

IT wird meistens eingesetzt, um Prozesse zu rationalisieren, sprich menschliche Arbeitskräfte zu ersetzen. Wenn die Erstellung der Grundinformationen für ein Avatarsystem einen vergleichbar hohen Aufwand bedeutet, wie zum Beispiel den zusätzlichen Einsatz von Callcentermitarbeitern, wird man die menschliche Kommunikation immer der Maschine vorziehen. Eine Prothese bleibt eine Prothese. Zudem handelt es sich im Onlineshop um sehr einfache Kommunikationsvorgänge, welche nicht zeitkritisch sind. Bei den meisten Standardprodukten gibt es außerdem die Möglichkeit, sich vorher in einem Laden persönlich „face to face" beraten zu lassen.

Weitere Versuche, die Beziehungsebene und die Selbstkundgabe der Kunden anzusprechen, findet man in einer auf einer Vielzahl von gesammelten Daten basierenden Werbung. Zwar kennen Datenverwerter im Zweifel das historische Verhalten eines Kunden besser als er selbst, trotzdem lässt sich hieraus nur begrenzt sein zukünftiges Verhalten ableiten. Wenn ein Nutzer sich ein Kochbuch kauft, um seine Freundin mit seinen Grundkenntnissen zu überraschen, heißt das nicht, dass er zum Kochprofi werden und weitere Kochbücher kaufen wird.

Ein wesentliches Problem fast aller auf Big Data beruhenden Kommunikationsprothesen liegt darin, dass die Datensammlung, Datenverwertung und das Angebot nicht auf das situative Kundenbedürfnis angepasst sind, sondern zu dem angebotenen Zeitpunkt eher störend wirken. Zudem gibt es kein Regulativ, welches Werbung ausblendet, bevor der Nutzer bewusst oder unbewusst wegen der Reizüberflutung abschaltet. Ein besonders negatives Beispiel stellt die Werbung bei den HD-Programmen der RTL-Gruppe dar. Einen aufgenommenen Film kann nur sehen, wer die Werbung laufen lässt. Ein Vorspulen ist nicht möglich. Hier wird Technik in schlimmster Weise eingesetzt, um den Nutzer dem Werbetreibenden zu unterwerfen. Ist der Nutzer zu dieser Unterwerfung nicht bereit, wird er Strategien entwickeln, um die Technik in seinem Sinne oder gar nicht zu benutzen.

Eine zielführende Kommunikation sieht anders aus. In der Realität freut sich die Werbewirtschaft über steigende Umsätze, weil Werbetreibende immer mehr Geld aufwenden müssen, um bei dem Werbeüberangebot überhaupt noch vom Kunden wahrgenommen zu werden.

Solche Konzepte sind nicht auf eine vertrauensvolle Kommunikation zwischen Maschinen und Menschen im „Internet der Dinge" übertragbar. Die Kommunikationsvorgänge innerhalb der digitalen Transformation werden viel komplexer. Entweder erfolgt eine totale Bevormundung durch nach Vorgaben und Datenmaterial durchgeführte Datenanalysen oder es müssen Systeme geschaffen werden, welche eine überschaubare Menge relevanter einfacher Nachrichten in einem vertrauensvollen Beziehungsumfeld, situativ zur Selbstkundgabe passend, in die Kommunikation mit dem Nutzer einbringen.

Somit stellt sich die Frage, ob das willkürliche Sammeln von meist personalisierten Daten überhaupt dem Interesse der Anbieter als zahlenden Werbekunden dient oder die Werbekunden in Wirklichkeit die globale Überwachung und Manipulation und damit für Interessen Dritter bezahlen, anstatt sich auf eine wirkungsvolle Kommunikation mit ihren Kunden zu konzentrieren.

1.1.8 Netzaufbau nach dem menschlichen Verständnis

▶ Das menschliche Weltbild muss auf die Möglichkeiten der Technik übertragen werden.

Voraussetzung für eine funktionierende Mensch-Maschine-Kommunikation ist die Schaffung eines standardisierten Kommunikationskonzepts, welches über die unterschiedlichen menschlichen und Computersprachen hinweg funktioniert. Das Konzept muss gleichermaßen für alle Anwendungen offen sein wie für alle Anwendungen den gleichen Einstieg bieten. Rechte und Rollen der Anwendungen müssen im einfachen absoluten Zugriff der Nutzer liegen und verständlich sein. Apps, die generell eine Liste von Berechtigungen einfordern, bestehen damit auf einen unzulässigen Machtanspruch der Technik über den Menschen. Auch wenn dieser Machtanspruch derzeit durch die Hersteller gegenüber den Menschen ausgeübt wird, wird er dadurch in der zukünftigen Positionierung der Technik zum Menschen bereits manifestiert.

Der Machtanspruch des Menschen über die Technik sollte rechtlich und gesellschaftlich noch relevanter sein, als der Datenschutz. Schließlich ist der Datenschutz gewährleistet, wenn der Nutzer die Kontrolle über seine Daten erhält.

Das Smartphone ist in vielerlei Hinsicht ein Zwischenschritt zu einer funktionierenden Mensch-Maschine-Kommunikation. So wird man aufgefordert, unterschiedlichste Updates zu installieren, teilweise von Applikationen, die man nicht kennt. Rechtlich richtig teilen einem die Apps dann mit, welche Zugriffsrechte sie haben wollen. Eine mit diesem Prozess vergleichbare menschliche Kommunikation liefe etwa so ab:

App: „Ich muss dringend ein neues Update installieren."

Nutzer: „Warum?"

App: „Vielen Dank, dass Sie sich für unser Produkt entschieden haben, bitte geben Sie uns folgende Berechtigungen frei".

Der Nutzer hat die Entscheidungsfreiheit, den Prozess nicht weiterzuverfolgen und möglicherweise später für eindringende Viren verantwortlich zu sein. Zudem wird er immer wieder an die Installation des neuen Updates erinnert. Das ist ein typisches Beispiel einer gestörten Kommunikation durch eine unvollständig entwickelte Kommunikationsprothese.

Eine Mensch-Maschine-Kommunikation kann nie dem Original der menschlichen Kommunikation entsprechen. Sie kann aber versuchen, sich mithilfe von durchdachten Konzepten der menschlichen Kommunikation zu nähern und diese eventuell in einzelnen Bereichen sogar zu übertreffen.

Menschen sind nicht nach Apps und Zugriffsrechten, sondern nach täglichen Aufgaben und Ereignissen organisiert (Abb. 1.3). Ein die Mensch-Maschine-Kommunikation berücksichtigendes Betriebssystem muss vergleichbar organisiert sein. Der hierarchische Anspruch des Menschen, über der Technik zu stehen, kann nur sichergestellt werden, wenn der Mensch alle ihn betreffenden Daten kontrolliert. Diese Daten sollten dafür nur über sein PDS zur Verfügung gestellt werden und nicht verstreut und oft ohne in der Funktion der App begründete Notwendigkeit bei unterschiedlichen Herstellern liegen.

Unterschiedliche Navigationsoberflächen der Apps können nützlich sein, müssen aber durch einen zentralen sprachlichen Zugang ergänzt werden, über den nicht der Name der Applikation, sondern die Lösung für eine Aufgabe gesucht wird. Bereits 2009 wurde ein solches Konzept entwickelt und erprobt (Berberich 2009–2011).

Ein PDS, das die Daten dezentral speichert und nur nach jeweiliger Nachfrage bei seinem Nutzer an Dritte weitergibt, kann situativ an den Kunden angepasst in zugeordneten Apps zum Beispiel Suchprozesse anstoßen. Allein durch die Ansprache in der richtigen Situation ist bereits die Übereinstimmung mit der Selbstkundgabe des Nutzers gegeben. Wenn nur ein PDS und nicht viele Apps mit dem Nutzer kommuniziert, kann auch eine langfristige Beziehung mit einer ständig verbesserten Kommunikation aufgebaut werden.

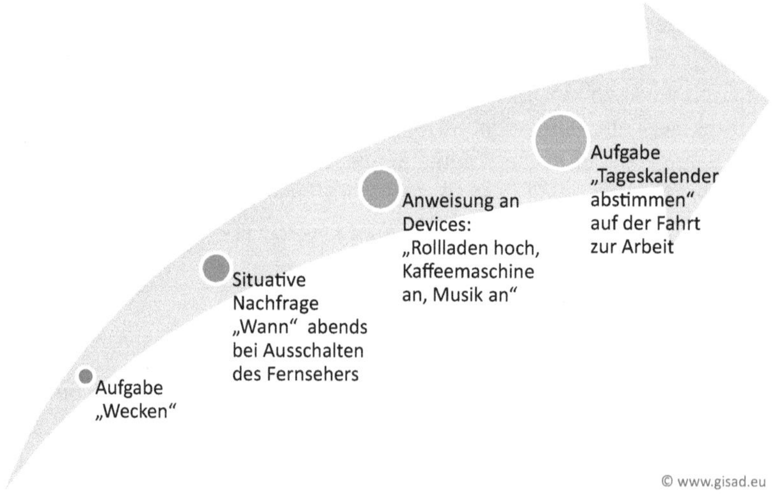

Abb. 1.3 Aufgabenorientierte Kommunikation

Trotzdem kann das Konzept zu App-Anbietern offen sein. Anstelle von „kostenlosen“ Apps, die sich durch die Datenverwertung bezahlen lassen, würden Kunden sicherlich eine transaktionsabhängige Bezahlung, abhängig von der einzelnen Nutzung der jeweiligen App akzeptieren. Wenn die bestehende Wertschöpfungskette aufgebrochen würde, wäre ein solches Konzept über alle Wertschöpfungsprozesse betrachtet nicht teurer als bisher. Ein Kommunikationskonzept, welches die Kommunikation von Menschen zu Menschen, Menschen zu Maschinen und Maschinen zu Maschinen berücksichtigt, nennen wir auch Kommunikation 4.0.

1.1.9 Erweitertes Vier-Seiten-Modell der Kommunikation 4.0

► Missverständnisse auf allen vier Seiten müssen ausgeschlossen werden.

Ein gemäß dem Vier-Seiten-Modell aufgebautes technisches Kommunikationsmodell (Abb. 1.4) überträgt die Erkenntnisse der Kommunikationspsychologie auf ein technisch umsetzbares System.

„Ein Protokoll hält oder legt fest, zu welchem Zeitpunkt oder in welcher Reihenfolge welcher Vorgang durch wen oder durch was veranlasst wurde oder wird“ (Wikipedia 2015, Protokoll).

Der Begriff „Protokoll“ kommt der Sicht der Sachebene recht nahe. Zudem beschreibt er eine Mindestanforderung an sowohl die menschliche als auch die technische Kommunikation. Menschen passen sich im Laufe von Generationen an veränderte Rahmenbedingungen an. So hat die Einführung der Schriftsprache auch zu einem veränderten Denken geführt. Bei der Arbeit mit erwachsenen Analphabeten hat sich gezeigt, dass diese sehr große Schwierigkeiten haben, chronologisch und vollständig Sachverhalte wiederzugeben (Wikipedia 2015, Netzwerkprotokoll; Berberich und Schmidt 1991).

Menschen und intelligente Technik werden sich im Laufe der Zeit in der Art des strukturierten Vorgehens aneinander angleichen. Dabei ist soweit möglich die Technik an den Menschen anzupassen.

Technische Protokolle sind in ihrer Definition den durch Menschen erstellten Protokollen sehr ähnlich:

Abb. 1.4 Organisation des Trusted Web 4.0 nach dem Vier-Seiten-Modell

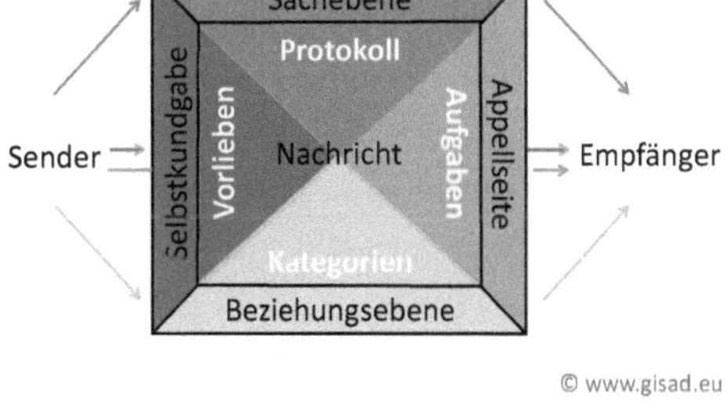

„Ein Netzwerkprotokoll ist ein Kommunikationsprotokoll für den Austausch zwischen Computern bzw. Prozessen, die in einem Rechnernetz miteinander verbunden sind" (Wikipedia 2015, Netzwerkprotokoll).

Aus Sicht der menschlichen Kommunikation bietet die Sachebene die Basisinformation der Kommunikation. Die wesentlichen Bestandteile der Sachebene werden von der technischen Kommunikation bereits berücksichtigt.

Die Selbstkundgabe wird im Wesentlichen dadurch erfüllt, dass der Sender seine Vorlieben mitteilt. Die Stärke von IT ist die automatische Verarbeitung von ständig wiederkehrenden Prozessen. Dabei sind die Vorlieben die Variablen der definierten Parameter. Vorlieben bleiben in der Regel bei dem jeweiligen Sender gleich oder werden erweitert, selten jedoch reduziert. Bei gleichbleibenden Variablen ist ein Automatisierungsprozess möglich. Zusätzlich ist dadurch, dass ein intelligentes PDS gelegentlich situativ passende Fragen zu den Vorlieben stellt, z. B. „Schmeckt es oder ist es zu wenig gesalzen?", auch in der Mensch-Maschine-Kommunikation die Weiterentwicklung des technischen Empfängers durch Aufnahme weiterer Selbstkundgabe des menschlichen Senders sichergestellt.

Es bedarf allerdings noch eines semantischen Konzepts, welches der Technik ermöglicht festzustellen, welche Applikationen an veränderte Vorlieben angepasst werden müssen und in welchen Gesamtkontext ein Protokoll zu stellen ist. Hier geht es also um die Beziehungsebene. Das PDS muss verstehen, was die durch Technik beeinflussbaren Eigenschaften sind.

Versuche, den Sinn ganzer Sätze dem Computer verständlich zu machen, sind im Rahmen des Semantic Web gescheitert. Dieses Konzept wäre auch viel zu aufwendig. Es geht nicht um semantische Wolken, sondern um die Standardisierung von Beziehungen. Die Beziehung wird definiert durch die Funktion, welche ein Empfänger erfüllt, um dem Appell eines Senders gerecht zu werden. Wir erkennen den Postboten an seiner Uniform und wir wissen, welche Aufgaben mit seiner Funktion verbunden sind. Dadurch definieren wir eine Erwartung an die Beziehung zu ihm. Hierbei benötigen wir eine hohe Verlässlichkeit, damit es nicht zu einer Beziehungsstörung und damit einer Kommunikationsstörung kommt. Fragt ein Sender einen Briefträger in Uniform: „Was kostet ein Brief mit 50 g?", und der Briefträger antwortet: „Ich will meine Ruhe haben", dann wird vom Briefträger eine Kommunikationsstörung verursacht. Er erfüllt seine an der Uniform erkennbare Beziehung zum Sender nicht. Dabei interessiert erst einmal nicht, dass der Briefträger nach einem harten Arbeitstag auf dem Nachhauseweg ist. Eine Erklärung des Briefträgers könnte die Kommunikationsstörung beheben, würde aber im Zweifel den Eindruck einer unzuverlässigen Beziehung nicht ausräumen.

Auch in Zukunft bleibt eine technische Entsprechung auf der Beziehungsebene eine Kommunikationsprothese. Allerdings wird man sie akzeptieren, wenn sie ihren Vorteil der jederzeit verfügbaren Zuverlässigkeit ausspielt.

Der Computer ist nicht in der Lage, das Wesen der Dinge zu begreifen, zumindest nicht das menschliche Weltbild. Da hilft auch Deep Learning nicht weiter (Park 2014). Am Ende bleibt es bei einem fortgeschrittenen automatischen Cluster von semantischen Mustern.

Wenn der Mensch in Zukunft der beherrschende Kommunikationspartner sein will, dann muss er sein Weltbild erfassen und den Maschinen für die Kommunikation 4.0 zur Verfügung stellen. Die Neutralität eines solchen Weltbilds unabhängig von Interessengruppen ist sicherzustellen. Solch einen allgemein verbindlichen weltweit anwendbaren Standard für die Beziehungsebene haben wir in Form von 1000 Kategorien entwickelt und in mehreren Pilotprojekten umgesetzt (Berberich 1997–2014). Jeder Kategorie können technische Eigenschaften zugeordnet werden. Eine „Heizung" kann man schalten, kaufen und sich darüber informieren. Zu „Politik" kann man Events buchen oder sich informieren (Abb. 1.5).

Die Smart-Home-App, welche eine Heizung schalten will, erhält im dargestellten Beispiel (Abb. 1.5) nur anonymisierten Zugriff gemäß den Freigaben für Wohnung Nr. 6. Sie weiß nicht, wo die Wohnung liegt oder wem sie gehört.

Es erfolgt nicht immer der Sucheinstieg zu Google, sondern möglich ist auch die Nutzung einer der Kategorie entsprechenden Spezialsuchmaschine. Über den Filter kann der Nutzer Vorlieben einschränken, z. B. nur im Luxussegment suchen, oder auch Mehrdeutigkeiten vermeiden. Zum Beispiel: Sind mit Viren „Computerviren" oder „Krankheitsviren" gemeint?

Auf den Shop gehe ich im Folgenden näher ein.

Wenn Apps sich dieser allgemein verbindlichen und eindeutigen Systematik unterordnen, gehen sie zu den Nutzern eine Beziehung mit eingeschränkten Rechten ein. Automatische Standardrechte je Kategorie dämmt der Nutzer individuell weiter ein. Apps oder Maschinen werden einer Kategorie zugeordnet und sind an die Minimalrechte gebunden, welche notwendig sind, um die Vorlieben der Nutzer zu erfüllen.

Aus Sicht des Kommunikationsmodells ergeben sich die Aufgaben und der sich daraus formulierende Appell auf der Appellseite aus der Abstimmung mit den durch die Vorlie-

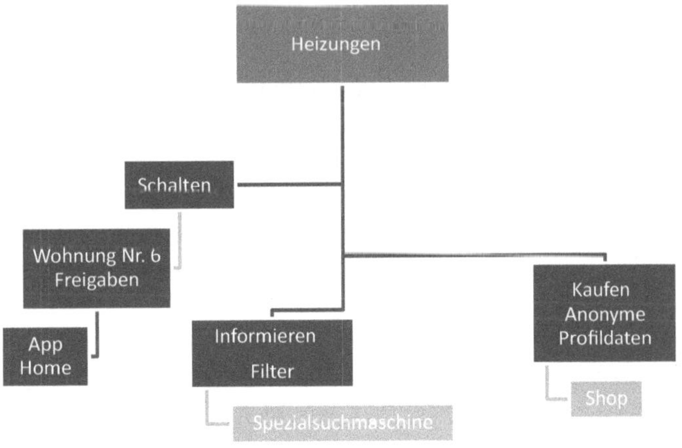

Abb. 1.5 Individuelle Einstellung der durch das PDS zur Verfügung gestellten Informationen

ben und Eigenschaften der zugeordneten Kategorien definierten Freiheitsgraden und der situativ angepassten Sachebene. Die zu Anfragen an das PDS passenden Kategorien können in einem patentierten Verfahren automatisch identifiziert werden (Berberich 1999).

1.1.10 PDS als Weiterentwicklung eines Softwareagenten

► Das Individuum benötigt ein digitales Äquivalent, welches gleichzeitig umfassend die Bedürfnisse seines Besitzers kennt und die Informationen darüber schützt.

In den 1990er-Jahren träumten wir von persönlichen Agenten im Netz, die für uns automatisch Aufgaben erledigen (Stricker 1996). Dass sich solche Agenten bisher nicht durchgesetzt haben, liegt in erster Linie an der zentralisierten globalisierten Wertschöpfungsprozesskette.

Großen Playern wie Google und Amazon ist es gelungen, ständige Kundenzugangsanbieter zu werden. Diesen Kundenzugang lassen sie sich kombiniert mit weiteren Dienstleistungen wie der Suchmaschine bei Google und der Logistikdienstleistung bei Amazon von Händlern und Dienstleistern bezahlen. Es ist zugunsten dieser Portale inzwischen ein Schneeballeffekt entstanden, gegen den neue Ideen nur schwerlich ankommen. Weil alle hier einkaufen oder sich hier informieren, gibt es die preiswertesten und „besten" Informationen. Dadurch, dass diese Portale gefolgt von Social-Media-Anbietern die meisten Daten sammeln, bekommen Händler und Dienstleister den Eindruck, die besten Informationen über das Verhalten der eigenen Kunden nur noch in Zusammenarbeit mit den Kundenzugangsoligarchen erhalten zu können.

So wurden die persönlichen Agenten auf Sprachassistenten reduziert, welche zu oben genannten Kundenzugangsanbietern führen. Neben einer Datensammlung mit zu Fragen gehörenden Antworten wird direkt an die hinterlegte Suche weitergeleitet (Mayrhofer 2015).

Hart ausgedrückt hatte und hat der Konsument keine eigene Lobby, die seine Interessen vertritt. Obwohl sich Web-2.0-Angebote selbst im Gegensatz zu den Push-Medien wie Fernsehen und Rundfunk als Pull-Medien verstehen, „bei denen der Informationsfluss in erster Linie vom Empfänger gesteuert wird" (Wikipedia 2015, Pull-Medien), ist doch festzustellen, dass sich dem Empfänger zahlreiche Barrieren in den Weg stellen. Diese sind zu überwinden, bevor von einer echten Steuerung durch den Empfänger gesprochen werden kann.

Tatsächlich löst der Besuch einer Webseite eine Vielzahl von Analyseprozessen und Push-Aktionen wie Werbe-E-Mails oder personalisierte Werbeanzeigen etc. aus, die sich der Einflussnahme des Empfängers entziehen. Mit dem Setzen von Lesezeichen und der Speicherung von Passwörtern haben Browser erste Funktionalitäten eines persönlichen Agenten übernommen. Beim Herunterladen von RSS-Feeds treffen Empfänger eine bewusste Selektion für einen automatisierten Prozess.

Allerdings werden auch hierüber Verhaltensmusterinformationen Dritten zur Verfügung gestellt, wobei es besonders kritisch zu sehen ist, wenn der Betreiber eines Browsers, wie bei Google Chrome, gleichzeitig der Hauptzugangsanbieter zu Informationen und auch noch einer der großen Datenverwerter ist.

Es ist nicht verwerflich, wenn Anbieter einer „kostenlosen" Dienstleistung im Gegenzug Daten als Tauschwert erhalten wollen. Allerdings muss der Nutzer die Wahl und die Möglichkeit haben, personenbezogene Daten so wenig wie möglich an Dritte herauszugeben und diese dezentral auf seinem PDS zu speichern.

Die Passwortspeicherung und die Vorbereitung von Bestellprozessen mit Eingabe der Kreditkartennummer sind derzeit weit entfernt von einer nutzerfreundlichen Prozedur, wie sie technisch möglich wäre. Hierdurch werden in der Kommunikation beim Kunden unnötig Aggressionen aufgebaut: „Warum geht das hier wieder anders?"

Permanent werden Menschen genötigt, sich mit unkreativen standardisierten Prozessen auseinanderzusetzen, welche von einem PDS viel besser und zuverlässiger abgewickelt werden könnten. Auch das ist ein wesentlicher Grund, warum viele alles bei Amazon bestellen, wo alle persönlichen Daten bereits hinterlegt sind.

Der wesentliche Unterschied dieser standardisierten Prozesse zu einer echten Kommunikation besteht darin, dass sie nicht ergebnisoffen verlaufen, sondern die Wünsche des Kunden mit dem Ziel des prozessoptimierten kostengünstigen Verkaufens in einen standardisierten Trichter leiten.

1.1.11 Der Anfrageprozess

► Prozesse müssen Kundenbedürfnissen und nicht Herstellerbedürfnissen gerecht werden.

Ich zeige am Beispiel der Druckerpatronenbestellung, wie komfortabel und einfach ein Bestellprozess mit einem PDS ablaufen könnte, ohne dass es irgendwelche Probleme mit dem Datenschutz gibt.

Heute suchen Kunden meist wiederkehrend bei Google oder Amazon nach dem Druckertoner oder kaufen beim Hersteller selbst, weil das bei kleinen Unternehmen oder im Privatbereich viel schneller geht, als die Rechnung vom letzten Jahr herauszusuchen. Insofern bietet Onlineshops, die sich einmal in einer Geschäftsbeziehung bewährt haben, die Arbeit mit dem PDS eine viel bessere Möglichkeit als heute, die Kundeneinstiegsoligarchen zu umgehen und eine direkte Beziehung mit dem Kunden aufzubauen.

Das PDS hat alle Daten zu vorherigen Bestellprozessen seines Nutzers dezentral abgespeichert. In unserem Beispiel ermittelt das PDS selbstständig drei Alternativen zum Einkauf des Toners. In dieser Kommunikation findet keine Bevormundung statt. Aber durch den Verlauf der Kommunikation lernt das PDS seinen Nutzer besser kennen (Abb. 1.6).

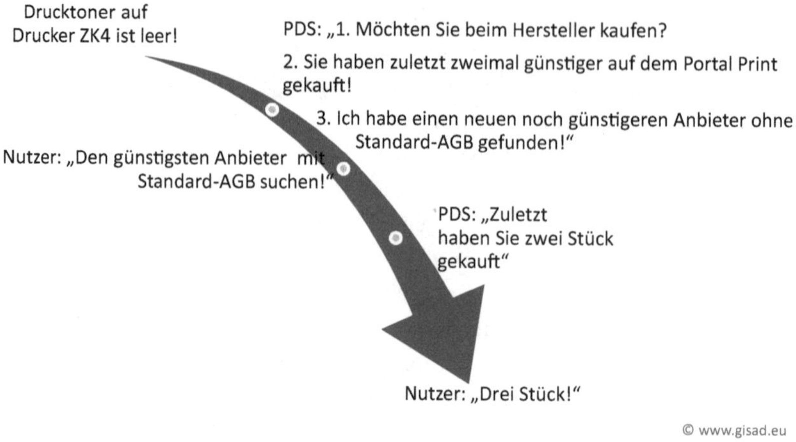

Abb. 1.6 Kommunikationsfreundlicher Anfrageprozess

Situativ, ohne sich hierdurch gestört zu fühlen, bewertet der Nutzer das Portal „Print" durch den erneuten Kauf auf diesem Portal positiv. Dass der Nutzer zum zweiten Mal nicht direkt beim Hersteller, sondern auf dem Portal „Print" kauft, hinterlegt das PDS als positive Bewertung für zukünftige Käufe.

Automatisch findet das PDS zum Beispiel über Google noch günstigere Anbieter. Das geht nur, weil es sich beim Toner für den Drucker „ZK4" um ein eindeutig definiertes Standardprodukt handelt. Der Nutzer entscheidet sich gegen die neuen Anbieter, weil diese keine Standard-AGB (allgemeine Geschäftsbedingungen) benutzen.

Derzeit werden seitenlange AGB von den Nutzern ungelesen akzeptiert. Solange es sich um Shops aus dem deutschen Rechtsraum handelt, mag der Verbraucherschutz so ausgereift sein, dass Kunden in den meisten Fällen hierdurch keine Probleme bekommen. Aber wenn AGB nicht gelesen werden, bietet deren Veröffentlichung für den Nutzer keine Sicherheit. Insbesondere in Bezug auf die Verwendung personenbezogener Daten räumen sich viele Anbieter durch AGB oder getrennte Datenschutzbestimmungen umfangreiche Rechte ein.

Es wäre sinnvoll, wenn man sich je Rechtsraum auf Standard-AGB einigen könnte. Das PDS wäre in der Lage, Abweichungen von dem Standard zu erkennen. Der Nutzer müsste nur die Abweichungen extra akzeptieren. Damit gäbe es für den Nutzer eine echte Rechtssicherheit. Wenn das PDS dem jeweiligen Shop mitteilen würde, wie viele Zeichen seiner AGB von den Standard-AGB abweichen, wäre das zudem eine wirkungsvolle Disziplinierungsmaßnahme. Shops würden sich genau überlegen, ob der Mehrwert durch die vertraglich individuell eingeräumten Rechte den möglichen Umsatzverlust rechtfertigen, weil der Nutzer, durch den Umfang des Vertrages abgeschreckt, ein wenig mehr Geld bei einem anderen Anbieter mit Standard-AGB ausgibt. Aktuell zwingt Google zur Akzeptanz seiner Datenschutzrichtlinien, wenn man weitersuchen will. Dies ist ein Vorgeschmack auf die Machtausübung, welche uns bevorsteht, wenn den Kundenzugangsoligarchen kein anderer Kundenzugang entgegengesetzt wird.

1.1.12 Der Bestell- und Bezahlprozess

► Kundenbindung muss durch Convenience und nicht durch Zwang erfolgen.

Ein wesentliches Kundenbindungsinstrument der großen Portale ist ein vordefinierter Bestell- und Bezahlprozess. In größeren Unternehmen besteht derzeit der Trend, die eigenen Datenbestände im Sinne von Big-Data-Analysen optimal für Vertrieb und Marketing aufzuarbeiten. Dagegen ist auch nichts einzuwenden. Jedoch reichen die von einem Anbieter vergebenen Bestellnummern und eventuell noch Kundennummern aus, um die Bedarfe eines Kunden zu erfassen. Wer der Kunde ist, ist nur im Sinne von vom Kunden häufig nicht gewünschten Push-Werbungen für den Anbieter interessant. Alternativ gibt es die Möglichkeit eines echten anonymisierten Pull-Verfahrens (getTIME.net GmbH 2011–2013).

Das PDS könnte aus der letzten Bestellung direkt die Artikelnummer übernehmen, sich beim Portal (PT) sicher anmelden sowie die AGB und den Bestellungsentwurf prüfen.

Trusted Web 4.0 nimmt sich die Errungenschaften der vordigitalen Welt zum Vorbild. Optimal wäre hierfür, wenn das PDS die Bestellung ausdrucken würde. Dann könnte die Bestellung auf Papier geprüft und wie früher unterschrieben werden. Der Scan mit Unterschrift würde dann von dem PDS auf Gültigkeit überprüft (Abb. 1.7).

Dagegen spricht die zunehmende Mobilität der Nutzer. Drucker stehen nicht bei jeder Bestellung zur Verfügung. Allerdings wäre auch auf Tablets eine handschriftliche Unterschrift möglich.

Erstaunlicherweise habe ich bei meiner Recherche keine Software gefunden, die sich mit der automatischen Identifizierung von Handschriften beschäftigt. Die Unterschrift wird biometrischen Merkmalen zugeordnet (Wikipedia 2015, Biometrie), hat aber den entscheidenden Nachteil, dass sie sich bis auf einige gleichbleibende Charakteristika im Laufe eines Menschenlebens verändert. Alle anderen zur Identifizierung benutzten biometrischen Merkmale haben zwar den Vorteil der Einmaligkeit und bieten damit die Möglichkeit der eindeutigen Zuordnung zu einer bestimmten Person. Gerade das führt jedoch

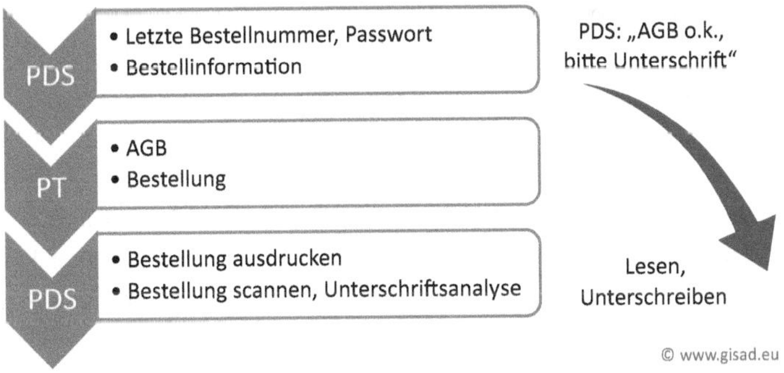

Abb. 1.7 Kommunikationsfreundlicher Bestellprozess

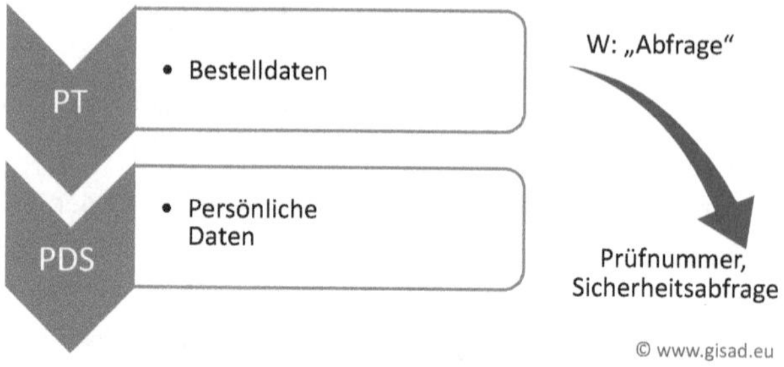

Abb. 1.8 Kommunikationsfreundlicher Bezahlprozess

dazu, dass ein einmal in die falschen Hände geratenes biometrisches Merkmal, ein Leben lang gegen einen Nutzer verwendet werden kann, ohne dass dieser die Möglichkeit hat, diese Daten zu verändern (Kremp 2015).

Üblicherweise übergeben Onlineshops bei Kreditkartenbezahlung den Kunden an eine sog. Wallet (W), also an eine Seite des Portals des Kreditkartensystems.

Es wäre möglich, das PDS zwischen das Shopportal und die Wallet zu schalten. Die lange Kreditkartennummer ist nutzerunfreundlich und könnte von dem PDS an die Wallet übergeben werden. Der Kunde würde nur die Prüfnummer und die Sicherheitsabfrage eintragen (Abb. 1.8).

Alternativ könnte das PDS auch eine anonyme Bezahlung zum Beispiel über Bitcoin durchführen.

Die Packstation bietet bereits die technischen, aber nicht die rechtlichen Möglichkeiten für eine anonyme automatisierte Zustellung. Die mit dem Postident-Verfahren erhaltenen Zugangsdaten sind mit einer eindeutigen Postnummer verknüpft. Die Postnummern müssten auf einzelne Postleitzahlen regionalisiert werden. Die personalisierten Daten wären dann dezentral beim jeweiligen Postamt gespeichert. Die Strafverfolgung wäre sichergestellt, da das mit der jeweiligen Postleitzahl verbundene Postamt nach richterlicher Verfügung im Einzelfall die Daten herausgeben muss. Eine zentrale Profilerstellung mit personalisierten Daten wäre nicht möglich.

1.1.13 Der Empfehlungsprozess

► Pseudonymisierte Empfehlungen sind ehrlicher.

Auch bei der Anzeige von Kundenbewertungen im Internet haben derzeit große Portale einen Wettbewerbsvorteil. Die meisten zufriedenen Kunden geben keine Bewertung ab. Portale, die eine geringe Anzahl des gleichen Produktes verkaufen, können in der vom Kunden wahrgenommenen Qualität der Bewertungen nicht mithalten, weil es einfach nicht genügend Bewertungen gibt und dadurch eine einmalige Negativbewertung ein Übergewicht erhält.

Social Media spielt eine immer größere Rolle in der Kundenbewertung und strebt den gläsernen Kunden an. Allerdings überwiegen in allgemeinen Portalen wie Facebook Massenphänomene wie Shitstorms. Aus Sicht der Datenverwerter bieten sich hier umfangreiche Möglichkeiten der Kundenanalyse. Aus Sicht des Kunden jedoch ist die Qualität von Social-Media-Aussagen nur bedingt geeignet, um sich ein objektives Bild zu machen.

Social-Media-Konzepte setzen bei der Selbstkundgabe und bei der Beziehungsebene an. In der Community wird jedoch die Botschaft des Einzelnen verwässert und die Sachebene oft ganz ausgeblendet. Richtig eingesetzt, können Social-Media-Konzepte als Kommunikationsprothesen für die Selbstkundgabe und die Beziehungsebene verwendet werden.

Berufsorientierte Portale wie XING und LinkedIn legen größeren Wert auf objektive Aussagen. Jedoch entsprechen sie dem ersten Eindruck in einem „face to face"-Kommunikationsprozess. Sieht derjenige gut aus? Hat er sich einen guten Internetauftritt gekauft? Wie alt ist er? Wen kennt er?

Die Kommunikationsprothese Social Media könnte besser sein, als der erste Eindruck in der Kommunikation, wenn die Beiträge der Teilnehmer pseudonymisiert wären. Schließlich kommt es darauf an, was jemand zu sagen hat und womit er sich auskennt, und nicht, wie schön er ist. In der „face to face"-Kommunikation gibt es viele Möglichkeiten, zum Beispiel ein unvorteilhaftes Äußeres durch eine freundliche Stimme oder ein aufgeschlossenes Verhalten wettzumachen. Bei der schriftlichen Kommunikation wiederum spielt nur die Qualität einer Aussage eine Rolle. Social Media befindet sich zwischen „face to face"- und schriftlicher Kommunikation.

Eine große Herausforderung der Zukunft ist der Wegfall von Arbeit und damit des Lebensinhalts der Arbeitenden durch Automatisierungsprozesse. Hier kann Social Media eine wichtige Rolle spielen, wenn ein objektives Bewertungssystem qualitativer Aussagen (getTIME.net GmbH 2011–2013) eingesetzt wird, statt Äußerlichkeiten zu bewerten. Im Sinne der ständigen Veränderungen unserer Welt sind hierbei aktuelle Aussagen viel wichtiger als in der Vergangenheit gemachte Abschlüsse oder besetzte Positionen.

Würde es eine solche Bewertung geben, könnte ein PDS allgemein anerkannte Aussagen in die Kommunikation mit dem Nutzer einfließen lassen und sich hierdurch weiterhin einer ergebnisoffenen Diskussion nähern.

1.1.14 Angepasste M2M-Kommunikation

► Erwartete Wertschöpfung wird nicht generiert, weil menschliche Bedürfnisse nicht berücksichtigt werden.

Der ökonomische Leidensdruck von Betrieben in Europa, M2M einzuführen ist erheblich. 82 % der in Deutschland befragten Betriebe glauben, dass M2M (automatisierter Informationsaustausch von Maschine zu Maschine) ganz oder zumindest teilweise ein zentraler Wettbewerbsfaktor für den Standort Deutschland wird. Allerdings verhindert bei

74 % der Befragten ganz oder teilweise die Angst vor Manipulation von außen den Einsatz von M2M (eco-Verband der deutschen Internetwirtschaft e. V. 2015b). Wenn neue dezentralisierte Sicherheitskonzepte besser werden, wird es in Europa leichter sein, abgekoppelt von amerikanischen Zentralisierungstendenzen, Maschinenbauern einen der vordigitalen Zeit nachempfundenen Weg des Trusted Web 4.0 nahezubringen.

In der gleichen Studie bemängeln 90 %, dass sich mangels einheitlicher Branchenstandards M2M nicht oder nur teilweise umsetzen lässt. Es ist also nicht zu spät, sondern gerade jetzt der Zeitpunkt, um z. B. wie vorgeschlagen über die in einem weltweiten Kategorienstandard hinterlegten Eigenschaften den M2M-Standard festzulegen.

87 % wissen nicht oder nur teilweise, wie man Services oder gar Daten vermarktet.

Im ersten Schritt müssen sich Unternehmen darüber klar werden, welche Funktion sie zukünftig in den Märkten erfüllen wollen. Die digitale Transformation bricht die Wertschöpfungsketten und die Funktionen von Unternehmen auf. Wer Maschinen/Roboter besitzt, welche auf Kundenwünsche individuell angepasste Komplettprodukte erstellen können, wird darüber nachdenken, diese Produkte den Kunden direkt über das Internet anzubieten. Ab einer entsprechenden Variationsbreite der auszuliefernden Produkte kann möglicherweise ein Onlinekonfigurator schneller, rechtsverbindlicher und preiswerter Produkte verkaufen als ein echter Verkäufer. Das geht aber nur, wenn die Störungen in der Onlinekommunikation beseitigt werden.

Ein PDS, das auf die individuellen Bedürfnisse seines Besitzers situativ eingeht, behebt einerseits die Kommunikationsstörungen und ist andererseits optimal für die Bedienung des Onlinekommunikators geeignet, wenn hierfür die Abfragemasken standardisiert sind.

Es gibt keinen Grund, warum die Kommunikation zwischen den Maschinen einem anderen Standard genügen sollte als die Kommunikation zwischen Mensch und Maschine. Die Maschine ist Dienstleister für einen Kunden. Auch hierbei spielt es keine Rolle, ob der Kunde im Rahmen eines Zulieferprozesses eine weitere Maschine oder ein Mensch ist.

In einem optimierten Prozess suchen sich Maschinen andere Maschinen mit passenden Fähigkeiten, kommunizieren mit diesen über eine dezentrale Vernetzung anonym und rechnen die Dienstleistung über anonymisierte Bezahlung ab. Der Mensch muss jedoch immer Herr des Verfahrens bleiben und ähnlich den oben beschriebenen Shopprozessen eine Dienstleistung und deren Bezahlung freigeben sowie die Qualität bewerten.

In unserem grafischen Beispiel (Abb. 1.9) kann ein Kunde, ein Händler oder ein Zulieferer für Komplettcontainer eine Heizung bestellen. Jede der 1000 Kategorien (hier Heizungen) bedingt eine andere Abfrageverzweigung, welche innerhalb der Kategorie allerdings standardisierbar ist.

Für die Fachabteilungen großer Unternehmen, insbesondere für den Bereich der technischen Produkte, wurde das Klassifizierungssystem eCl@ss (Wikipedia 2015, eCl@ss) entwickelt. Dieses hierarchische System ist zu komplex und zu speziell, um vom Kunden als Laie benutzt zu werden. In der Tiefe stützt es sich auf DIN-Normen, die nur den entsprechenden Fachabteilungen bekannt sind. Sie bilden damit das auf die Produkte reduzierte technische Weltbild der Hersteller ab. Die 1000 oben genannten Kategorien dagegen bilden für jeden verständlich die Lebensbereiche aller Kunden ab. Politik und Philosophie etc. sind nicht Bestandteil von eCl@ss. Bei der Erstellung der entsprechenden Eigenschaftsabfragen kann im Einzelfall geprüft werden, ob es sinnvoll ist, mit vorhandenen Standards und Konzepten kompatible Abfragekonzepte zu entwickeln. Darüber hinaus können in der M2M-Kommunikation die Eigenschaftsbeschreibungen umfangreicher sein als beim Kunden angezeigt.

Wenn jedoch ein PDS einen solchen Abfrageprozess nicht mit jedem Nutzer erfolgreich durchlaufen kann, dann ist eine durchgängige Kommunikation vom Kunden bis zur letzten Zuliefermaschine nicht möglich.

1.1.15 Berücksichtigung der Stärken der Gesprächspartner

► Eine Standardisierung der M2M-Kommunikation nach dem menschlichen Weltbild ist Voraussetzung für jede Mensch-Technik-Interaktion.

Wenn es darum geht, sich wiederholende Prozesse durchzuführen oder standardisierte Prozeduren abzurufen, spielt Technik ihre Stärken aus. Derzeitige autonome Systeme arbeiten aber immer noch im Rahmen der programmierten Freiheitsgrade und sind nicht wie der Mensch in der Lage, sich auf unbekannte Situationen einzustellen. Das allgemein anerkannte arbeitspsychologische Konzept (Gesellschaft der Arbeit und Ergonomie online e. V. 2015) nennt die Merkmale persönlichkeitsfördernder Arbeit beim Menschen: Ganzheitlichkeit, Anforderungsvielfalt, Möglichkeiten zur sozialen Interaktion, Autonomie und Lern- und Entwicklungsmöglichkeiten.

Autonome Systeme können zu geschätzten Gesprächspartnern des Menschen werden, wenn sie deren Schwächen kompensieren. Dabei ist klar, dass es nur darum gehen kann, dem Mensch als Entscheider Hilfestellungen zur Verfügung zu stellen. Die Informationen sollten eindeutig und leicht verständlich sein. Im Regelwerk müssen die Systeme ein klares Rollen- und Rechteverständnis haben und dürfen nur in standardisierten Prozessen selbstständig über das Internet eine Kommunikation mit Dritten aufbauen (Abb. 1.9).

Bei allen Prozessen, die vom Standard abweichen, ist der Mensch in die Kommunikation einzubeziehen.

Insbesondere durch die Neuerungen von Providern getrieben, findet derzeit eine Entwicklung statt, welche die Kommunikationsstörung zwischen Mensch und Maschine verschärft und den einseitigen Machtanspruch der Technik manifestiert.

In der Beispielgrafik (Abb. 1.10) sind eine dezentrale und eine zentrale M2M-Kommunikation miteinander verglichen. Die Grafik erhebt keinen Anspruch auf vollständige Abbildung aller technischen Prozesse. So ist es auch in dezentralen Systemen möglich, zur Sicherstellung von Verfügbarkeit und Integrität die Kommunikation via Internet über zentrale Sicherheitsgateways aufzubauen.

Wichtig jedoch ist, dass durch übertriebene Zentralisierung nicht eine Entmenschlichung der Prozesse stattfindet. Wenn etwa ein Mitarbeiter nur noch für die Verwaltung

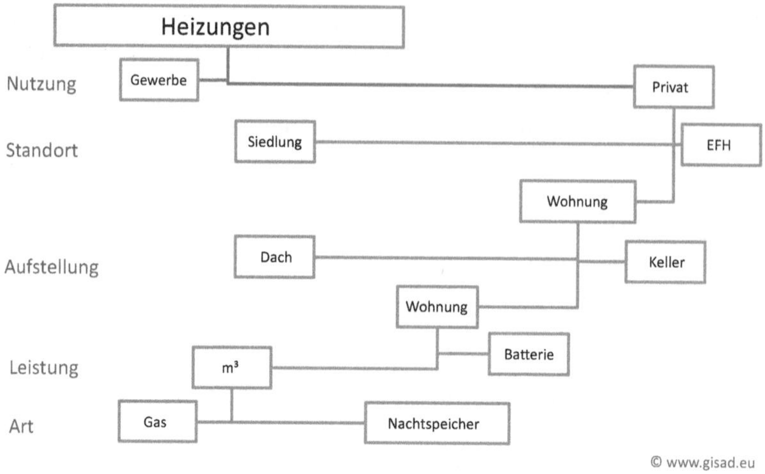

Abb. 1.9 Standardisierung von Eigenschaften auch für die M2M-Kommunikation

aller SIM-Karten zuständig ist, dann fehlt ihm der Überblick über die gesamte Arbeitskette. Nur weil eine Maschine mit heutiger Rechnerleistung ebenso gut 100.000 wie 10 SIM-Karten verwalten kann, heißt das nicht, dass die Zentralisierung und Reduzierung eines Arbeitsplatzes auf die Überwachung von 100.000 SIM-Karten der richtige Weg ist. 100.000 SIM-Karten bedeuten ein sehr lohnendes Ziel für einen Cyberangriff. Zudem fördert eine solche Zentralisierung die Abhängigkeit der Nutzer von der Technik, deren Komplexität nicht mehr beherrschbar und unverständlich ist. Anders gesagt, wenn der Mensch nicht entsprechend seinen Fähigkeiten eingesetzt wird, dann gibt es unweiger-

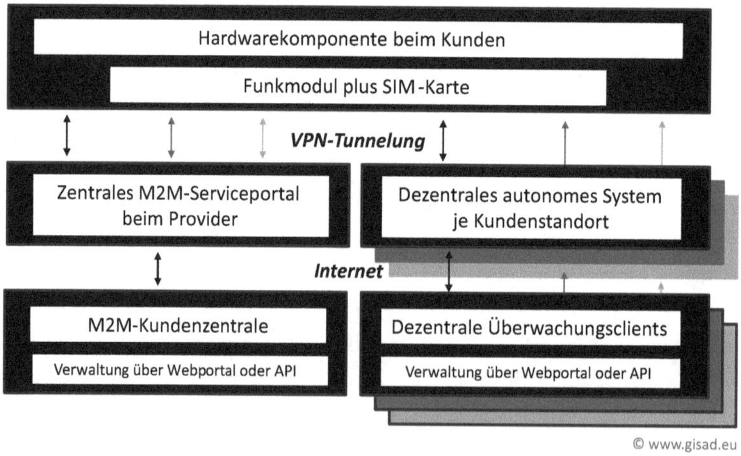

Abb. 1.10 Vergleich des Aufbaus von M2M-Komplettlösungen mit Funk

lich eine Störung auf der Beziehungsebene. „84 % der Verluste im IT-Sicherheitsbereich werden durch menschliche Aktivitäten verursacht“ (ITDaily 2014).

Wenn auch oft unterbewusst, haben die Anwender längst den Kampf gegen die Technik aufgenommen. Wir stehen kurz vor einer Kommunikationsverweigerung der Menschen und ihrer inneren Kündigung. So lassen sich die vielen Rückschläge der doch so viel Optimierungspotenzial verheißenden digitalen Transformation erklären.

1.1.16 Chancen durch das Aufbrechen der Wertschöpfungsketten

► Die Individualisierung von Consumer-Produkten geht nur mit aktiver Mitbestimmung durch den Konsumenten.

Die digitale Transformation bildet eine einmalige, vielleicht sogar die letzte Möglichkeit, die Vorherrschaft des Kunden über die Produkte und die Technik zurückzugewinnen. Sie stellt alle Konzepte auf den Prüfstand. Auch die Global Player müssen sich neu aufstellen, um nicht abgehängt zu werden.

Die Verkürzung der Wertschöpfungskette auf den Onlineverkauf und die Produktion mit automatisiertem Druck wird im Digitaldruck bereits seit Jahren erfolgreich praktiziert. In Zeiten der 3-D-Drucker und intelligenten autonomen Robotersysteme wird dies in vielen Bereichen möglich werden. Eine optimale Auslastung der Maschinen bietet den höchsten Gewinn. Die Abfragemöglichkeit von freien Kapazitäten durch Maschinen oder Menschen fördert eine solche Auslastung.

Derjenige, der die Schnittstelle zwischen Menschen und Maschinen beherrscht, wird in Zukunft die Kontrolle über die Menschen haben. Wollen wir die vordigitalen demokratischen Errungenschaften aufrechterhalten, muss der Kundenzugang mit weitgehender Verfügungsgewalt des Kunden über seine persönlichen Daten ein genauso wichtiges persönliches Gut werden wie die anderen bürgerlichen Grundrechte.

Bei ausreichender Unterstützung durch Politik und Wirtschaft könnte ein solches PDS für ca. 50 € jedem Bürger zur Verfügung gestellt werden.

Durch die hierdurch auf alle Bereiche ausstrahlenden veränderten Anforderungen wird vor allem in der Werbung und dem Maschinenbau eine Sonderkonjunktur entstehen.

Bereits jetzt blockieren 25 % der deutschen Internetnutzer Werbung ganz. Adblocker verhinderten 2015 schätzungsweise 22 Mrd. US$ Umsatz (Brandt 2015). Überträgt man das auf den durch gestörte Kommunikation entgangenen Umsatz in allen Branchen, so kann man ein Vielfaches an Umsätzen erwarten, wenn die Erkenntnisse dieses Abschnitts (Kap. 1, Abschn. 1.1) konsequent umgesetzt werden.

1.1.17 Fazit

► Kommunikationsstörungen zwischen Mensch und Technik verhindern den Fortschritt der Digitalisierung in vielen Bereichen von konsumentennahen Produkten.

Im Bereich der privaten Hausautomatisierung wurden schon erhebliche Entwicklungsvorleistungen erbracht. Die Umsätze von Smart Home sind weit hinter den Erwartungen geblieben. Dem Smart-Home-Bereich wird trotz Barrieren ein hohes Wachstum zugeschrieben: „Eine stärkere Kundenorientierung, sodass die Kundenerwartungen und -anforderungen und nicht technische Gestaltungsmöglichkeiten im Zentrum stehen, ist ein Treiber im Markt“ (Mücke, Sturm & Company 2015).

Vor dem Hintergrund dieses Buches ist auch eine andere Interpretation der Situation möglich. Menschen leiden in ihrer Kommunikation mit der Technik unter einem durch Kommunikationsstörungen ausgelösten, zunehmenden Vertrauensverlust. Nur da, wo Technik einen so offensichtlichen Vorteil bietet, dass sich die Argumente für ihren Einsatz gegen die berechtigten Bedenken durchsetzen, wird sie im letzten Rückzugsbereich des Menschen, seiner privaten Wohnung, eingesetzt.

Wenn eine Kommunikation 4.0 aufgebaut wird, in welcher der Nutzer über eine Technik dominiert, welche die auf seine Bedürfnisse angepassten Regeln befolgt, wird Smart Home einen enormen Wachstumsschub erhalten. Hierdurch wird die Grundlage für eine Industrie 4.0 gelegt, die mit dem gleichen hier vorgestellten Kommunikationskonzept schrittweise die Wertschöpfungskette in ihrem Sinne verkürzt. Voraussetzung ist die Schaffung einer PDS-Struktur, welche die dezentrale Speicherung und die darauf basierende Analyse von zu automatisierenden Prozessen ihres Besitzers übernimmt. Die Interessenvertreter für Smart Home und Industrie 4.0 sind gefordert, Trusted-Web-4.0-Konzepte zu unterstützen.

Durch Aufklärung der Konsumenten werden diese erkennen, dass bisherige technische Prozesse nicht in ihrem Interesse stattgefunden haben. Entsprechend sollte sich eine Lobby, welche die Kundeninteressen vertritt, bilden. Hierbei sind insbesondere auch die Verbraucherschützer gefragt. Eine Lobby der Konsumenten sollte in erster Linie sicherstellen, dass das PDS auch wirklich im Besitz der Verbraucher ist. Dazu könnten Entwicklungen über den Verbraucher direkt, z. B. über Crowdfunding, finanziert werden.

Bisher wurden oft junge unkritische und experimentierfreudige Nutzer missbraucht, um neue Internetkonzepte in Umlauf zu bringen. Dabei sollte insbesondere die wirtschaftsstarke Zielgruppe der Senioren ihre Lebenserfahrung nutzen, um vordigitale Werte in das Zeitalter der digitalen Transformation zu übertragen. Auch diese Zielgruppe wird von der digitalen Transformation betroffen sein. Sie bekommt bei dem derzeit fehlenden Widerstand der Konsumenten möglicherweise sogar als erste Gruppe die Auswirkungen in Form einer zentralisierten Überwachung von Pflegerobotern zu spüren.

1.2 Convenience unter Berücksichtigung des demografischen Wandels

► Dezentralisierung ist kein Widerspruch zu convenientem Verhalten, wenn die persönliche Kosten-Nutzen-Rechnung der Beteiligten stimmt.

In diesem Abschnitt kommen die Convenience der Nutzer und die Herausforderungen des demografischen Wandels als neue Aspekte dazu. Ich sehe den demografischen Wandel als Chance, an die Bedürfnisse aller, insbesondere auch alter Menschen, adaptierte IKT-Systeme (Systeme der Informations- und Kommunikationstechnik) zu schaffen und beschäftigen uns mit den Voraussetzungen, welche hierfür berücksichtigt werden müssen.

Heutige Forschung richtet sich auf 2020 aus. 5G soll dann Verbreitung finden und das „Internet der Dinge“ soll funktionieren. 2020 ist in der technologischen Entwicklung bisher meist unbeachtet auch für die Demografie von erheblicher Bedeutung. Wenn die heute 60-Jährigen in Rente gehen, sind sie die ersten der geburtenstarken Jahrgänge. Zehn Jahre lang wird die Anzahl der Rentner dann ständig steigen und die Anzahl der Arbeitenden abnehmen.

Die demografischen Herausforderungen an die Finanzierung der Sozialsysteme zwingen uns dazu, älteren Menschen möglichst lange ein in die Gesellschaft und idealerweise auch in die Arbeitswelt integriertes Leben zu ermöglichen. Hierzu müssen bereits jetzt altersgerechte und von Älteren akzeptierte Systeme geschaffen werden, welche auch noch bei ersten kognitiven Einschränkungen eine weitgehende Autonomie des Einzelnen gewährleisten.

Der Trusted-Web-4.0-Ansatz ist aus verschiedenen, im Folgenden erläuterten Aspekten der einzige mögliche Weg, zukünftige demografische Herausforderungen zu bewältigen. Der Fokus dieses Abschnitts liegt dementsprechend auf dem Endnutzer.

Der Paradigmenwechsel zu einem dezentralen und anonymisierten Internet bedarf tief greifender Veränderungen in allen IT-Strukturen. Die Alternative ist ein zentralisiertes totalitäres Betreuungssystem, welches aus gesellschaftlichen, aber auch aus volksökonomischen Gründen abzulehnen ist. Der möglichst lange Erhalt von Eigenversorgung im Alter und bei Krankheit ist volkswirtschaftlich immer sinnvoller, als eine auch noch so rationalisierte zentralisierte digitale Überwachung.

Die Systeme müssen so gestaltet sein, dass sie den Nutzern beherrschbar erscheinen und durch die mit der Dezentralisierung einhergehende reduzierte Komplexität auch beherrschbar sind. Im privaten Umfeld muss der Nutzer in der Lage sein, eine Person seines Vertrauens zu bestimmen, welche die Verantwortung für die Aufsicht der Technik übernimmt, wenn er selbst dazu nicht mehr in der Lage ist.

Fluch und Segen der IT werden in keinem Bereich so deutlich wie im Bereich des IT-unterstützten Alterns bis hin zur Pflege. Heute sind wir vielleicht zum letzten Mal in der Lage, für unser eigenes Alter und das der anderen, die Weichen von totaler Entmündigung auf ein Leben bis zuletzt in Würde zu stellen.

1.2.1 Die Alterspyramide

► Die Bewältigung des demografischen Wandels darf nicht durch die automatisierte zentralisierte Betreuung von alten Menschen erfolgen.

Der Altersdurchschnitt im Altersaufbau der deutschen Bevölkerung von 2013 liegt gemäß Abb. 1.11 inzwischen bei über 45 Jahren und steigt weiter an.

Lange Zeit wurden junge unkritische Menschen für gesellschaftlich unreflektierte Onlineprojekte gewonnen und zum Maßstab für die Entwicklung erhoben. Diese jungen Menschen stellen sich gerne als Zielgruppe für Experimente zu Verfügung.

Die in den nächsten zehn Jahren aus dem Berufsleben Ausscheidenden werden sich zu großen Teilen noch der digitalen Transformation im Berufsleben entziehen können, dafür jedoch später im Pflegebereich umso heftiger durch die Digitalisierung betroffen sein.

Auf jeden Fall, müssen wir in die digitale Transformation gerade die ältere Bevölkerung mitnehmen, um eine breite gesellschaftliche Akzeptanz für Veränderungen zu schaffen. Es ist davon auszugehen, dass ein geringer Pflegeetat durch eine weitgehende Automatisierung von Pflegeprozessen mittels Technik kompensiert wird. Menschengerechte Konzepte, die heute eingeführt werden, entscheiden über das menschenwürdige Altern fast aller Deutschen.

Neuerdings wird der Zuzug von Flüchtlingen als Lösung des demografischen Problems gesehen. Die extremen Herausforderungen, wenn die heute 50-Jährigen in Rente gehen, werden hierdurch voraussichtlich nicht bewältigt werden können. Abhängig von einer zügigen Integration werden die Flüchtlinge die Sozialsysteme belasten oder durch sozialversicherungspflichtige Arbeit die Renten- und Pflegesysteme teilweise entlasten (Zdrzalek 2015).

Ebenfalls nicht geklärt ist, welche Auswirkungen der Zuzug von Flüchtlingen auf die Entwicklung von Datenschutz und Datensicherheit hat. Die Erfahrungen mit beiden Seiten des Internets sind bei Flüchtlingen meist intensiver als bei den Deutschen. So wird in Syrien das Internet als Kriegswaffe eingesetzt (Tanriverdi 2015b). Hier entscheidet über Leben und Tod, wenn man sich während einer Totalüberwachung falsch verhält. Andererseits ist das Internet für viele Flüchtlinge die einzige Chance, sich zum Beispiel auf der Flucht zu organisieren.

1.2.2 Die überzogene Selbsteinschätzung der Deutschen

► Gute Vorsätze sind nicht gleichzusetzen mit deren Realisierung.

Insbesondere in puncto Datenschutz meinen die Deutschen im Gegensatz zum Rest der Welt besonders hohe Ansprüche zu haben. Tatsächlich ergibt eine Studie von PWC aus dem Jahr 2014 (PWC 2014) für Deutschland einen überraschend niedrigen Reifeindex

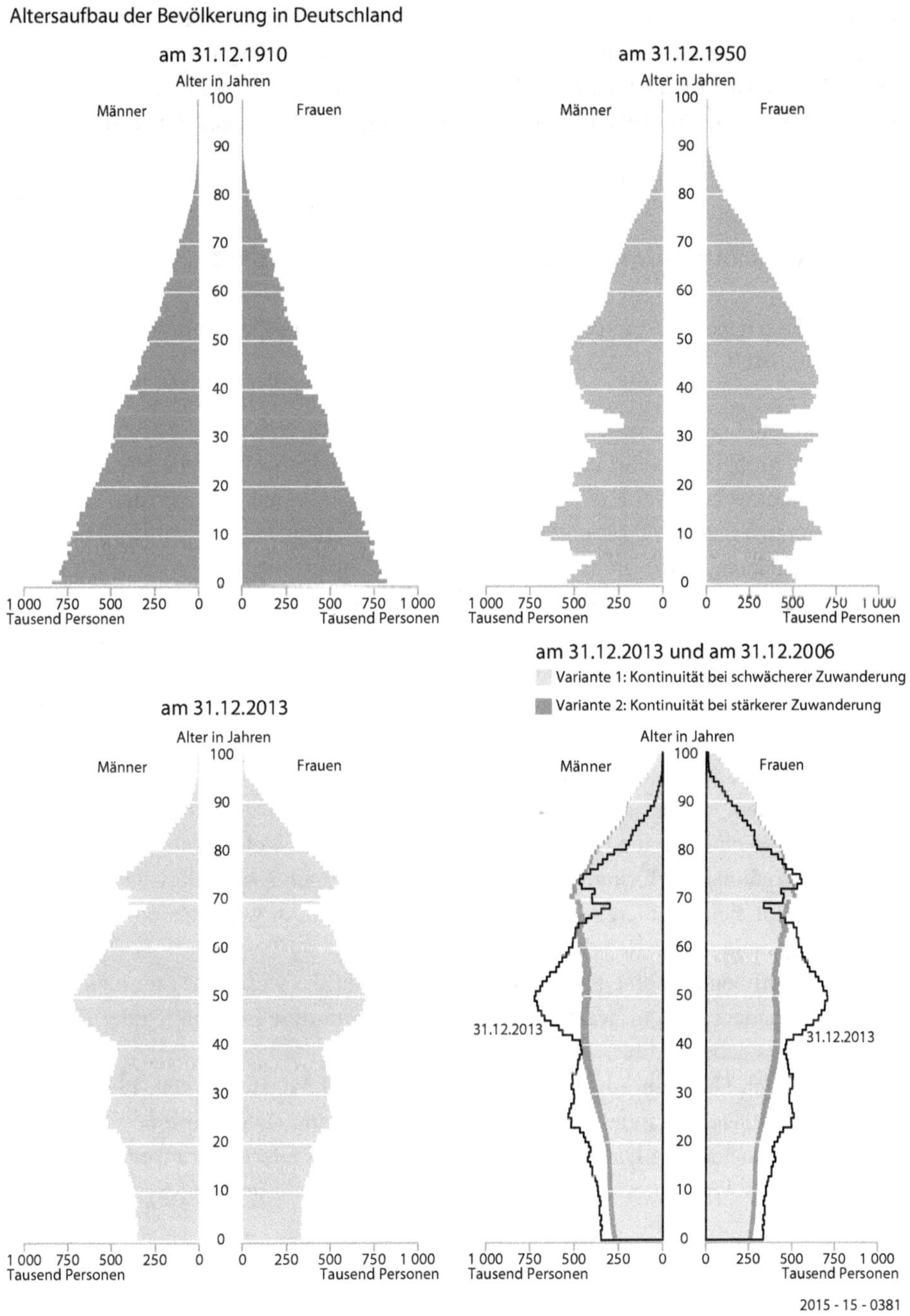

Abb. 1.11 Altersaufbau der Bevölkerung in Deutschland. © Statistisches Bundesamt (2015)

zum Informationsrisiko. In Europa liegt der in der Studie definierte Reifeindex in Ungarn mit 60,2 % am höchsten und in Deutschland mit 53,6 % am niedrigsten.

Hierfür verantwortlich ist die Diskrepanz zwischen guten Vorsätzen und deren Umsetzung, geprägt von einem Mix aus konservativem Denken und geringer Experimentierfreude.

1.2.3 Datenschutzprioritäten aus Sicht eines Angreifers

► Angriffe mit vielen Vorinformationen und langer Vorbereitungszeit sind am erfolgreichsten.

Weit verbreitet ist das Vorurteil, man hätte ja nichts zu verbergen, warum also seine Daten schützen. Wie ausführlich in mehreren Szenarien in *6/11* (Berberich 2014d) geschildert, reicht es aus, wenn der Enkel ein Angriffsziel ist und die über den Großvater vorhandenen Informationen für einen Angriff genutzt werden.

Ein Nutzer kann sich also selbst nur bedingt schützen, weil er Teil eines Informationsnetzes ist, in dem alle Teile, welche Informationen über diesen Nutzer enthalten, potenzielle Angriffsziele sind. Hieraus ergibt sich die Notwendigkeit, ein vertrauensvolles Informationsnetz aufzubauen, in dem alle Beteiligten qua Technik bestimmte Regeln befolgen. Es wird auch in Zukunft ein ungeregeltes Internet geben, an dem jeder – auch der Trusted-Web-User – teilnehmen will.

Die Mehrheit aller Informationen, die wir speichern, ist nicht vertraulich, weil sie sowieso für jeden zugänglich ist. Auf der anderen Seite sind diese nicht vertraulichen Informationen wichtig für die Erstellung eines Gesamtprofils, welches nur im Zusammenspiel mit vertraulichen Informationen zu verwertbaren Ergebnissen führt. Jeder einzelne Nutzer muss für sich definieren, welche Informationen für ihn wichtig sind. Hierfür gibt es einige allgemeingültige Regeln.

Jeder Angriff benötigt eine gewisse Vorbereitungszeit. Insofern sind für einen Angreifer Daten besonders wichtig, welche Auskunft über zukünftige Ereignisse oder Handlungen des Nutzers geben (Abb. 1.12).

Die folgenden Grafiken erheben keinen Anspruch auf Vollständigkeit, bieten jedoch eine gute Grundlage, um möglichst weitgehend Dienste und Daten für eine sichere Umgebung von Diensten und Daten eines unbegrenzt offenen Internets zu trennen. Um ein wirklich sicheres Web zu erhalten, ist die Trennung über die gesamte Systemkette von Software über Hardware bis zur Ansprache von Devices nötig.

Ein Testament steht hier (Abb. 1.12) als Beispiel für einen Vertrag mit langer Vorlaufzeit. Das bietet Angreifern die Möglichkeit, in Ruhe viele Ereignisse und Profildaten auszuwerten, um ein entsprechendes Angriffsszenario zu identifizieren. Dokumente sollten so lange in einer vertraulichen Umgebung gehalten werden, bis ihre Veröffentlichung notwendig ist. In Konsequenz betrachte ich bereits das Speichern, z. B. auf einem Android-Handy der aktuellen Generation, als Veröffentlichung, da hier zahlreiche Apps Informationen mehr oder weniger unkontrolliert abgreifen.

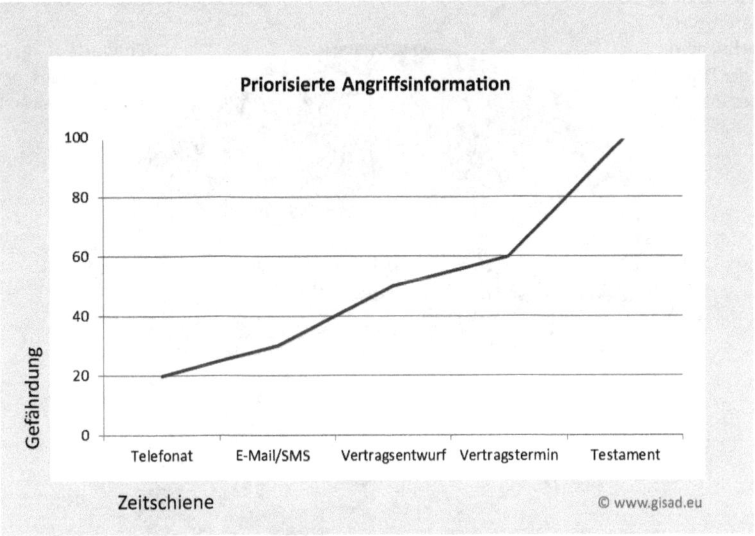

Abb. 1.12 Gefährdungspotenzial in Abhängigkeit von der Zeit

Unter dem Gesichtspunkt der Convenience muss der Sinn der Trennung zwischen Trusted Web 4.0 und dem Internet vom Nutzer zwar verstanden werden, sollte aber mit einem geringen Maß an Mehraufwand bedienbar sein. Das gesamte Konzept zu erklären, würde den Umfang dieses Abschnitts sprengen, zudem hier auch bis 2020 noch umfangreiche Forschung betrieben werden muss. Einen ersten Überblick, welche Bereiche voneinander getrennt werden könnten, gibt das folgende Schema (Abb. 1.13).

Es ist möglich, beide getrennten Bereiche auf einem Smartphone zu bedienen (s. Kap. 3, Abschn. 3.5.2).

1.2.4 Convenience und Sicherheitsbewusstsein

▶ Anwender erstellen ihre eigene Kosten-Nutzen-Analyse.

98 % der Anwender wissen vom erhöhten Risiko durch Hackerangriffe bei einfachen Passwörtern. 36 % haben nicht einmal ihre Passwörter geändert (Ziercke und Kempf 2014, Abb. 1.14).

Die Ursache kann in erster Linie darin gesehen werden, dass die meisten Menschen nicht wie Datenspeicher funktionieren – ausgenommen Menschen mit eidetischen Fähigkeiten (Stangl 2014). Es ist mit einem hohen Aufwand verbunden, sich viele Passwörter zu merken. Diese werden auch wieder vergessen, wenn sie für eine längere Zeit nicht benutzt werden.

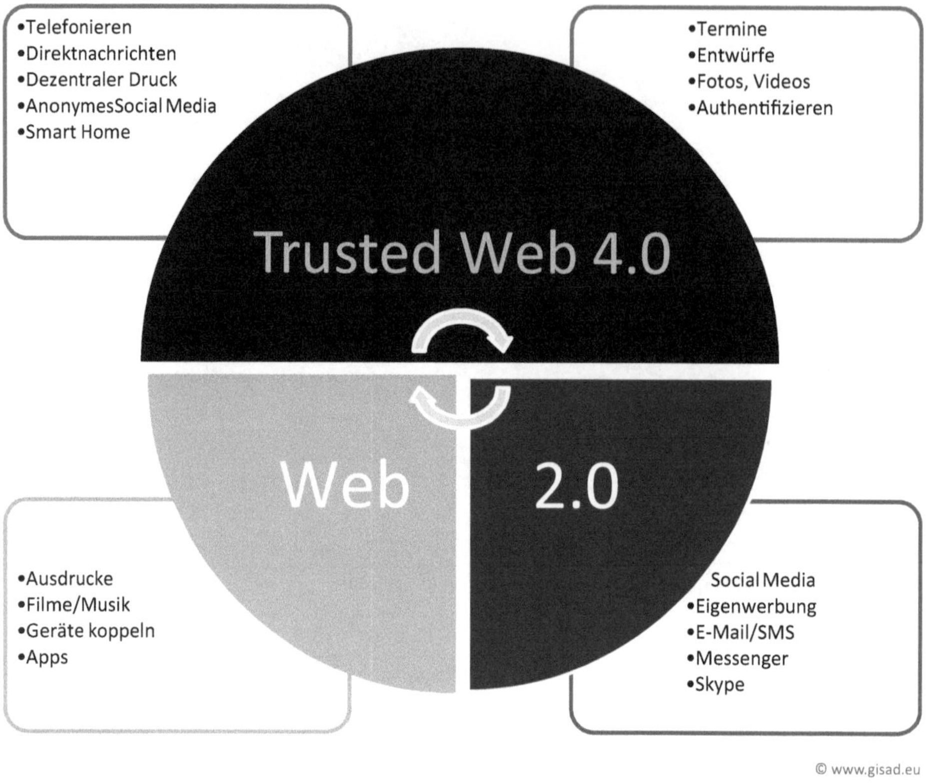

Abb. 1.13 Trennung der Inhalte von Web 4.0 und Web 2.0

Zukünftige Sicherheit darf nicht mit höheren Anforderungen an die Benutzer gekoppelt sein. Rechnet man den Zeitaufwand für das Wiederbeschaffen verloren gegangener Passwörter und den Ärger über das Vergessen mit ein, so ist von einem erheblichen persönlichen Schaden auszugehen. Viele Nutzer sind also nicht nur bequem, sondern halten in ihrer persönlichen Kosten-Nutzen-Analyse den garantierten persönlichen Nachteil durch die Verwendung neuer Passwörter für höher als den möglichen Schaden durch Datendiebstahl oder Datenmanipulation.

Nur wenn gefühlte Sicherheit und tatsächliche Sicherheit übereinstimmen, finden Systeme nachhaltige Akzeptanz bei den Nutzern!

Dafür sind keine unrealistischen Versprechen nötig. Gegen gezielte Einzelangriffe wird es weder jetzt noch in Zukunft einen ausreichenden Schutz geben. Damit konnten wir in vordigitaler Zeit gut leben, auch wenn der professionelle Einbrecher immer schon unsere Haustür in wenigen Minuten öffnen konnte.

In Zukunft werden immer mehr Menschen mit kognitiven Einschränkungen solange wie möglich am Onlineleben teilnehmen. In der digitalen Transformation muss sich der Fokus der Entwicklungsreferenzgruppen weg von jungen experimentierfreudigen Men-

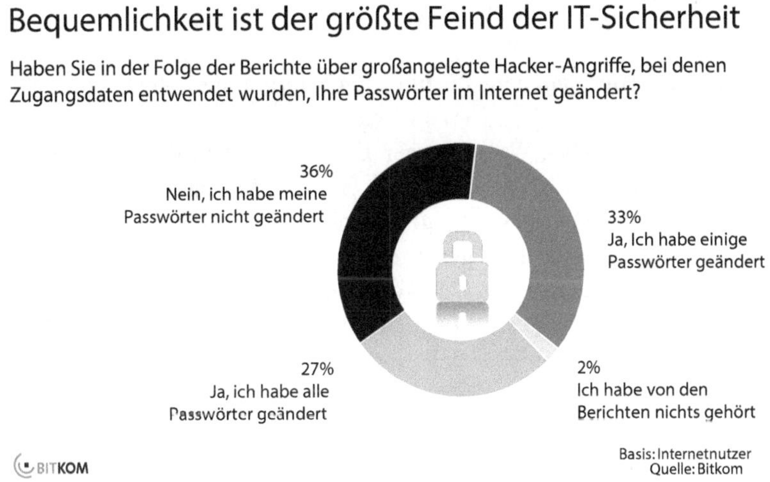

Abb. 1.14 Convenience gefährdet die IT-Sicherheit (Ziercke und Kempf 2014)

schen hin zu alten Menschen mit ersten kognitiven Einschränkungen ändern. Nur so wird eine breite gesellschaftliche Akzeptanz auch bei den Jungen erreicht, denn intelligente, auf die Bedürfnisse von Einzelnen anpassbare Systeme bieten auch für junge Menschen eine höhere Convenience.

Aus dem Blickwinkel des Durchschnittsnutzers ist hohe Datensicherheit bisher mit hohem Aufwand verbunden. Zwar wird der Nutzer derzeit mit guten Ratschlägen überflutet, wie er für sich optimale Sicherheit herstellen kann, gleichzeitig wirken aber die permanent neuen Enthüllungen über Sicherheitslücken lähmend. Die meisten Nutzer erstellen wiederum eine persönliche Aufwand-Nutzen-Rechnung mit dem Ergebnis, einerseits bei Umsetzung der Ratschläge Zeit, Nerven und Geld investieren zu müssen, mit einem andererseits ungewissen Gewinn an Sicherheit. Aus diesem Grund setzen sich derzeit bequeme und einfache, aber unsichere Lösungen im Konsumentenbereich durch. Hierdurch wiederum wird die Sicherheitslage ständig verschärft.

Zudem muss Sicherheit unter Berücksichtigung aller beteiligten Komponenten ermittelt werden. Eine Schwachstelle reicht, um alle anderen Sicherheitsbemühungen zunichtezumachen. Bereits in anderen Büchern (Berberich 2008, 2014) habe ich vielfach auf die zunehmenden Gefahren durch Cyberangriffe hingewiesen. So sei an dieser Stelle nur erwähnt, dass 2014 über eine Milliarde Datensätze in falsche Hände gelangt sind (IBM X-Force 2015).

Ältere Menschen waren bereits in der vordigitalen Welt eine von Kriminellen bevorzugte Zielgruppe. Spezialisierungen krimineller Aktivitäten auf Ältere werden im Onlinebereich stark zunehmen. Viele Straftaten bleiben dann mangels Kompetenz der Nutzer und somit aufgrund fehlender Strafverfolgung unentdeckt und unbestraft.

1.2.5 Jung-hilft-Alt-Konzept

► Menschenwürdige Pflegeunterstützung durch dezentrale Systeme ist möglich.

Durch den demografischen Wandel, der in Europa unterschiedlich stark durch Pflegesysteme und Rentensysteme abgefangen wird, entsteht ein ständig wachsender Leidensdruck innerhalb der Familien, soweit möglich Probleme des Alterns zu lösen. Die so auch definierte Sandwichgeneration muss gleichzeitig für Kinder und Eltern finanziell und/oder alternativ durch persönlichen Einsatz aufkommen. Andererseits wird eine weitgehende technische Vernetzung zwischen Jung und Alt möglich. Die Hilfestellungen autonomer Systeme können in vielen Bereichen entlastend wirken. Gerade bei älteren Menschen ist eine berechtigte Skepsis gegen jegliche Art von digitaler Kontrolle oder Überwachung vorhanden.

Es sind also Systeme zu schaffen, welche die Autonomie alter Menschen mit Unterstützung von menschlichen und technischen Helfern ihres Vertrauens erhalten. Eine eigene Anwenderforschung mit alten Menschen mit körperlichen und kognitiven Einschränkungen bildet die Erfahrungsgrundlage für diesen Abschnitt (Berberich 2009–2011).

1.2.6 Höchste technische Sicherheit versus erprobte adaptierte Sicherheit

► Sicher ist nur, was der Anwender akzeptiert und deshalb konsequent umsetzt.

Erprobte Sicherheit ist die Summe der technischen Sicherheit aller benutzten Komponenten zuzüglich der erfolgreichen Umsetzung der Sicherheitserfordernisse durch die Einsicht in eine den Aufwand rechtfertigende Verhaltensänderung der Mehrheit aller Nutzer.

Im Alltag sind wir heute mit einer Vielzahl von Passwörtern und Zugangscodes konfrontiert, die man sich, wie schon erwähnt, ohne eidetisches Gedächtnis nicht ohne Gedächtnisstützen merken kann. Lernen funktioniert assoziativ. Wir lernen leichter, wenn wir Neues mit bereits im Langzeitgedächtnis Gespeichertem verknüpfen können. Entsprechend benutzen wir leicht zu erratende Passwörter wie „123456" oder eben „Passwort" (Kahle 2014). Auch dies ist der eigenen Kosten-Nutzen-Rechnung geschuldet. Wir merken unmittelbar, wenn wir ein Passwort vergessen haben. Wenn es uns gestohlen wird, merken wir es im Zweifel überhaupt nicht.

Für das Vergessen von Passwörtern wurde wiederum eine automatisierte technische Lösung geschaffen. Ein Zugangslink wird dem Nutzer via E-Mail geschickt. Über Browser hat er dann die Möglichkeit, ein neues Passwort zu vergeben. Der Nutzer, der gelernt hat, dass er sich sichere – weil nicht assoziierbare – Passwörter nicht merken kann, wird gemäß seiner persönlichen Kosten-Nutzen-Analyse dazu neigen, beim zweiten Mal wieder ein einfaches Passwort zu hinterlegen.

Allein aus dem Grund der Kosten-Nutzen-Rechnung der Nutzer haben sich in den letzten Jahren zahlreiche Identifikations- und Authentifizierungsverfahren nicht durchgesetzt. Es muss ein Kompromiss gefunden werden, um mit für den Nutzer nicht spürbarem Mehraufwand ein Maximum an Sicherheit zu erreichen.

Derzeit befinden wir uns in einer sehr gefährlichen Übergangssituation, in der Einzelkomponenten eine Sicherheit vorgaukeln, die über das Gesamtsystem nicht besteht. Für eine sichere Kommunikation wird uns gegenwärtig die PGP-Verschlüsselung vorgeschlagen. Die Abkürzung steht für Pretty Good Privacy, auf Deutsch übersetzt: „ziemlich gute Datengeheimhaltung". Der Wortlaut zeigt, dass selbst der Entwickler Phil Zimmermann sein System nicht für absolut sicher hält.

Ein E-Mail-Programm verschlüsselt dabei eine Nachricht und ein zweites entschlüsselt sie. Zur Sicherheitsbewertung werden nicht alle beteiligten Komponenten angesehen. Ein Netzwerkdrucker druckt meist anschließend den entschlüsselten Text aus und behält das Ausgedruckte lange Zeit in seinem Speicher, was ihn zu einem Hauptangriffsziel für das Abfangen von Informationen macht. Zudem werden heute verschiedenste Quellen bearbeitet und gemischt. Verschlüsselte und nichtverschlüsselte Elemente können aber nur gemischt werden, wenn alle Elemente im Klartext vorliegen.

Aus Sicht des Trusted Web 4.0 ergibt sich die Forderung, alle den „life-cycle" einer Information betreffenden Komponenten zu betrachten und anschließend Maßnahmen zu definieren, um eine erprobte Verbesserung der gesamten Sicherheit zu erreichen. Dezentralisierung und Anonymisierung sind hierfür probate Mittel, weil es Maßnahmen sind, die dem Nutzer bei der Erstellung seiner Kosten-Nutzen-Rechnung einleuchten, und weil diese Maßnahmen sich relativ einfach bei den meisten Komponenten umsetzen lassen.

Bereits durch die konsequente Umsetzung von Trusted-Web-4.0-Forderungen bei bestehenden Devices und Netzwerken kann eine neue Qualität von Sicherheit erreicht werden. Darüber hinaus stärkt eine konsequent die Forderungen des Trusted Web 4.0 umsetzende IKT den deutschen und europäischen Standort, weil diese zu einer hohen gesellschaftlichen Akzeptanz und einem neuen Selbstbewusstsein im Vergleich zu anderen Entwicklungsstandorten führen wird.

1.2.7 Symmetrische Verschlüsselung versus asymmetrische Verschlüsselung

► Nur dezentrale Erzeugung und Speicherung von Schlüsseln schützt vor unberechtigtem Zugriff.

Solange ein Schlüssel an einem Speicherort generiert wird und diesen nicht verlässt, ist das symmetrische Verschlüsselungsverfahren weiterhin sicherer als das asymmetrische Verfahren. Asymmetrische Verfahren wurden für die Kommunikation zwischen zwei Parteien eingeführt. Durch Unterscheidung zwischen einem privaten und einem öffentlichen Schlüssel des bereits vorgestellten PGP-Verfahrens ist eine sichere Kommunikation zwischen zwei Partnern möglich. Allerdings ist Basis des Verfahrens ein sog. Public Key. In der aktuellen Sicherheitsdiskussion geht man davon aus, dass Quantencomputer in Zukunft diese Verfahren knacken können.

Eine rein technische Betrachtung geht allerdings in die falsche Richtung. So fordert die NSA aktuell eine Vordertür zu allen Schlüsseln (Tanriverdi 2015c). Wie ich an anderer Stelle ausgeführt habe, ist es auch für den Normalbürger extrem wichtig, sich vor den Zugriffen ausländischer Dienste zu schützen.

Symmetrische Verfahren können Schlüssel erzeugen, zu denen die Hersteller selbst keinen Zugang haben. Sie sind also sicherer, solange es keine Hintertüren zu dem Datenträger selbst gibt und solange die Schlüsselgenerierung nicht außerhalb des Datenträgers stattfindet.

Es entsteht jedoch ein erhebliches Problem bei älteren Menschen. Kognitive Einschränkungen bedeuten vor allem eine Reduzierung der Aufnahmefähigkeit des Kurzzeitgedächtnisses und eine höhere Vergesslichkeit bzw. die Schwäche, Dinge zu verlegen oder nicht ausreichend gegen Diebstahl zu schützen. Hoch sichere Schlüssel bedeuten also im Zweifel bei dieser Zielgruppe den Totalverlust aller Daten, sofern sie die PIN-Nummer vergessen oder das Authentifizierungsmedium (z. B. die Smartcard) verlegen. Des Weiteren haben symmetrische Schlüssel den Nachteil, dass die Strafverfolgung zu derart verschlüsselten Daten keinen Zugang erhält.

Trusted Web 4.0 bildet die vordigitale Sicherheit ab. Vordigital war ein Zugriff auf Daten zur Strafverfolgung nach richterlicher Verfügung im Einzelfall möglich und auch gesellschaftlich akzeptiert (s. Kap. 2, Abschn. 2.1 und Kap. 2, Abschn. 2.2). Durch dezentrale Aufbewahrung dieser Schlüssel ist die vordigitale Sicherheit wiederhergestellt.

In der Regel werden drei Exemplare des gleichen Schlüssels benötigt. Ein Schlüssel ist für den täglichen Einsatz gedacht. Ein Zweitschlüssel sollte bei einer Person des Vertrauens hinterlegt werden. Sinnvoll wäre für ein Jung-hilft-Alt-Konzept, wenn Jung einen Zweitschlüssel besitzt und auf Anfrage von Alt handeln kann. Ein weiterer Schlüssel sollte dezentral bei einer lokalen Behörde oder alternativ bei einem Rechtsanwalt hinterlegt sein.

Ein großes Problem stellt weiterhin der sichere digitale Transport eines solchen Schlüssels dar, der im offenen Internet abgefangen werden kann. Solange es sich nur um einen Schlüssel handelt, könnte dieser nichtdigital, z. B. als RFID-Chip, persönlich zu den entsprechenden Personen gebracht werden.

Im Rahmen der optimalen Dezentralisierung ergibt sich die Überlegung, je Datei einen anderen Schlüssel zu generieren.

Folgende Forderungen stellen sich an eine Trusted-Web-4.0-Forschung:

- Entwicklung von symmetrischen Schlüsseln, die sich identisch in einer sicheren Umgebung duplizieren,
- Einführung eines sicheren, vollautomatischen Verfahrens zur Übertragung des Zweit- und Drittschlüssels an die Empfänger,

- sicheres Löschen eines physisch verlorenen Speichermediums bei gleichzeitiger Vergabe eines neuen Schlüssels durch das Back-up-Medium,
- automatische Generierung von Unterschlüsseln für verschiedene Dateien.

1.2.8 Akzeptierte Datenspeicherung mit akzeptabler Sicherheit

► Technisch optimale Sicherheit ist nicht gleichzusetzen mit an die menschlichen Fähigkeiten angepasster Sicherheit.

Um verschiedene Datenspeicherungskonzepte miteinander vergleichen zu können, setze ich in diesem Abschnitt ein sicheres Computersystem voraus. Ebenfalls gehe ich von einem automatischen sicheren Back-up aus. Nur eine Person soll Daten erzeugen und darauf zugreifen können. Weitere Studien und Trusted-Web-4.0-Forschung werden sich mit komplexen Kommunikations- und Datenzugriffsstrukturen auseinandersetzen.

Entscheidend für sichere Datenspeicherung ist:

- der Ort, an dem die Daten durch Verschlüsselung und dezentrale, aufgeteilte Speicherung (virtuelles RAID-System; RAID: Redundant Array of Independent Disks) geschützt und gespeichert werden,
- der Weg, den die Daten bis zur endgültigen Speicherung zurücklegen,
- wie viele gleich verschlüsselte Daten am gleichen Speicherort liegen,
- wie die Daten aufgerufen werden und
- wie Dritte sich mit welchem Aufwand Zugang verschaffen können.

Als zusätzliches Sicherheitskriterium definiere ich den sicheren Ersatz von verlorenen/vergessenen Schlüsseln und die Möglichkeit der dezentralen Vorratsdatenspeicherung (zum Beispiel für 6 Wochen).

Ein sehr beliebtes Verfahren für Unternehmen, aber auch Privatpersonen, Daten in der Cloud zu speichern, ist die Dropbox. Die Todschlagargumente der Dropbox sind: keine Datenverluste durch Defekte der eigenen Festplatten sowie Zugriff über verschiedene Devices von unterschiedlichen Orten. Die Dropbox stellt auf Wunsch eine Zwei-Faktor-Authentifizierung zur Verfügung. Die Einrichtung und Benutzung bedeutet einen für Unkundige erheblichen Aufwand. Auch muss man sich neben einem Passwort noch einen zusätzlichen Code merken. Die in der Cloud gespeicherten Daten sind nicht verschlüsselt.

Weiterhin bedarf es nur einer Hintertür in die Dropbox, damit Dritte die im Klartext abgelegten Daten aller Nutzer lesen können. Der Zugriff Dritter wird sogar zugelassen. Gemäß den Dropbox-Datenschutzrichtlinien (Dropbox 2015b) heißt es: „... wir stellen Daten möglicherweise anderen, wie nachstehend beschrieben, zur Verfügung ...", und weiter: „Recht und Ordnung – Wir können Ihre Daten auch für Dritte freigeben, wenn eine Freigabe nach unserem Ermessen sinnvoll und notwendig erscheint, um (a) dem Gesetz Folge zu leisten."

In den AGB (Dropbox 2015a) heißt es zur Haftung: „Außerdem haftet Dropbox … nicht bei Ersatzansprüchen hinsichtlich der Dienste, die die Gesamtsumme von 20$ oder die von Ihnen in den vergangenen 12 Monaten … an Dropbox gezahlten Beträge übersteigen."

Man kann davon ausgehen, dass die NSA alle auf der Dropbox gespeicherten Daten gemäß Patriot Act mitlesen kann. Jedwede Haftung ist quasi ausgeschlossen. Wenn ein Ausschluss mit lokalem Recht nicht übereinstimmt, ist zur Klage der Gerichtsstand in Kalifornien wenig geeignet.

Über den gesamten Prozess gesehen gibt es bei der Dropbox weder eine faktische Sicherheit, noch ein Recht auf Sicherheit. Im Gegenteil, durch die Datenlagerung in den USA, kann von einer Profilerstellung zu Werbezwecken ausgegangen werden, wenn auch nicht direkt bei Dropbox. Metadaten werden genügend Informationen enthalten, damit über Umwege zu der Werbewirtschaft gelangte Daten wiederum personalisiert werden können.

Vergleichen wir die Dropbox mit einer Hochsicherheitsfestplatte mit USB-(Universal-Serial-Bus-)3.0-Zugang (Vertrieb Digittrade GmbH 2015), so haben wir, wenn das Problem eines automatischen sicheren Back-ups gelöst ist, eine wesentlich sicherere Lösung. Auf die Platte kann nur mit Smartcard in Kombination mit einer PIN zugegriffen werden. Dieses doppelte Authentifizierungsverfahren wird sich jedoch aus Bequemlichkeitsgesichtspunkten bei den Normalusern nicht durchsetzen. Dafür ist die RS256-2TB-RFID-Festplatte des gleichen Herstellers schon besser geeignet. Über einen berührungslosen RFID-Chip als Schlüsselanhänger ist das Entsperren der Festplatte sehr einfach möglich.

Aber selbst bei diesem hoch sicheren Verfahren wird eine echte Sicherheit nur vorgegaukelt. Die Festplatte ist teilzentral. Das heißt, bei zwei Terabyte befinden sich die meisten Daten zentral auf einer Platte. Wenn die Festplatte und das Back-up-Medium am gleichen Ort von einer Katastrophe betroffen sind, sind alle Daten verloren. Auch ist in keiner Weise sichergestellt, dass Daten nicht auf dem Weg vom PC zur Speichereinheit abgegriffen werden. Ebenfalls besteht ein erhebliches physisches Verlustrisiko durch Diebstahl oder Vergessen des Datenträgers, insbesondere bei der Zielgruppe der Menschen mit Einschränkung der kognitiven Fähigkeiten.

Aus Sicht des Trusted Web 4.0 und einer durch Nutzer akzeptierten einfachen Bedienung ergeben sich folgende Forderungen an ein sicheres Speichermedium:

- Der Weg von der Datenverarbeitung zur Datenspeicherung und zum Back-up muss dezentralisiert (z. B. zufälliger Point-to-point-Aufbau) und anonymisiert werden, um kein Angriffsziel zu bieten.
- Das Verschlüsseln der Daten darf keinen erhöhten Aufwand für den Nutzer bedeuten. Das in Annähern und Entfernen eines symmetrischen RFID-Schlüsselanhängers scheint ein gangbarer Weg zu sein.
- Es soll von überall auf die Daten zugegriffen werden können.
- Der physische Datenträgerverlust soll möglichst ausgeschlossen werden.

- Im Idealfall sollte jeder Datensatz an einem unterschiedlichen Ort dezentralisiert und anonymisiert gespeichert sein.
- Datensätze müssen mehrfach redundant abgelegt werden.
- Die Strafverfolgung muss im Einzelfall eine Möglichkeit erhalten, nach richterlicher Anordnung auf Datensätze eines Einzelnen aus einem bestimmten Bereich (einer Kategorie) zugreifen zu können (s. Kap. 2, Abschn. 2.1 und Kap. 2, Abschn. 2.2).

1.2.9 Dezentralisierte akzeptierte Währungen

► Die Abschaffung des Bargelds ohne das Zurverfügungstellen einer digitalen anonymen Währung ist nicht akzeptabel.

Durch die Anonymisierung der an den Arbeitsprozessen beteiligten Maschinen und Personen ist eine wesentliche Erhöhung von Sicherheit zu erreichen. Ziele, die nicht personalisiert sind, können nicht gezielt angegriffen werden. Ein wesentliches Hindernis für die Anonymisierung ist die Fakturierung geleisteter Arbeit.

Wenn die Eigenschaft eines jeden Geräts beschrieben ist (s. Kap. 1, Abschn. 1.1.9), können die Geräte anonymisiert zusammenarbeiten. Die Abrechnung über eine anonymisierte digitale Währung erfolgt dann direkt. Einzelne Leistungsträger können dezentral erfasst und an die Buchhaltung weitergegeben werden.

Wie gut Dezentralisierung und Anonymisierung innerhalb bestehender Netzstrukturen funktioniert, zeigen die anonymisierten digitalen Währungen, wie z. B. Bitcoin. Sie funktionieren ohne zentrale Server und haben als einzigen Berührungspunkt und als mögliche Angriffsstelle eine gemeinsame Open-Source-Software. In sog. Peer-to-peer-Netzen wird eine direkte gleichberechtigte Verbindung zwischen zwei Peers aufgebaut. Wie hoch die Nutzerakzeptanz von Bitcoin wirklich ist, wird sich erst zeigen, wenn es genügend Anbieter gibt, welche Zahlung über Bitcoin zulassen.

Die Kreditkarte hat über 50 Jahre gebraucht, um ihre heutige Akzeptanz zu erhalten. Es gibt jedoch Anzeichen, dass dezentralisierte anonymisierte digitale Währungen sich wesentlich schneller durchsetzen werden. Zum einen können Anbieter in ihren Shops sehr einfach eine Bitcoin-Zahlung anbieten. So ist zum Beispiel für 99 € das Blockchain-Bitcoin-Payments-Modul für einen der meistbenutzten Open-Source-Shops erhältlich (Prestashop 2015).

Andererseits ist man aktuell bestrebt, das Bargeld abzuschaffen (Fischer 2015), was zu einer explosionsartigen Flucht der Schwarzarbeiter in die Nutzung digitaler Währungen wie Bitcoin führen könnte. Die gesellschaftliche Akzeptanz wurde bei der Entwicklung nicht berücksichtigt. Hacker entwickelten Bitcoin gegen einen Überwachungsstaat. Umgekehrt besteht die Gefahr, dass Staaten dezentralisierte und anonymisierte Währungen mit dem Argument verbieten, den Bürger nicht gegen hiermit durchgeführte kriminelle Handlungen schützen zu können. Damit digitale Währungen funktionieren, ist bei ihrer Entwicklung die staatliche Anerkennung zu berücksichtigen.

Trusted Web 4.0 bildet die vordigitale Gesellschaft und mindestens die über Tausende von Jahren in Kompromissen zwischen Staaten und Bürgern entstandenen Freiheiten wie Sicherheiten gleichermaßen ab. Hierbei berücksichtigt Trusted Web 4.0 nur solche Staaten, welche sich mit Recht als Demokratien bezeichnen. Als Maßstab für diese Demokratien gilt die europäische Charta der Grundrechte.

Derzeit ist es möglich, Bargeldvermögen nach richterlich genehmigten Hausdurchsuchungen oder durch die Befragung der Personen, die in Transaktionen eingebunden waren, zu ermitteln. Technisch wäre es möglich, in einem Peer-to-peer-Netzwerk die Transaktion zum letzten Peer zurückzuverfolgen und die Geldbörse eines Peers anzusehen. Dazu sollte optimalerweise wieder der für die Strafverfolgung hinterlegte symmetrische Schlüssel verwendet werden.

Bitcoin und vergleichbare Währungen sind gegen die Banken gerichtet, da hierdurch Banken ausgeschlossen und Geldgeschäfte zwischen den Beteiligten direkt abgewickelt werden können. Allerdings haben Banken den entscheidenden Vorteil, über ihren B2B-Kundenstamm eine schnelle Verbreitung einer digitalen Währung durch den Aufbau von Anbieterakzeptanzstellen sicherstellen zu können. Bitcoin ist derzeit für den Normalnutzer viel zu kompliziert. Eine digitale Währung muss so einfach wie Bargeld funktionieren, um sich durchzusetzen.

Banken sollten über ihre Kundenkonten eine digitale Währung zur Verfügung stellen, die anonymisiert wie Bargeld verwendet werden kann. Banken haben durchaus eine Chance, sich wieder in die Wertschöpfungskette einzubringen, wenn sie ihre Geschäftskunden von den Vorteilen einer Zusammenarbeit überzeugen. Schließlich ist auch die Kreditkarte für den Kunden kostenlos und wird von der Akzeptanzstelle bezahlt.

Grundsätzlich ist jede Zentralisierung ein Einfallstor für Manipulationen. Diese Gefahr besteht selbst bei einer dezentralen Währung wie Bitcoin. So gab es hier bereits Versuche der Beeinflussung durch Mining-Zusammenschlüsse (Knocke 2014).

Aus Trusted-Web-4.0-Sicht ergeben sich folgende Forderungen für eine sichere digitale Währung:

- Die Währung muss dezentral erstellt und gespeichert werden.
- Die konsequente Dezentralisierung soll durch dezentrale Instanzen überwacht werden.
- Das digitale Geld muss in dem für einen Besitzer relevanten Rechtsraum gespeichert werden.
- Finanztransaktionen müssen anonymisiert werden.
- Nach richterlicher Verfügung soll die Summe der im Besitz befindlichen digitalen Währung und die letzte relevante Transaktion für die Strafverfolgung nachvollziehbar sein.
- Die Handhabung der Währung darf nicht aufwendiger sein als Bargeld. Das Smartphone trägt man immer bei sich. Anonymisiertes Bezahlen über RFID ist denkbar.
- Idealerweise ist die digitale Geldbörse etwa über einen USB-Stecker komplett vom personalisierten Kern des Smartphones abgekoppelt.

1.2.10 Dezentrale Kommunikation

- Alte Menschen müssen besonders vor dem Missbrauch ihrer Daten geschützt werden.

Selbst in Privatwohnungen werden technische Systeme heute immer komplexer. Geräte unterschiedlicher Hersteller arbeiten miteinander zusammen. Die Haftung, wenn etwas schief geht, wird weitgehend ausgeschlossen. Schlimmer noch, als WLAN-Nutzer kann man sogar für Schäden an Dritten in die Haftung genommen werden (Hoeren 2015).

Bereits jüngere, nicht IT-vorbelastete Konsumenten sind hier hoffnungslos überfordert. Während zum Beispiel im Lebensmittelbereich eine Überregulierung zugunsten der Verbraucher aufgebaut wurde, ist die Politik in Deutschland und Europa überfordert, sich bei IT-Systemen abzustimmen und im Interesse der Verbraucher zu handeln. Je nach aktueller politischer Stimmung ergreift man datenschutzfreundliche oder datenverwerterfreundliche Maßnahmen. Dezentralisierung und Anonymisierung bietet hingegen der Politik einen Ausweg, sich auf erprobte Konzepte der vordigitalen Gesellschaft zu berufen.

Heute gibt es viele Menschen mit kognitiver Einschränkung, die nie in der digitalen Welt angekommen sind. 48,7 % aller Rentner/Nichtberufstätigen nutzen das Internet nicht (ARD/ZDF 2014). Rentner sind gesellschaftlich akzeptiert und haben die Freiheit, trotz ihrer Einschränkungen in Würde zu altern. Bis ins hohe Alter können sie am gesellschaftlichen Leben teilnehmen.

Betrachten wir noch einmal die Alterspyramide: Die größten Probleme des demografischen Wandels beginnen, wenn die heute 60-Jährigen in Rente gehen. Die Internetnutzung der Generation 50+ liegt aktuell bei ca. 82 % (ARD/ZDF 2014).

Es ist davon auszugehen, dass die meisten Angehörigen der Generation 50+ keine tief greifenden technischen Kenntnisse über das Internet besitzen und zum Beispiel nicht wissen, wie man einen Router konfiguriert. Trotzdem steht gerade diese kaufkräftige Generation immer häufiger Herstellern gegenüber, die auf jegliche gedruckte Bedienungsanleitung verzichten und zur Installation neuer Geräte technische Kenntnisse erwarten oder selbst die Fernwartung übernehmen. Die durch Fernwartungen verstärkte Zentralisierung wird bei der heutigen Generation 50+ im Alter zur völligen Entmündigung führen, wenn nicht jetzt entschieden entgegengewirkt wird.

Arbeiten Hersteller mit dem Gesundheitssystem schließlich Hand in Hand, könnte bei jeder gegessenen Schokolade ein Krankenkassenrisikozuschlag erhoben werden und bei zu hohem Blutdruck die Zwangseinweisung ins Krankenhaus erfolgen. Kognitive Einschränkungen sind dann verbunden mit einer zunehmenden Totalüberwachung.

Wenn wir jetzt hingegen dezentralisierte Strukturen aufbauen, ermöglichen wir sichere Konzepte, wie das von uns im Piloten erprobte Jung-hilft-Alt-Konzept.

Zuerst müssen wir eine digitale Hausintelligenz entwickeln, welche die einzelnen im Haus eingesetzten Systeme kontrolliert und Handlungsanweisungen einfach formulieren und zusammenfassen kann. Auch Menschen mit kognitiven Einschränkungen sind meist noch in der Lage, situativ richtige Entscheidungen zu treffen, welche einen auf definierte Ereignisse programmierten Computer überfordern würden. Auf der anderen Seite sind Pfleger von Dementen meist überqualifiziert. Menschliche Helfer, die bloß an das Vergessene erinnern müssen, könnten für diese Aufgabe durch intelligente digitale Systeme entlastet werden.

Menschen mit leichteren kognitiven Einschränkungen werden eine Erinnerungshilfe dankbar annehmen, möchten aber vom System gefragt werden, bevor es eine Bestellung aufgibt oder einen Hilferuf nach außen sendet.

Es ist ein großer Unterschied, ob alle Systeme weltweit miteinander vernetzt, ständig überwacht und gewartet werden oder ob die Informationen aller im Haus befindlichen Systeme in einem Homebot (s. Kap. 3, Abschn. 3.3.3) gespeichert werden. Dieser wandelt Informationen in verständliche einfache Fragen um, wie: „Die Batterie des Staubsaugers muss spätestens in sieben Tagen erneuert werden. Soll ich heute einen Austauschservice beauftragen?"

Auch hierbei ist die Anonymisierung der Prozesse voranzutreiben. Wird zum Beispiel bereits bei der Bestellung der Betrag in einer anonymisierten Währung bezahlt, benötigt der Lieferant nur die Zustelladresse und eine Wohnungsnummer, um ein Produkt ausliefern zu können.

Wenn bei Nutzern die kognitiven Fähigkeiten nachlassen, kann eine Person des Vertrauens die Anfragen des Homebots überprüfen und beantworten. Diese Person greift nicht über ein zentrales Portal, sondern dezentral direkt auf den Homebot zu.

Ähnlich wie bei der Bitcoin-Währung kann peer-to-peer kommuniziert werden. Die Kommunikation wird ohne Umwege zwischen zwei Adressaten aufgebaut. Dies ist technisch schon heute möglich und wird 2020 mit dem neuen 5G-Standard noch einfacher.

Es ergeben sich folgende Forderungen für eine trusted-web-4.0-konforme digitale Kommunikation:

- Der Weg vom Sender zum Empfänger muss dezentralisiert (z. B. zufälliger Point-to-point-Aufbau) und weitgehend anonymisiert werden, um kein Angriffsziel zu bieten.
- Ein intelligentes Wohnungssystem und/oder Personensystem soll alle Informationen der im Haus befindlichen Devices sammeln und Bedarfe in verständliche Fragen an den Nutzer wandeln.
- Die dezentrale Intelligenz soll in der Lage sein, nach Erlaubnis, selbstständig Kontakt zu Lieferanten und Behörden aufzunehmen.
- Idealerweise erfolgt die Autorisierung des Homebots für Handlungen gegenüber Dritten durch Benutzung der gleichen, oben genannten Schlüssel.
- Im Einzelfall nach richterlicher Anweisung soll das Protokoll des Homebots zur Verfolgung einer Straftat ausgelesen werden können.

1.2.11 Fazit

► Ein entschlossenes Handeln von Politik und Wirtschaft ist dringend erforderlich.

Berücksichtigt man den demografischen Wandel, so besteht ein erheblicher politischer und wirtschaftlicher Handlungsdruck, Dezentralisierung und Anonymisierung voranzutreiben. Wenn man die derzeitige Entwicklung konsequent zu Ende denkt, dann werden wir alle im Alter von einer Entwicklung bedroht, welche sicherlich so keiner haben will. Unter dem Gesichtspunkt des demografischen Wandels ist möglicherweise eine große Anzahl von Konsumenten zu mobilisieren, welche das Thema Überwachung bisher kaltlässt. Denn selbst die heute jungen Menschen trainieren sich schon ein Verhalten an, welches sie im Alter nur noch schwer verändern können. Je früher wir im Konsumentenbereich konsequent auf eine Abbildung der vordigitalen Gesellschaft setzen, umso weniger gesellschaftliche Reibungsverluste und damit Kosten haben wir bei der digitalen Transformation.

Ein in den Privathaushalten erfolgreich eingeführtes Trusted Web 4.0 übernehmen auch Unternehmen ohne großen Widerstand. Die Kosten des demografischen Wandels werden gemindert und der Wirtschaftsstandort Deutschland wird durch eine Übereinstimmung von Politik, Wirtschaft und Gesellschaft gestärkt.

Der Mensch kann und sollte nicht mit Technik konkurrieren. Technik sollte dem Menschen nicht ihre Systematik aufzwingen.

Aktuelle Studien (KPMG International 2015) schießen über das Ziel hinaus, wenn sie den Menschen nur noch als Teil einer Prozesskette sehen. Ist es wirklich ein Vorteil, wenn der zukünftige Nutzer bereits unter der Dusche die aktuellen Nachrichten lesen kann, oder braucht er diese fünf Minuten, um sich mental auf seinen Tag vorzubereiten? Zumal die vielen Nachrichten sich immer häufiger, inhaltlich auf Halbinformationen reduziert, mit wenigen Themen auseinandersetzen.

Der Mensch liefert eben nicht Input und Output wie eine Maschine, sondern muss in Zukunft wieder mehr in seiner Kreativität gefördert werden, damit er die Freiräume, die er durch die Technik im Optimalfall erhält, auch produktiv nutzen kann. Hier ist „produktiv" im Sinne von Ausgeglichenheit und Zufriedenheit des Einzelnen gemeint und nicht nur als Anteil am Bruttoinlandsprodukt (BIP).

► Wenn Maschinen immer produktiver werden und menschliche Arbeitskraft weitgehend ersetzen, wie es in naher Zukunft zu erwarten ist, dann werden in absehbarer Zeit die Märkte gesättigt sein.

Die einzigen Konsumenten auf dieser Erde sind eine endliche Anzahl von Menschen, die nur eine begrenzte Menge von Informationen verarbeiten und eine begrenzte Menge von Produkten konsumieren können.

2 Rechtliche und organisatorische Grundlagen

> Rechtliche Regelungen der vordigitalen Gesellschaft sind ausreichend, wenn die Technik an die Gesellschaft und nicht die Gesellschaft an die Technik angepasst wird.
> Die Organisation von Institutionen kann durch Dezentralisierung übersichtlicher strukturiert werden.

Grundsätzlich ist das Ziel von Trusted Web 4.0, eine digitale Gesellschaft zu schaffen, welche möglichst genau die vordigitale Gesellschaft abbildet und gleichzeitig die Rationalisierungseffekte und Vorteile der Digitalisierung berücksichtigt. So sind auch für den Gesetzgeber nur minimale Veränderungen zu den bestehenden Gesetzen nötig. In der vordigitalen Gesellschaft erledigt der Bürger viele Aufgaben des täglichen Lebens anonym und dezentral.

2.1 Vorratsdatenspeicherung

> Trusted Web 4.0 setzt das EuGH-Urteil zur Vorratsdatenspeicherung April 2014 (Az.: C-293/12 und C 594/12) optimal um.

Es wird ein Stufenmodell vorgeschlagen, welches den Zugriff auf bevorratete Daten nur bei nachweislicher Notwendigkeit ermöglicht. Durch die dezentrale und anonymisierte Ablage der bevorrateten Daten ist die Herstellung eines Personenprofils in der Regel nur teilweise und nicht für jedermann möglich. Damit wird dem Urteil genügt, dass die Speicherung auf objektiven Kriterien beruhen muss, die gewährleisten, dass sie auf das absolut Notwendige beschränkt wird.

O. Berberich, *Trusted Web 4.0 – Bauplan für die digitale Gesellschaft*, Xpert.press,
DOI 10.1007/978-3-662-49208-6_2

2.1.1 Vereinbarkeit von Strafverfolgung und Datenschutz

Derzeit vertreten Datenschützer und Strafverfolger konträre Ansichten. Die nationalen Behörden sehen in der Vorratsdatenspeicherung ein nützliches Mittel für die strafrechtliche Ermittlung. Die Datenschützer sehen dagegen Auswirkungen auf Art. 7 und Art. 8 der EU-Grundrechtscharta, also auf das Recht auf Privatsphäre und das Recht auf Datenschutz. Zusätzlich wird durch den „chilling effect", d. h. die „abschreckende Wirkung", als Gefühl des Überwachtwerdens auch die Meinungs- und Kommunikationsfreiheit nach Art. 11 berührt.

Das EuGH-Urteil berücksichtigt beide Interessen und beschäftigt sich im Wesentlichen mit der Verhältnismäßigkeit zwischen den Forderungen der Datenschützer und Strafverfolger. Im Ergebnis wurde die Richtlinie zur Vorratsdatenspeicherung zulasten der Strafverfolgung aufgehoben und dem Gesetzgeber aufgetragen, eine an das Urteil angepasste Richtlinie zu erarbeiten. Das Urteil nimmt Bezug auf die Richtlinie 2006/24/EG und erklärt sie für ungültig.

Trusted Web 4.0 erfüllt bereits alle sich aus dem Urteil ergebenden Forderungen, ohne den Gesetzgeber einzuschränken.

2.1.2 Eignung der Richtlinie

Die Datenschützer bezweifeln bisher, dass Vorratsdatenspeicherung überhaupt sinnvoll ist, weil sie nichts zur Kriminalitäts- bzw. Terrorismusbekämpfung beitrage. Dem widerspricht der EuGH.

Trusted Web 4.0 schließt sich dem EuGH an. Allerdings unterscheidet Trusted Web 4.0 zwischen den nicht geeigneten Maßnahmen des massenhaften Abhörens und dem auf das absolut Notwendige beschränkte Verfahren des Abhörens eines relevanten Bereiches eines Verdächtigen. Dabei geht Trusted Web 4.0 davon aus, dass zumindest nach dem derzeitigen technischen Stand Datensicherheit nicht gewährleistet werden kann, also bei keiner Hardware und Software zweifelsfrei auszuschließen ist, dass auf hier gespeicherte Daten von Unbefugten zugegriffen werden kann. Das entspricht unserer nichtdigitalen Realität. Obwohl fast jede Haustür vom geübten Einbrecher innerhalb von fünf Minuten geöffnet werden kann, ist der Einzelne vor Übergriffen ziemlich sicher.

Entsprechend speichert man im Trusted Web 4.0 Daten dezentral und zweckbestimmt. Zudem werden die personenbezogenen Daten immer im Rechtsraum des jeweiligen Bürgers und damit im Rechtszugriff gespeichert. Somit erreicht man eine ähnliche Sicherheit des Bürgers wie im nichtdigitalen Rechtsraum.

Trusted Web 4.0 geht davon aus, dass allein schon die zentrale Datenhaltung aller Daten eines Bürgers eine erhebliche Bedrohung seiner Sicherheit durch Manipulation, insbesondere auch durch Terrorismus, darstellt. Die Gefahr potenziert sich, wenn umfassende Profildaten vieler Bürger zentral an einer Stelle gespeichert werden.

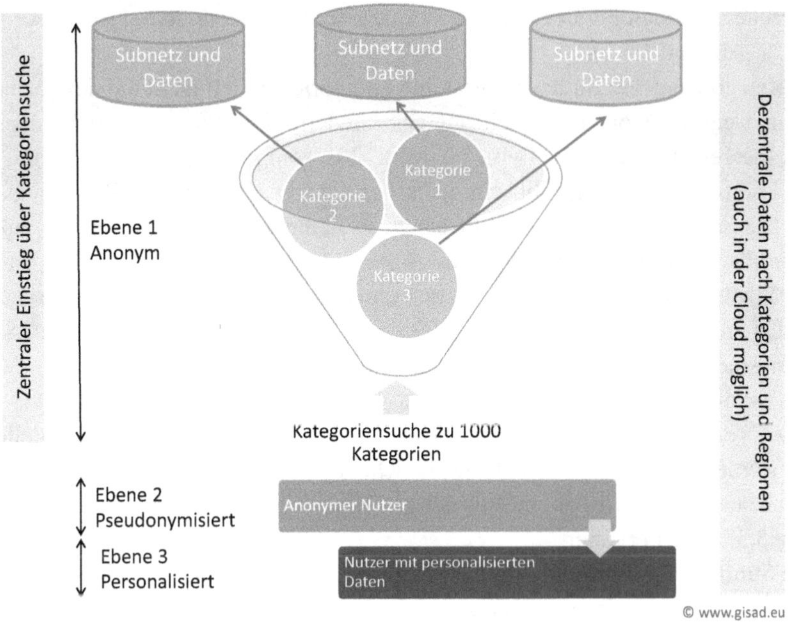

Abb. 2.1 Dezentrale Subnetzaufteilung nach Kategorien

2.1.3 Erforderlichkeit und Verhältnismäßigkeit – Differenzierung nach Art der erhobenen Daten

Der EuGH fordert klare und präzise Regeln für die Tragweite und die Anwendung der fraglichen Maßnahmen vorzusehen und Mindestanforderungen aufzustellen.

Trusted Web 4.0 legt alle Daten in 1000 Kategorien ab (Berberich 1997–2014). Hierbei handelt es sich nicht um die üblichen Top-down-Kategorien, die sich Einzelne oder eine Gruppe ausgedacht haben. Häufig bilden solche Kategorien die Interessenlage und das Weltbild des Entwicklers ab, werden nicht verstanden oder sind mehrdeutig und somit nicht für die vom EuGH vorgegebene präzise Definition geeignet.

Trusted Web 4.0 hingegen arbeitet mit bottom-up erstellten Kategorien. Über eine Million Suchanfragen wurden hierfür analysiert und nach einem patentierten Verfahren erstellte man einen semantischen Thesaurus (Berberich 1999, 2014). Die Hauptgeschäftsstraßen von 60 Großstädten, universitäre Disziplinen etc. wurden hierfür komplett erfasst und einzelnen Kategorien nach Kriterien wie Eindeutigkeit und Allgemeinverständlichkeit erstellt. Trusted Web 4.0 will diese Kategorien mithilfe der EU als eindeutigen Weltstandard durchsetzen (Abb. 2.1).

Jeder Kategorie kann eindeutig eine Aufgabe und so auch eine Straftat zugeordnet werden. Je Kategorie soll eine eigene IP-Adresse je Bürger vergeben werden. Je Kategorie, Sprache und Region gibt es ein eigenes dezentrales System, das IP-Adressen vergibt (s. Kap. 2, Abschn. 2.5.5).

Ein Kategorienserver für das vorgestellte Kategorienmodell ist Stand der Technik und kann mit wenigen Monaten Arbeit auf eine moderne Programmiersprache übertragen werden (derzeit ASP, SQL, HTML, bis Mitte 2013 online). Das System ist mit bis zu 60.000 Usern monatlich erprobt, ein deutschsprachiger und ein in Teilen englischsprachiger Thesaurus sind hinterlegt. Mit einem weiteren Jahr Programmierung zuzüglich Arbeiten für ein ansprechendes Webdesign kann der Social Media Booster „getmysense“ (getTIME.net GmbH 2011–2013) zur Verfügung gestellt werden. Hierüber kann der Nutzer einen Thesaurus in allen ca. 2500 Schriftsprachen erstellen. Circa 70.000 Stunden Vorarbeit sind bereits erbracht. Es kostet also weder relevantes Geld noch Zeit, die ersten Schritte für diesen Weg zu tun.

Darauf können bereits eine Vielzahl von Entwicklungen und Geschäftsmodellen aufgesetzt werden. Jedoch ist ein PDS unverzichtbar für einen der vordigitalen Sicherheit entsprechenden Standard. Die hierfür nötige Forschung und Entwicklung ist im Kap. 3, Abschn. 3.5.2 näher erläutert.

Eine Straftat wird üblicherweise in einem Sprachraum, einem Bereich (Kategorie), einer Region und in einer bestimmten Zeit begangen. Dieses Konzept bietet einem Richter die Möglichkeit, einen präzisen Filter setzen zu können, welche Daten ermittlungsrelevant sind. So sind z. B. bei einem Wirtschaftsdelikt die Vorlieben für Musik, Hobbys, Krankheiten etc. nur in Ausnahmefällen relevant.

2.1.4 Auswirkungen auf Big Data

Insbesondere in großen Unternehmen haben sich ungeheure Datenmengen angesammelt. Im Rahmen der Big-Data-Diskussion überlegt man, wie diese Daten dazu genutzt werden können, die Prozesskette und das Marketing zu optimieren. Bei Durchsetzung der Kategorien als Weltstandard erhöht diese Kategorienzuordnung aller Daten die Kompatibilität der Prozesse, z. B. zwischen Lieferanten und Herstellern.

Schreibt der Gesetzgeber vor, aus Verkäufen gewonnene Erkenntnisse aufgeteilt nach Kategorien abzuspeichern, so wird der durch das Cross-Selling entstehende gläserne Kunde verhindert. Der Kunde sollte je Kategorie entscheiden können, ob seine Daten außerhalb der Buchhaltung personenbezogen z. B. zum Verschicken von Werbung gespeichert werden dürfen.

Im Datenschutz darf nicht mehr zwischen Internet und Intranet unterschieden werden. Große Unternehmen wie Google, Amazon etc. besitzen inzwischen aufgrund der mit ihnen durchgeführten Transaktionen umfassende personenbezogene Profile. Der gläserne Kunde ist hier bereits Fakt. Durch die umfassenden Cloud-Speicher-Angebote ist es Unternehmen zuzumuten, je Kategorie einen anderen physikalischen Speicherort zu wählen. Allein durch diese Dezentralisierung der Daten erhöht sich die Datensicherheit erheblich.

2.1.5 Auswirkungen auf Webanalysen

Webanalysen basieren auf dem Tracken von Internetseiten. Es gibt verschiedene Analyseanbieter, welche die besuchten Seiten überwachen und selbst, wenn der Kunde nicht im Einzelfall zugestimmt hat (obwohl nach deutschem Recht unzulässig), aus dem Surfverhalten des Einzelnen resultierende Profile und Analysen anlegen.

Den Analyseanbietern sollte analog zu Big Data auferlegt werden, Analysen nur innerhalb einer Kategorie durchzuführen.

2.1.6 Beschränkung des überwachten Personenkreises

Durch die Bündelung aller Daten einer Kategorie sind auch die in einer ersten Stufe anonymisiert zur Verfügung gestellten Daten für die Strafverfolgung bereits äußerst aussagekräftig. Wenn sich hieraus der Anfangsverdacht einer Straftat erhärtet, können in den so begründeten Einzelfällen die personenbezogenen Zuordnungen angefordert werden. Der Datenzugriff ist demgemäß an das zur Strafverfolgung bzw. zur Gefahrenabwehr Notwendige gebunden.

2.1.7 Beschränkung der Zugriffsrechte der nationalen Behörden

Den digitalen Schlüssel für diesen individuellen Zugang zu den Daten besitzt nur der Bürger selbst. Zusätzlich kann darüber nachgedacht werden, dezentral, z. B. bei speziellen Anwälten/Notaren, einen digitalen Zweitschlüssel zu hinterlegen. Je Kategorie könnte ein anderer Schlüssel verwendet werden.

2.1.8 Festlegung des Speicherzeitraums

De facto werden personenbezogene Daten nicht gespeichert. Stattdessen kann die Beziehung zu einer Person nur über einen digitalen Schlüssel hergestellt werden. Insofern sollte der Gesetzgeber einen generellen Zeitraum für die Datenspeicherung vorgeben.

Die vorgeschriebene Dauer könnte je Kategorie variieren. So ist bei Gesundheitsdaten möglicherweise eine andere Speicherdauer sinnvoll, als bei Daten zum Thema Freundschaften. Diese unterschiedliche Speicherdauer kommt den Datenschützern entgegen.

2.1.9 Schutz gespeicherter Kommunikationsdaten

Sowohl die Anonymisierung aller Daten eines Bürgers als auch das dezentrale Speichern an möglichst vielen unterschiedlichen Orten führen zu einem extrem erhöhten Schutz gegen Missbrauch.

Die dezentralisierte und anonymisierte Globalisierung bildet die Errungenschaften der vordigitalen Gesellschaft ab. Insofern sind die rechtlichen Regelungen anwendbar, soweit sie sich nicht von der Charta der Grundrechte der Europäischen Union entfernen. Die hier gesetzten rechtlichen Voraussetzungen können im Trusted Web 4.0 konfliktfrei technisch gelöst werden.

Zentralisierte Systeme bieten die Möglichkeit, Aktionen außerhalb des betroffenen Rechtsraums straffrei zu begehen und meist sogar unentdeckt zu bleiben. Die geografische Dezentralisierung gewährleistet die Strafverfolgung, wenn Straftaten nur innerhalb eines Rechtsraums begangen werden.

2.2 Verbesserung der Compliance

► Dezentrale Datenspeicherung reduziert die strafrechtliche Angriffsfläche.

2.2.1 CMS-Systeme alleine reichen nicht

Unternehmen beginnen in ersten Ansätzen, mithilfe eines Compliance-Management-Systems (CMS) die unternehmensinternen Regeln in einer zentralen Datenbank für alle Mitarbeiter zu verwalten und erreichbar zu machen. Doch selbst das beste Regelwerk bietet alleine keinen ausreichenden Schutz gegen falsche Anschuldigungen, welche einen erheblichen Schaden im Unternehmen verursachen können.

Unternehmen müssen sich darauf einstellen, dass in Zukunft immer öfter interne Daten dem Zugriff Unbefugter ausgesetzt sind. Umso zentraler Unternehmensdaten abgelegt werden, desto mehr Daten sind von Datendiebstählen oder Datenmanipulationen betroffen.

Hierdurch entsteht zusätzlich zum immer höher werdenden Ermittlungs- und Überwachungsdruck durch Aufsichts- und Strafverfolgungsbehörden die Gefahr, dass Daten von Wettbewerbern, ausländischen Geheimdiensten oder der Öffentlichkeit gegen ein Unternehmen verwendet werden. Andererseits ist es durch zahlreiche Cloud-Anbieter möglich geworden, Daten einfach dezentral an verschiedenen Stellen zu speichern.

2.2.2 Nicht lösbare Problemstellungen

Folgende Problemstellungen können durch ein CMS nicht gelöst werden:

- Von Mitarbeitern gespeicherte Entwürfe entsprechen oft nicht den Compliance-Regeln, da sie noch nicht mit der Bereichsleitung abgestimmt sind. Bei massenhaft gestohlenen Daten können so falsche Gerüchte über ein Unternehmen in die Welt gesetzt oder juristisch Regelverletzungen abgeleitet werden.

- In manchen Ländern gehen Staatsanwaltschaften in Verdachtsfällen dazu über, ganze Rechenzentren zu beschlagnahmen und damit den gesamten Betrieb zu gefährden.
- Das Unternehmen ist nach Datendiebstahl, -verlust oder Beschlagnahme möglicherweise in der Beweispflicht, welche Daten sich auf einem Server befunden haben oder welche Daten vor Rückgabe verändert wurden.

2.2.3 Forderungen an die Wirtschaft

- Es ist ein weltweiter Kategorienstandard zu schaffen, nachdem Daten gespeichert werden (s. Kap. 2, Abschn. 2.1).
- Je Kategorie sind ein anderer Speicherort, Sicherheitsstandard (Firewall etc.) und eine andere Authentifizierung zu verwenden. Bei Beschlagnahmung sind so nur die für eine Untersuchung notwendigen Teile betroffen.
- Entwürfe und fertige Dokumente sind an unterschiedlichen Speicherorten zu speichern.
- Bei unterschiedlichen Unternehmensstandorten sind die Daten dezentral je Unternehmensstandort und Kategorie zu speichern.
- Die virtuellen Kronjuwelen sollten ebenfalls dezentral an mehreren Standorten im eigenen Unternehmen möglichst ohne direkte Internetverbindung gespeichert werden.
- Das CMS muss das Regelwerk nach dem Kategorienstandard geordnet zur Verfügung stellen.

2.3 Neustrukturierung der ICANN/IANA

► Es besteht die Chance für die weltweite Einführung eines Kategorienstandards.

2.3.1 Ausgangssituation

Bisher hat das US-Handelsministerium die Oberaufsicht über die Vergabe der Domainnamen und der IP-Adressen durch die Internet Assigned Numbers Authority (IANA). Die IANA ist die wichtigste Dienstleistung der Internet Corporation for Assigned Na mes and Numbers (ICANN), einer Non-Profit-Organisation, welche seit 1998 mit Sitz in Los Angeles tätig ist. Eine beratende Funktion hat das Governmental Advisory Committee (GAC), an dem Regierungsvertreter aus über 100 Staaten teilnehmen. Bis Ende 2016 will die US-Regierung die Oberaufsicht über IANA abgeben. Wie die Neuregelung aussehen soll, ist bisher unklar.

Der Autor gehört einer deutschen Arbeitsgruppe an, die Vorschläge für die Neuordnung der Coordination Group der ICANN zur Verfügung stellt.

Folgende Überlegungen konzentrieren sich nur auf die wesentlichen Aspekte, die in Hinblick auf das Trusted Web 4.0 für diesen Dienst zu bedenken sind.

Die IANA-Funktion ist eine Datenbank (Root Zone Database), in der die Top-Level-Domains (TLDs), wie z. B. „.de“, abgespeichert sind. Diese Datenbank steht dem Internet über 13 Root-Server zur Verfügung. Sieben davon stehen in den USA. Wenn diese Server ausfallen, wird kein Rechner im Internet mehr gefunden.

Diese TLDs waren ursprünglich Ländern zugeordnet. Es gab wenige Ausnahmen, wie z. B. „.org“, „.com“, „.net“. Inzwischen kann sich jeder mit genügend Kapital für eine eigene TLD bewerben, solange diese nicht schon vergeben ist oder mit den Interessen eines Landes kollidiert. So haben sich z. B. „.bmw“ der Autohersteller und „.berlin“ die Stadt gesichert. „.amazon“ wurde jedoch nicht Amazon zugesprochen, da die Amazonasstaaten Einspruch einlegten.

Über diese TLDs findet man in der Root Zone Database zu einem Betreiber, wie z. B. für „.de“ die DENIC. In der Whoiswho-Datenbank des Betreibers sind die Daten der Einzelpersonen oder Provider zu finden, welche sich einen bestimmten weltweit eindeutigen Nummernkreis von IP-Adressen reserviert haben.

2.3.2 Forderungen aus Sicht des Trusted Web 4.0

- Zur Vermeidung einer unzulässigen Stigmatisierung bis hin zu Manipulationen darf nicht bekannt werden, wer einen anonymisierten Dienst benutzt.
- Ein globaler dezentralisierter Ansatz geht davon aus, dass ein anonymisierter Verbindungsaufbau unabhängig vom Standort weltweit möglich ist (Berberich 2015b).

2.3.3 Trusted Web 4.0 mit eigener TLD

Optimalerweise meldet das Trusted Web 4.0 eine eigene TLD an, z. B. „.arche“. Damit nicht alle anonymen Nutzer des Systems als anonyme Nutzer identifizierbar sind, wird die TLD auch nichtanonymen Nutzern zur Verfügung gestellt.

Der Vorteil einer eigenen TLD besteht darin, dass man die Infrastruktur global bestimmen und kontrollieren kann. Derzeit ist bei der IANA je TLD die genaue Adresse mit einem eindeutig Verantwortlichen eingetragen. Weiterhin sind die Name-Server aufgelistet. Das sind die Server, welche die IP-Adressen für die der TLD zugewiesenen Nummernkreise verwalten. Ebenfalls eingetragen ist die zugehörige Whoiswho-Datenbank. Hier müsste in Europa der Rechtsrahmen geschaffen werden, dass diese Whoiswho-Datenbank anonymisiert betrieben werden darf.

Zurzeit kann man zum Beispiel in Deutschland zu jeder Domain den Besitzer mit IP-Adresse in dieser Whoiswho-Datenbank nachsehen. Wenn eine Firma mehrere IP-Adressen hat, sind diese meist fortlaufend. Hierdurch ist sehr einfach zu ermitteln, wenn ein Mitarbeiter sich über einen Firmenrechner mit dem Internet verbunden hat. IPv6 will diese Transparenz noch erhöhen. Jeder User könnte dann einen eigenen Nummernkreis für alle seine Geräte bekommen, welche ihm eindeutig zuzuordnen wären.

Auch aus diesem Grund wäre es sinnvoll, selbst eine TLD zu verwalten. Es ist dann zwar möglich, festzustellen, dass jemand ein anonymer Nutzer ist, aber es gibt viele Möglichkeiten, zu verhindern, dass ein zusammenhängendes Profil zu einem Nutzer erstellt wird. Durch entsprechende technische Vorkehrungen kann man trotzdem im Einzelfall nach richterlicher Anordnung einen Rechner orten und Verlaufsprotokolle abrufen.

Für eine optimale Dezentralisierung sollte im Trusted Web 4.0 je Kategorie ein Name-Server betrieben werden.

2.3.4 Forderungen an die IANA

- Die Root Zone Database sollte zu einer TLD unbegrenzt viele Name-Server (> 1000) eines Betreibers verwalten können.
- Die weiteren möglichen Probleme sehe ich in dem noch nicht bekannten neuen Machtgefüge der ICANN.
- Bezüglich Trusted Web 4.0 ist hierbei vor allem auf das technische und vertragliche Verhältnis zwischen TLD-Betreiber und IANA/ICANN zu achten.
- Es darf weder die vertragliche noch die technische Verpflichtung gegenüber der IANA bestehen, in der Whoiswho-Datenbank des TLD-Betreibers personenbezogene Angaben Dritter zu speichern, wie z. B. „Inhaber einer Domain".
- Aus vom TLD-Betreiber an die IANA weitergegebenen allgemeinen Daten, wie z. B. Statistiken, dürfen sich keine personenbezogenen[1] Profile ableiten lassen.

2.4 Optimale Umsetzung des europäischen Urheberrechts und Datenschutzes

► Wenn Urheber die tatsächliche Verfügungsgewalt über ihre Daten haben, werden rechtliche Widersprüchlichkeiten und Unklarheiten aufgehoben.

Bisher gibt es noch kein bindendes Unionsurheberrecht. Dieses wird derzeit auf der Grundlage des neuen Art. 118 AEUV von der EU geschaffen. Es ist davon auszugehen, dass sich neue Freihandelsabkommen erheblich auf das Urheberrecht auswirken werden.

Das deutsche Urheberrecht regelt nicht nur die Rechte der Urheber, sondern auch der Verwerter, Nutzer und der Allgemeinheit. Bis zu 70 Jahre nach dem Tod des Urhebers sind seine Rechte geschützt. Wird mit einem Verwerter ein Verwertungsrecht vereinbart, so kann dieser für die vertraglich zugestandene Verwertungszeit sein Verwertungsrecht geltend machen. Der Nutzer schließt mit dem Urheber direkt oder meist mit einem Verwerter den Vertrag über die Nutzung seines Werkes.

[1] Personenbezogene Daten beziehen sich sowohl auf die Inhaber einer Domain unterhalb der TLD als auch auf die Nutzer der der TLD zugewiesenen IP-Nummernkreise.

„Die Allgemeinheit hat einerseits Interesse an Schutz von Kulturgütern und Förderung des kulturellen Schaffens, andererseits Interesse an dem ungehinderten Zugang zu Information und zur Nutzung von Werken als freiem Kulturgut“ (Ohly 2014).

2.4.1 Freier Zugang zu Information versus Urheberrecht

Mit dem Argument des öffentlichen Zugangs zu Informationen haben große Contentanbieter das digitale Urheberrecht weitgehend ausgehöhlt. Zum Urheberrecht gehört auch, dass man sein Werk aus dem Internet entfernen kann, wenn man dieses will. Dass ausgerechnet Google mit einem deutschen Suchmaschinenmarktanteil von über 90 % über das Entfernen von den in Deutschland zu findenden zentralen Links entscheidet, kann zumindest als bedenklich angesehen werden (Wendt 2014). Insofern ist der Datenschutz nur eine weitere Ausprägung des Urheberrechts, der sich auf ein durch den Urheber gewolltes Nutzungsverbot bezieht. Erfreulicherweise enthält die Charta der Grundrechte der Europäischen Union im Gegensatz zum deutschen Grundgesetz einen eigenen Artikel (Charta der Grundrechte der Europäischen Union 2012).

Im Internet gibt es eine Vielzahl von Möglichkeiten, das Urheberrecht auszuhebeln. Die bevorzugte Handelsform in der digitalen Welt ist der Tausch von Nutzungsrechten gegen Reichweite. Hiergegen ist grundsätzlich nichts einzuwenden, wenn der Deal für beide Seiten transparent ist und eine Win-win-Situation entsteht. Allerdings überwiegt heute die gefühlte Angst vor dem virtuellen Tod, wenn man nicht genügend Daten von sich preisgibt. Der Preisgabe von eigenen Kreativwerken und personenbezogenen Daten wird selten durch einen adäquaten Gegenwert aufgewogen.

In der vordigitalen Welt waren Werke wie Texte, Konzepte, Fotos und Bilder einfach zu schützen. Erst seit Mai 2000 gibt es überhaupt ein deutschsprachiges Google (Google 2015b). Zu dieser Zeit begann die Entwicklung des Digitaldrucks. In den klassischen Druckverfahren wie dem Offsetdruck mussten aufwendig Filme als Druckvorlagen und davon Druckplatten erstellt werden. Hierdurch waren die Urheberrechte optimal geschützt. Der Verwerter, meist in Form eines Verlages, konnte nur schwer über die tatsächliche Reichweite eines veröffentlichten Werks und somit die dem Urheber zustehende Vergütung täuschen. Notfalls konnte sich der Urheber an die Druckerei wenden und so die tatsächliche Reichweite ermitteln. Ebenfalls war die Art der Verwertung klar definiert. Zum Beispiel in einer Zeitung konnte der Urheber genau sehen, in welcher Umgebung und wie Anzeigen oder andere Artikel neben seinem Werk platziert wurden. Der Urheber hatte also zumindest rechtlich die Möglichkeit, sich den ihm zustehenden Anteil an der Verwertung zu sichern.

Dieses Urheberrecht wurde digital unterwandert. Ein einmal ins Internet gestelltes Werk wird fast beliebig genutzt, kopiert und in verschiedenen Umgebungen verwendet. Urheber fühlen sich erpresst, immer mehr Urheberrechte gegen die gefühlte Reichweite abzugeben. Und das, obwohl die Wertschöpfung der Verwerter enorm gestiegen ist. Man verwertet nicht nur das Werk des Urhebers, sondern speichert auch den, der das Werk ansieht, mit seinem Profil. Die Profildaten stellt man Dritten zur Verfügung. Es gibt also nicht nur ein ständiges Aufrüsten staatlicher Spionage, sondern auch eine erhebliche kommerzielle Wertschöpfung der über verschiedene Wege gewonnenen Daten.

Der Rechtsstaat steht dieser Entwicklung bisher hilflos gegenüber. Gemäß deutschem Recht müsste zum Beispiel jeder Nutzer auf jeder besuchten Webseite gefragt werden, ob von ihm Nutzerdaten erhoben werden dürfen und wer das darf. Tatsächlich sind es in der Regel ein Dutzend Profilvermarkter, die auf einer einzigen Webseite gleichzeitig, vom Nutzer unbemerkt, diesen beobachten. Die tatsächlichen Wertschöpfungsprozesse sind dem Urheber meist nicht einmal bekannt.

Alleine das Speichern von umfangreichen Profildaten kann als Urheberrechtsverletzung gewertet werden. Bei immer umfangreicheren Daten und Filtermethoden könnten aus diesen Daten Rückschlüsse auf das zukünftige Handeln von Personen erfolgen. Keine Idee entsteht im luftleeren Raum. Ideen sind meist die Neuinterpretation des Vorhandenen. So wird es bald möglich sein, Erfindungen einer Person durch die genaue Analyse aller seiner vorherigen Handlungen und von ihm gelesener Informationen vorherzusagen. Insofern ist das zu schützende Gut viel weiter zu fassen als ein veröffentlichter Text.

Da solche Urheberrechtsverletzungen schwer nachweisbar sind, ist die einzig mögliche Konsequenz der weitgehende Verzicht auf die zentrale Speicherung personenbezogener Daten. Ansonsten wird jedem kreativen Menschen, ob Künstler, Forscher oder Manager, sein geistiges Eigentum und die Motivation, weiter kreativ zu sein, entzogen. Auch Daten, die schon vor Jahren gespeichert wurden, werden durch künftig ständig verbesserte Filtertechniken im steigenden Maße verwertet.

2.4.2 Forderungen an den Gesetzgeber

Ziel muss es sein, jeden Urheber wieder in den oben beschriebenen vordigitalen Rechtsschutz zu stellen. Darüber hinaus bietet digitale Technik sogar die Möglichkeit, das geistige Eigentum weitgehend vom Urheber selbst verwalten und schützen zu lassen.

Technisch ist das mit Mitteln der Dezentralisierung und Anonymisierung möglich:

- Jeder sollte über einen individuellen Schlüssel zu seinen Daten verfügen und sich hierdurch – auch wenn die Daten in der Cloud liegen – in einer echten Besitzerposition befinden (Berberich 2014b).
- Ihm sollten Tools zur Verfügung stehen, um zu entscheiden, wer seine Werke sehen darf und welche Portale sie einbinden dürfen.
- Kopien müssten technisch untersagt sein, sodass der Urheber jederzeit seine Werke ganz oder für einzelne Zielgruppen aus dem Internet entfernen kann. In der Cloud kann über Links immer auf den Originaldatensatz zugegriffen werden.

So wird der Urheber in die Lage versetzt, im freien Handel selbst die optimale Wertschöpfung für seine Werke zu erzielen.

Mit den in diesem Buch genannten relativ kleinen technischen Neuerungen könnte die gesamte Diskussion um eine neue Gesetzgebung für die digitale Gesellschaft weitgehend überflüssig werden.

2.5 Empfehlungen für die Informationssicherheit gemäß ISO 27001

► Eine normale Sicherheit über die gesamte Informationsprozesskette ist wichtiger als der hoch gesicherte Schutz von Teilprozessen.

Zentralisiertes IT-Sicherheitsdenken bietet im Rahmen eines Wettrüstens zwischen Angreifern und Verteidigern eine sich fast täglich verändernde Sicherheitslage. Dieser Abschnitt (Kap. 2, Abschn. 2.5) zeigt am Beispiel des Phishingangriffs auf den Deutschen Bundestag, wie mit bestehender Technik durch Dezentralisierung und Anonymisierung der Angriff hätte verhindert werden können.

Trusted Web 4.0 bietet bei konsequenter Umsetzung erstmals die Möglichkeit, sich der Wettrüstspirale zu entziehen. Durch die ganzheitliche Betrachtung von Informationsprozessketten werden Schwachstellen leichter erkennbar. Jede Informationskette ist nur so stark wie ihr schwächstes Glied. Durch diese Betrachtungsweise werden Sicherheitsmanagement und die Organisation sicherer Strukturen für den Normalbetrieb genauso wie für den Notfall erheblich vereinfacht.

Im Fokus der Informationssicherheit steht nicht die Entwicklung von hoch sicheren Teilprozessen. Zunächst muss ein „normaler" Vertraulichkeitsschutz über die gesamte Informationsprozesskette und über alle daran Beteiligten gewährleistet werden. Dieser Abschnitt stellt Forderungen sowohl für die Reaktion auf aktuelle Angriffe als auch für die Ziele der langfristigen Forschung auf.

2.5.1 Die Situation in der Informationssicherheit

► Derzeitige IT-Grundschutzvorgaben sind unzureichend.

Im Rahmen der ISO 27001 standardisiert das BSI den IT-Grundschutz (Bundesamt für Sicherheit in der Informationstechnik 2008b). Durch die Dokumentation von sicherheitskritischen Infrastrukturen und Organisationen werden Schwachstellen und Prioritäten definiert. Schutzbedarfe werden festgestellt und daraufhin geeignete Maßnahmen ergriffen. Die Handlungsanweisungen sind allgemeiner Natur und bieten den Institutionen Gestaltungsspielräume in der Umsetzung. Umso umfangreicher die Kataloge allerdings werden (derzeit mehr als 4000 Seiten Umfang), desto geringer fallen die Gestaltungsspielräume aus.

Kritisch ist die Entwicklung in Bezug auf das neue deutsche IT-Sicherheitsgesetz zu sehen. Bereits jetzt ist der rechtliche Sanktionsdruck extrem hoch. Handlungen werden mehr unter dem Aspekt der persönlichen rechtlichen Absicherung als unter dem Aspekt einer auf die Möglichkeiten von Institutionen hin optimierten IT-Sicherung durchgeführt. Die Meldepflichten des IT-Sicherheitsgesetzes führen zur Erhöhung des Fokus der Mitarbeiter auf ihre rechtliche Eigenabsicherung.

Die sich aktuell häufenden IT-Sicherheitsvorfälle in fast allen Regierungen finden genau da statt, wo ausreichende Personalressourcen zur Umsetzung der Vorgaben für den IT-Grundschutz zur Verfügung stehen (Boué 2015). Zentralisierte IT-Security wird auch in Zukunft die Probleme nicht lösen können.

Die Qualität der Angriffe wird sich innerhalb von Monaten und nicht von Jahren entscheidend erhöhen. Bereits jetzt können gezielte Einzelangriffe nicht abgewehrt werden. Immer bessere Auswertungsprogramme und größere Rechenleistung führen jedoch dazu, dass in Zukunft verschiedenste Angriffsszenarien simuliert werden können, bevor ein tatsächlicher Angriff stattfindet. Angriffe mit einer Qualität vergleichbar mit den heutigen hoch professionellen gezielten Attacken werden dann die Regel und nicht die Ausnahme sein.

Ein hoher Grad an Standardisierung begünstigt auf der Angreiferseite die Planbarkeit des Verhaltens des Zielobjekts vor, während und nach einem Angriff. Die Planung nach ISO 27001 könnte als komplettes Regelwerk in eine Planungssoftware für Angriffe einfließen. Fallen solche Dokumentationen in die falschen Hände, so bieten diese eine Steilvorlage für einen speziell auf das Angriffsobjekt zugeschnittenen Angriffsplan.

Ein Notfallplan für das Verhalten in speziellen Fällen ist für einen Grundschutz wichtig. Schließlich ist heute das Fehlverhalten von Menschen die Hauptursache für erfolgreiche Cyberattacken. Jedoch ist in der Zukunft IT-Sicherheit nur aufrechtzuerhalten, wenn diese sich nicht auf Statistiken aus der Vergangenheit, sondern auf mögliche Angriffsszenarien in der Zukunft stützt.

Die Angreifer von strukturrelevanten Systemen sind Staaten mit fast unbegrenzten Ressourcen. Es ist Vorsicht geboten, zwischen befreundeten und feindlichen Staaten zu unterscheiden. In naher Zukunft ist mit extremen volksökonomischen Verwerfungen und neuen Allianzen aufgrund der Zunahme der asiatischen Wirtschaftskraft zu rechnen.

Unsere derzeitige extrem hohe Abhängigkeit von amerikanischer Software ist hierbei kritisch zu hinterfragen. Jedes Update eines Softwareherstellers ist grundsätzlich eine offene Tür, über die der Hersteller auf das System zugreifen kann.

Dieses Buch wird beweisen, dass eine konsequente Dezentralisierung und Anonymisierung der IT den einzig richtigen Weg für einen nachhaltigen IT-Schutz bietet. In diesem Zusammenhang betrachte ich auch die dezentrale Organisation von Mitarbeitern und darauf angepasste IT-Strukturen als zeitgemäß.

Eine Dezentralisierung, die eine der vordigitalen Zeit vergleichbare Sicherheit bietet, ist heute noch nicht verfügbar, sondern muss mit aller Kraft entwickelt werden. Ich unterscheide in diesem Buch deshalb zwischen einer Idealsituation und kurzfristigen Schritten zur Verbesserung des IT-Grundschutzes.

2.5.2 Zukünftige Angriffe werden interdisziplinär

► Sicherheitsplanung muss sich an zukünftigen Angriffsszenarien ausrichten.

Es ist möglich, aufgrund der bestehenden Faktenlage präzise Voraussagen zu treffen, wie die Bedrohungslage der Zukunft aussehen wird. Hierfür müssen Bedrohungen aus der Sicht eines Angreifers und seiner Motivation untersucht werden.

Bisherige Angriffe waren meist auf ein einfaches technisches Ziel, wie z. B. die Lahmlegung eines Servers durch DoS-(Denial-of-service-)Angriffe ausgerichtet. Eine erste Angriffsautomatisierung klopft unterschiedlichste technische Schnittstellen auf Schwachstellen ab. Eine gefundene Schwachstelle wird in einem zweiten Schritt für einen gezielten Angriff verwendet.

Über das Internet sind immer mehr Informationen über Personen, Organisationen, Umfeldinformationen über ein Zielobjekt, aber auch über Standards, wie Gesetze, Normen (z. B. ISO 27001), Verhaltensweisen etc., zugänglich. Angriffe der Zukunft beinhalten eine Verknüpfung aus Social Engineering, Rechtsstreitigkeiten, Falschmeldungen und vielem mehr. Alle Einflussaspekte werden von Angriffsprogrammen simulierbar sein. Psychologen, Juristen und IT-Spezialisten arbeiten dann in Angriffsteams zusammen. Verschiedene Angriffe finden ineinander verzahnt statt. Die Intention von Angreifern wird hierdurch verschleiert (Berberich 2014d).

Im Folgenden unterscheide ich zwischen drei Angreifergruppen mit unterschiedlichen Motiven. Präzise Prognosen, in welchem Zeitverlauf interdisziplinäre Angriffe Verbreitung finden, sind nicht möglich.

- Einzelangreifer mit politisch moralischer Motivation werden sich weiterhin auf öffentlichkeitswirksame Einzelaktionen beschränken. Diese Zielgruppe vertraut meist auf das eigene Know-how und hat wenig Geld zur Verfügung, um an Big Data adäquat angeschlossen zu sein oder umfassend über ein Angriffsobjekt Informationen kaufen zu können. Institutionen, welche ausschließlich aus diesem semiprofessionellen Umfeld Angriffe erwarten, sollten bei Berücksichtigung eines ständig erweiterten IT-Grundschutzes in der Bestands-IT noch einige Jahre weiter arbeiten können.
- Angreifer mit kriminellen kommerziellen Absichten haben derzeit aufgrund der geringen Absicherung des Normalnutzers noch einen großen unbearbeiteten Markt, in dem mit relativ kleinem Kapitaleinsatz und hoher Automatisierung eine Vielzahl von kleinen Beträgen eingesammelt werden kann. Diese Angreifer steigen wahrscheinlich erst relativ spät in interdisziplinäre Angriffe ein. Allerdings schließt diese Prognose nicht aus, dass es einzelne Kriminelle gibt, die sich auf Angriffe mit hohem Schadenswert spezialisieren und so schon relativ früh interdisziplinäre Angriffe durchführen.
- Staaten mit volkswirtschaftlicher Motivation setzen als erste interdisziplinäre Methoden ein. Hier spielen die Kosten für einen Angriff keine Rolle. Die maximale Sammlung aller verfügbaren Daten und deren Auswertung sind Aufgabe der relevanten Geheimdienste. Eine Finanzierung sowohl aufwendiger Rechenzentren als auch entspre-

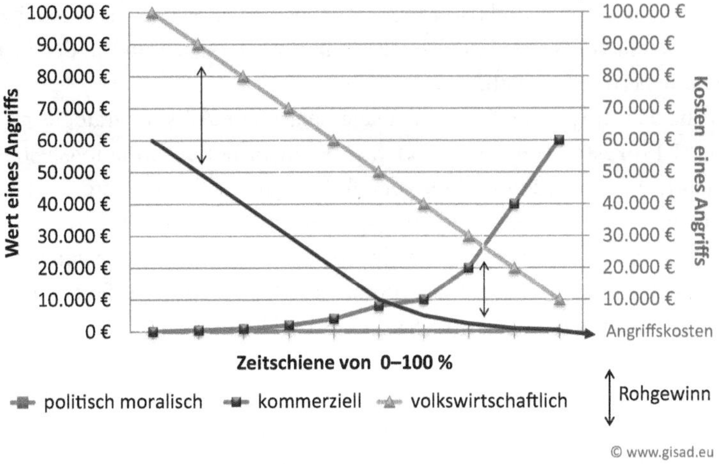

Abb. 2.2 Entwicklung interdisziplinärer Cyberattacken

chenden interdisziplinären Personals ist bereits heute sichergestellt. Wer meint, als Institution/Organisation nicht im Fokus dieser Dienste zu stehen, irrt. Meist ist es das Know-how der kleinen und mittelständigen Organisationen, das interessiert. Auch ist nicht auszuschließen, dass der Auftrag einiger Dienste neben dem Angriff auf einzelne Ziele darin besteht, in der Breite möglichst viele Ziele anzugreifen, um eine im Wettbewerb stehende Volkswirtschaft als Ganze zu schwächen.

In der folgenden Grafik (Abb. 2.2) zur Entwicklung von Cyberattacken werden geschätzte (fiktiv angesetzte) Aufwände dem Wert eines Angriffs für den Angreifer gegenübergestellt.

Auch wenn über die Zeitschiene keine präzisen Angaben gemacht werden können, so ist mit hoher Wahrscheinlichkeit davon auszugehen, dass interdisziplinäre Angriffe innerhalb der üblichen Abschreibungszeiträume von heute angeschafften IT-Systemen in drei bis fünf Jahren zum Standard geworden sind.

Aus Sicht der Anbieter von interdisziplinären Angriffstools werden die Stückpreise sinken, sobald der Erstmarkt der Staaten gesättigt ist. Da der weltweite Markt der Dienste überschaubar ist, wird sich im zweiten Schritt für kommerzielle Kriminelle und später für Jedermann ein interdisziplinärer Angriff rechnen.

2.5.3 Zukünftige Angriffe werden mehrstufig

► Der Schutz von kritischen Geschäftsprozessen reicht nicht aus.

Interdisziplinäre Angriffstools werden zum Beispiel aufgrund der Vorgehensanalyse des Krisenmanagements Verteidigungsmaßnahmen vorhersehen und in der mehrstufigen Angriffsplanung berücksichtigen.

So kann die Faustregel, im Notfallmanagement einer Abwehrstrategie maximal die wichtigsten 15 Prozesse (Bundesamt für Sicherheit in der Informationstechnik 2008d) zu berücksichtigen, dazu führen, dass gemäß Angreiferanalyse mehrere weniger wichtige Geschäftsprozesse Teil eines mehrstufigen Angriffs werden. Im Ergebnis wird ein vergleichbarer Schaden angerichtet wie beim Ausfall des einen wichtigsten Geschäftsprozesses. Zusätzlich stößt der Angreifer aufgrund des Überraschungseffekts nur auf geringe Gegenwehr, da die angegriffenen Prozesse nicht im Notfallmanagement abgebildet wurden.

Die Faustregel macht aus Sicht einer zentralisierten IT Sinn, weil die Abbildung von zu komplexen Prozessen generell schwierig, im Krisenfall nicht praktikabel ist.

Bei Prozessabhängigkeiten verschiedener Institutionen richten Angreifer mittels übergreifender Institutionsdaten einen besonders hohen Schaden an, da dieser durch das Notfallmanagement jeder einzelnen Institution nicht erkannt wird.

Bereits heute ist es üblich, sich im Umfeld das schwächste Glied zu suchen. Social Engineering eröffnet die Möglichkeit, in einem ersten Schritt Lieferanten, die nicht optimal abgesichert oder geschult sind, und auf einer zweiten Stufe große, eigentlich gut geschützte Institutionen erfolgreich anzugreifen (Hesse 2015).

Die stark vereinfachte Grafik (Abb. 2.3) verdeutlicht die exponentiell zu der Anzahl der Angriffsstufen zunehmende Schadenshöhe bei dem Zielobjekt. Die Angabe in Tagen lässt für den Aufwand des Angreifers und die Abwehr durch das Zielobjekt je Tag einen Bereich von wenigen Minuten bis zu 24 Stunden zu. Der Vorlauf ist die Zeitspanne von der Planung bis zur erfolgreichen Umsetzung aller Angriffe. Die Tage des Vorlaufs steigen mit der Anzahl der Angriffe an, weil mehrere vom Angreifer erwartete Ereignisse eintreten

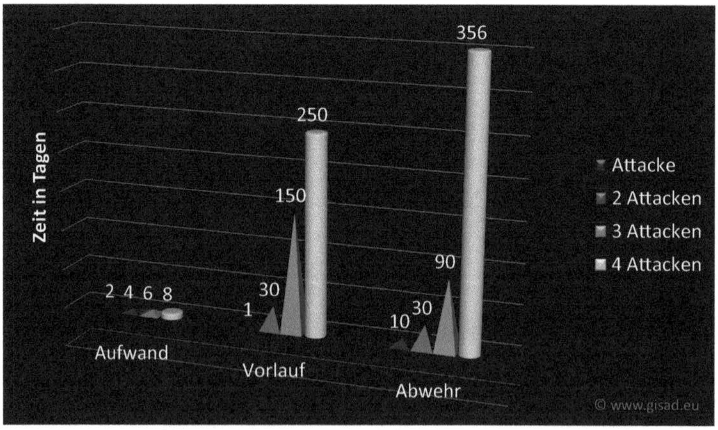

Abb. 2.3 Effekte mehrstufiger Angriffe

müssen, um die jeweilige nächste Angriffsstufe zu starten. Über die tatsächliche Abfolge von Angriffen ist nichts ausgesagt. So können zwei Angriffe gleichzeitig und der dritte zum Beispiel erst, wenn das Angriffsziel die Deeskalation des Notfalls vornimmt, gestartet werden.

Oft müssen mehrere Ereignisse zusammenfallen, wie z. B. der Monatsabschluss in der Lohnbuchhaltung und ein Betriebssystemupdate in der IT-Abteilung, damit ein zweistufiger Angriff durchgeführt werden kann. Der Personalaufwand des Angreifers erhöht sich durch mehrere Angriffe nicht erheblich, da elektronische Systeme auf bestimmte Ereignisse warten können und dann automatisiert geplante Attacken durchführen. Ich habe den Aufwand des Angreifers je Angriffsstufe verdoppelt. In der Realität wird es mehrstufige Angriffe geben, die mit der gleichen kurzen Vorbereitungszeit wie ein einstufiger Angriff auskommen.

Interdisziplinäre mehrstufige Angriffe sind im hohen Maße abhängig vom Umfang der zur Verfügung stehenden Informationen und der Qualität der zielgerichteten Auswertung durch Analysetools. Die Kosten hierfür werden bei zunehmender Marktdurchdringung solcher Tools sinken. Durch niedrigere Kosten können weitere Zielgruppen erschlossen werden. Gleichzeitig wird die Qualität der Analysetools steigen, was die Angreifer weiter entlastet. Dies führt dazu, dass in Zukunft mehrstufige Angriffe nicht die Ausnahme, sondern die Regel darstellen.

Übliche Notfallkonzepte arbeiten mit einer einfachen Redundanz, maximal einer zweifachen. Werden in einem dreistufigen Angriff die redundanten Systeme ausgeschaltet, versetzt der vierte Angriff den Todesstoß. Bereits bei vier verzahnten Angriffen, die möglicherweise auf Schwachstellen durch die in vorherigen Angriffen verursachten Schäden aufbauen, ist der in der Grafik (Abb. 2.3) angesetzte Schadensbeseitigungszeitraum von einem Jahr gleichzusetzen mit einem Totalschaden des Angriffsziels.

Die Komplexität der Angriffe durch automatisierte Analysetools nimmt also zu, ohne dass sich hierdurch der Aufwand für den Angreifer erhöht. Man kann die Situation mit einem neuen Wachmann vergleichen, der ein großes Haus mit vielen Fenstern und Geheimgängen bewachen soll. Der Wachmann kann unmöglich alle Fenster auf einmal überwachen. Auch ist er nicht mit allen Möglichkeiten, in das Haus einzudringen, vertraut. Bereits eine Schwachstelle reicht für einen erfolgreichen Angriff aus. Kennt ein Angreifer die Überwachungsrundgänge, die der Wachmann zurücklegt, und möglicherweise noch einen Geheimgang, so kann er ohne großen Aufwand völlig unbemerkt in das Haus eindringen, beliebig viele Informationen stehlen und ebenso unbemerkt das Haus wieder verlassen.

Wir sollten nicht Konzepte entwickeln, welche gegenwärtigen Angriffen standhalten, sondern uns grundsätzlich so aufstellen, dass wir auch mehrstufigen Angriffen noch etwas entgegenzusetzen haben!

2.5.4 Ideologische Dimension der Zentralisierung

► Datensicherheit und Interessen des Staatsschutzes stehen im Widerspruch.

Bevor man sich in eine objektive Diskussion über das Thema Dezentralisierung begeben kann, muss man sich bewusst machen, warum eine solche Diskussion bisher nicht geführt wird. Wie ausführlich an anderer Stelle dargestellt (Berberich 2015b, 2015c) gibt es keine eindeutigen Vorteile für eine konsequent zentralisierte Infrastruktur. Sie entspricht eher der Vorstellung einiger Global Player und Dienste, die sich aus der globalen Auswertung von Daten einen Vorteil versprechen.

Selbst eine Bundesbehörde wie das BSI ist ideologisch gefärbt und schreibt in Bezug auf „Gefährdungskataloge" unter „Organisatorische Mängel" die Überschrift: „Fehlende Zentralisierung durch Peer-to-Peer" (Bundesamt für Sicherheit in der Informationstechnik 2009). Die fehlende Zentralisierung an sich betrachtet man also schon als Mangel. Im Hinblick auf die Tatsachen, dass von fast jedem zentralen Server mit Bedeutung inzwischen massenweise Daten abgegriffen wurden und der Peer-to-peer-Tausch über Börsen wie Bitcoin schon über Jahre funktioniert, scheint eine solche Aussage zumindest überarbeitungswürdig zu sein.

Trusted Web 4.0 schließt zentrale Elemente nicht grundsätzlich aus. Zentrale Elemente sind dazu geeignet, die Integrität und Verfügbarkeit von Netzwerken zu optimieren. Die Vertraulichkeit kann jedoch nur durch weitgehend dezentralisierte und anonymisierte Kommunikationsschnittstellen erreicht werden. Der Bruch der Vertraulichkeit ist wiederum die Voraussetzung, um mit den gewonnenen Informationen erfolgreiche Angriffe auf die Integrität und Verfügbarkeit von Netzwerken durchzuführen.

2.5.5 Gesamtkonzept der IT auf dem Prüfstand

► Nicht jede IT-Rationalisierungsmaßnahme rechnet sich nachhaltig.

Blickt man auf die historische Entwicklung der IT zurück, so haben Firmen in den 1970er-Jahren damit begonnen, große Zentralrechner aufzubauen. Hieran wurden dann Arbeitsplatzterminals angeschlossen.

Das Kostenbewusstsein der Institutionen ist heute auf den jeweiligen Jahresabschluss fokussiert. Nachhaltige Planungen werden wegen der kurzen Innovationszyklen und so scheinbar nicht vorhersehbaren technischen Entwicklungen vernachlässigt. Der meist heterogene Systembestand wird, soweit die Notwendigkeit für Erneuerungen besteht, erweitert und erneuert. Meist wachsen feste Beziehungen zu Herstellern von Software und Hardware. Systeme werden nur noch gemietet und die Aktualisierung und Erneuerung überlässt man externen Dienstleistern.

Viele Institutionen definieren die IT nicht mehr als ihre Kernkompetenz. Die zunehmende Komplexität der IT und die erweiterte rechtliche Verantwortung erleichterten die

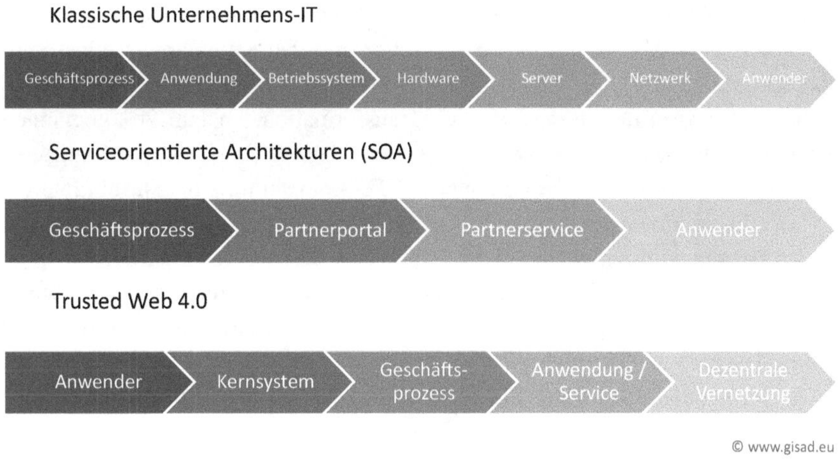

Abb. 2.4 Paradigmenwechsel in der Prozessbetrachtung

Entscheidung für ein Outsourcing. Ganze Geschäftsprozesse werden an Webservices ausgegliedert.

Wie die Grafik (Abb. 2.4) verdeutlicht, ist ein solcher Prozess für Institutionen vordergründig wesentlich leichter beherrschbar, weil übersichtlicher. Man sucht sich nur das für seinen Geschäftsprozess passende Partnerportal.

Der Partner übernimmt den Service bis zur Schulung der Mitarbeiter. Die monatlichen Kosten können übersichtlich als Fixkosten berücksichtigt werden. IT-Sicherheit und Ausfallrisiko der Systeme liegen beim Serviceanbieter. Dieser kann durch Spezialisierung und große Rechenzentren zudem extrem günstig anbieten.

Allerdings sieht das BSI (Bundesamt für Sicherheit in der Informationstechnik 2014) eine extrem hohe Gefährdungslage der diesen Services hinterlegten serviceorientierten Architekturen (SOA). So führt es unter anderem organisatorische Mängel auf durch:

- fehlende oder unzureichende Regelungen, unerlaubte Ausübung von Rechten,
- fehlende oder unzureichende Auswertung von Protokolldateien,
- fehlende oder unzureichende Dokumentation,
- unberechtigte Sammlung personenbezogener Daten,
- ungeeignete Verwaltung von Zugangs- und Zugriffsrechten usw.

Es folgt eine lange Liste von möglichen menschlichen Fehlhandlungen und möglichem technischen Versagen.

Warum geben Institutionen wichtige Geschäftsprozesse an Dritte ab, wenn diese Daten möglicherweise sogar außerhalb des Rechtsraums der Institutionen speichern und sich so dem Zugriff der Justiz entziehen (s. Kap. 1, Abschn. 1.2.3)?. Die Antwort ist einfach: Institutionslenker denken kurzfristig. Die Haftungsrisiken und kurzfristigen IT-Ausfall- und

Folgerisiken mit Ausnahme des Imageschadens fallen durch Outsourcing weg. Die mittelfristigen erheblichen Konsequenzen für Institutionen durch Know-how-Abflüsse werden nicht berücksichtigt.

Wir befinden uns mitten in der digitalen Transformation. Im Jahr 2020 beginnen wir mit der Verbreitung des 5G-Standards. Hier sollen dann bis zu 100 Mrd. Mobilfunkgeräte gleichzeitig angesprochen werden können (LTE-Anbieter.info 2015). Im „Internet der Dinge" wird jeder Anwender zahlreiche Geräte bei sich zu Hause haben, die permanent online sein können und auch während der Arbeit gesteuert werden müssen.

Wollen Institutionen in der digitalen Transformation erfolgreich sein, müssen sie in ihrem Bereich eine hohe Kompetenz in der Mensch-Maschine-Kommunikation und in der Maschine-Maschine-Kommunikation entwickeln.

Durch Dezentralisierung kann die Komplexität der IT für Institutionen wieder beherrschbar werden. Das sieht auch das BSI so:

Eine sehr hohe Konzentration von Risiken wird beispielsweise durch die Zentralisierung von Geschäftsprozessen in einem Rechenzentrum erzeugt, wie dies heute in vielen Institutionen praktiziert wird. Dem Gewinn durch die damit verbundene Kosteneinsparung ist jedoch das höhere Risiko entgegenzusetzen. Eine Maßnahme zur Risikoreduktion kann somit in einer geringeren Zentralisierung bzw. in der Verteilung des Risikos auf mehrere Rechenzentren bestehen (Bundesamt für Sicherheit in der Informationstechnik 2008e).

Hier wird jedoch in erster Linie der Aufbau von Redundanzen mittels geografischer Dezentralisierung gemeint sein. Will man die Komplexität reduzieren und damit IT wieder beherrschbar machen, bietet sich nicht nur eine geografische, sondern auch eine inhaltliche Dezentralisierung an. Wie eine solche inhaltliche Dezentralisierung im Internet funktionieren kann, zeigten bereits die Abschnitte zur Compliance (Kap. 2, Abschn. 2.2) und zur Vorratsdatenspeicherung (Kap. 2, Abschn. 2.1). In diesem Buch geht es um die inhaltliche Dezentralisierung von Institutionsprozessen.

Hoch qualifiziertes Personal wird auch in Zukunft erfolgsentscheidend für Institutionen sein. Insofern bietet es sich an, den Anwender in den Mittelpunkt der Betrachtung zu stellen. Trusted Web 4.0 geht vom Anwender aus und löst bereits in der Grundkonzeption viele Probleme, welche in naher Zukunft bei anderen Konzepten auftreten werden.

In der Idealversion von Trusted Web 4.0 hat jeder Internetnutzer nur ein Smartphone, mit dem er alle privaten und geschäftlichen Arbeiten durchführt. Das von uns sogenannte Archephone besitzt einen sicheren Kern, auf dem alle personalisierten Daten sicher abgelegt sind. Der sichere Kern verfügt über kein Funkmodul. In das PDS, in der dargestellten Form Archephone genannt (Berberich 2014a), kann man sechs verschiedene USB-Stecker einstecken.

Die USB-Stecker sind eigenständige Rechner, welche zu den Applikationen passende Funkmodule enthalten. Ein 5G-Netz wird in der Idealversion weitgehend durch Router und Speicherplatz auf den Steckern hergestellt. So erfolgt die maximal mögliche Dezentralisierung über ein auf allen Smartphones verteiltes, mehrfach redundantes RAID-System (Berberich 2014b). Nur mit einem im Kernmodul enthaltenen dezentralen Schlüssel können Daten aufgerufen oder gespeichert werden. In der Firma werden andere Stecker

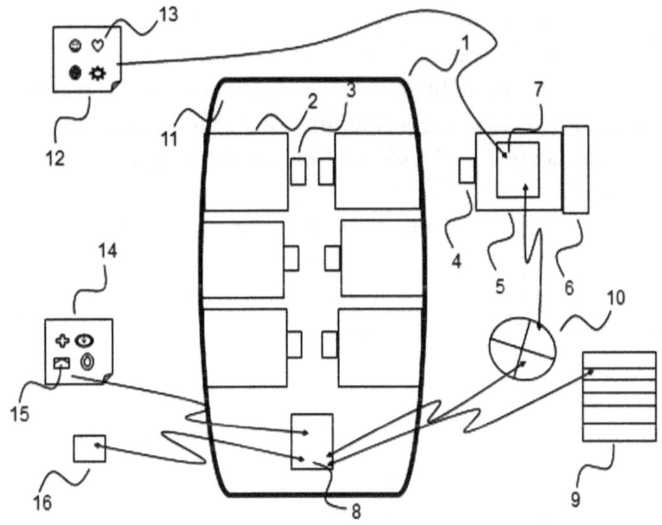

Figur 1

Abb. 2.5 Verfahren für ein abhörsicheres Smartphone

benutzt, als zu Hause. Passwörter entfallen, da die Identifizierung und Authentifizierung immer über den sicheren Kern erfolgt.

Genau wie SOA nutzt Trusted Web 4.0 die Virtualisierung in der Cloud, jedoch mit einem großen Unterschied: Es verteilt die Verantwortung und die Kontrolle der einzelnen Systeme auf viele Schultern.

Institutionen erhalten durch die Verwendung von eigenen Steckrechnern die Möglichkeit des vollständigen Monitorings sowie der Vergabe von Rechten etc. Das Grundprinzip der Dezentralisierung ist bereits jetzt in den Institutionen umsetzbar. Einfache Rechner kosten heute nicht mehr viel Geld. Über Tastatur-Monitor-Umschalter ist es möglich, mehrere Devices unabhängig voneinander an einem Monitor/einer Tastatur zu betreiben.

Das Archephone (Abb. 2.5) wurde bisher nicht gebaut. In Kap. 3, Abschn. 3.5.2 werden verschiedene Projekte vorgeschlagen, um ein PDS vergleichbar dem Archephone zu realisieren.

2.5.6 Formen der Dezentralisierung

► Trusted Web 4.0 ist ein umsetzungsoffenes Konzept.

Es würde den Rahmen dieses Buches sprengen, die Möglichkeiten zu dokumentieren, welche unterschiedlichen organisatorischen Lösungen den Vorgaben des Trusted Web 4.0 entsprechen.

Individuelle Institutionslösungen auf Basis der verfügbaren Technologien können Teil einer Dezentralisierung sein und erhöhen so die Institutionssicherheit. Wie bereits ausgeführt, führt ein zu hoher Grad an Standardisierung genau wie die konsequente Zentralisierung zu einer hohen Planbarkeit eines Angriffs. Allein aus Gründen der Wirtschaftlichkeit und Erprobung muss jedoch auch bei der Dezentralisierung auf Standardkomponenten zurückgegriffen werden.

Trusted Web 4.0 erwartet eine möglichst weitgehende inhaltliche Trennung einzelner Anwendungen nach Kategorien oder auch Geschäftsprozessen (Abb. 2.6).

Die folgenden Beispiele einer Dezentralisierung sind in den meisten Institutionen schnell und ohne weitere Entwicklung umsetzbar:

- Ein Unternehmen stellt seinen Mitarbeitern für ihre unterschiedlichen Anwendungen unterschiedliche Rechner zur Verfügung. Diese arbeiten mit anderen Rechnern aus dem gleichen Bereich über ein eigenes Subnetz zusammen und sind möglicherweise über eine eigene Datenleitung zu einem separaten Provider mit dem Internet verbunden.
- Ein Unternehmen emuliert auf einem Windows-Rechner ein Linux-Betriebssystem. Eine Anwendung läuft auf Linux, die zweite auf Windows, gespeichert wird auf zwei verschiedenen Festplatten.

Die Komplexität im IT-Betrieb und in der IT-Sicherheit entsteht dadurch, dass unterschiedlichste Anbieter auf einem System miteinander kompatibel zusammenarbeiten müssen. Gemäß Trusted Web 4.0 sollten alle Systeme über ein dem Anwender zugeordnetes, getrenntes, abgeschottetes System mit der gleichen Authentifizierung und Identifizierung verbunden werden. Hier sollten auch alle personenbezogenen Daten abgelegt sein und nur

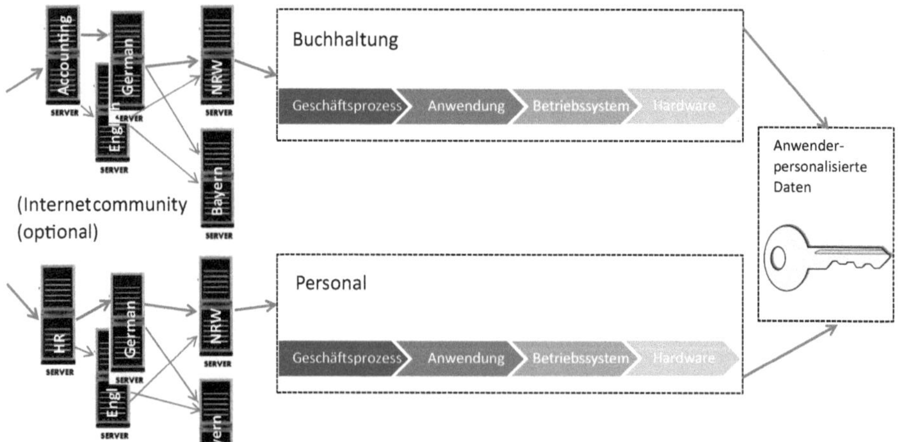

Abb. 2.6 Anwenderfokussierte Sicht des Trusted Web 4.0

soweit unbedingt erforderlich abgerufen werden können. Dies kann zum Beispiel bis zur Realisierung von Archephone-Konzepten über eine Smartcard realisiert werden.

Wenn Institutionen bestimmte Produkte fordern, finden sich Hersteller, um diese zu entwickeln. Das unternehmerische Risiko erhöht sich nicht, wenn in Mietmodellen der Zukunft nicht mehr Software, sondern kleine Einsteckrechner möglicherweise mit integrierter VPN-Tunnelung (VPN, virtuelles privates Netzwerk) und mit auf die jeweilige Anwendung zugeschnittener Hard- und Software enthalten sind.

Bei entsprechender Hardware- und Netzwerktrennung sind auch SOA-Komponenten in unkritischen Geschäftsprozessen einsetzbar. Unkritisch bedeutet aber auch, dass Institutionen im Notfall in der Lage sein müssen, ohne die SOA-Lösung und ohne größere Beeinträchtigung ihrer Geschäftsprozesse weiterzuarbeiten.

Auf Eingriffe und Supportzugriffe im Institutionsnetzwerk durch externe Dienstleister sollte weitgehend verzichtet werden. Die jüngsten Cyberattacken haben gezeigt, dass auch die Entwicklungs-/Serviceabteilungen von großen Herstellern mit einer überschaubaren Anzahl von Menschen arbeiten. Entwickler bieten Angriffsziele bei den Outsourcingpartnern. Diese Entwicklungsabteilungen liegen zudem meist außerhalb des europäischen Rechtsraums. Aktuelle Anzeigepflichten des neuen IT-Sicherheitsgesetzes helfen hier nicht weiter. Im Zweifel erfahren Institutionen nicht, wenn sie, eingeschleust über ein Firmenupdate, angegriffen werden.

Deshalb bedeutet Dezentralisierung auch, nicht nur ein Unternehmen als Systemanbieter zu beschäftigen. Alles aus einer Hand hat den Vorteil hoher Kompatibilität und eines Ansprechpartners im Service. Für jeden Bereich sollte jedoch der am besten geeignete Anbieter ausgewählt werden. Die Anforderungen an die Kompatibilität reduzieren sich entsprechend der Anzahl der dezentralisiert eingesetzten Systeme.

Zentrale virtualisierte Lösungen sind im Bereich IT-Leitungsschutz sinnvoll. So können Serviceanbieter DDoS-Attacken umleiten oder eine Next Generation Firewall beim Internetprovider vorschalten. Am Internetzugangspunkt wird inzwischen empfohlen, ein mehrstufiges Sicherheitskonzept, also mehrere Firewalls, einzusetzen. Hier ist zu überlegen, ob man mehrere Anbieter mischt und somit zumindest die zweite Firewall bei der Infiltrierung eines Anbieters noch einen gewissen Grundschutz bietet.

2.5.7 Bring your own device (BYOD)

► Das PDS beendet die BYOD-Debatte.

Die BYOD-Debatte zeigt eindrucksvoll, wie derzeit Technik entwickelt wird, ohne ganzheitlich gesellschaftliche Aspekte wie Datenschutz und Datensicherheit zu berücksichtigen. Im zukünftigen „Internet der Dinge" wird niemand mehr auf sein eigenes Device verzichten wollen. Inzwischen wählen hoch qualifizierte Mitarbeiter Arbeitsstellen abhängig von der Verfügbarkeit ihrer privaten Informationen – sprich des Smartphones – aus. Andererseits bringen sie damit Institutionen in große Schwierigkeiten, die eigene

IT zu schützen. So sind sog. Man-in-the-middle-Attacken speziell über das Smartphone inzwischen die meist verbreitete Angriffsart (Schulte 2015). Aber auch rechtlich bringt BYOD Institutionen in erhebliche Schwierigkeiten. Sie dürfen auf die privaten Daten ihrer Mitarbeiter nicht zugreifen, sind aber gleichzeitig für die darüberlaufenden Institutionsdaten verantwortlich (Dehmel 2013).

Die zunehmende Vernetzung zu Hause sowie die Mensch-Maschine-Kommunikation, insbesondere im Rahmen von Industrie 4.0, werden für eine sichere und von den Nutzern akzeptierte IT die Trennung verschiedener Anwendungssysteme unbedingt erforderlich machen. Gleichzeitig erwartet man die permanente Verfügbarkeit privater und geschäftlicher Daten. Die Akzeptanz von Passwörtern wird weiter zurückgehen (s. Kap. 1, Abschn. 1.2.4). Es bietet sich also an, ein PDS zur Authentifizierung und Identifizierung mit den getrennt immer verfügbaren persönlichen Daten zu nutzen und dieses bei Bedarf und je nach Tätigkeit mit anderen Systemen sicher zu kombinieren.

Für den Anwender kann die Trennung fast unbemerkt erfolgen, wenn die unterschiedlichen Rechner auf den gleichen Monitor/Touchscreen zugreifen. Die Grafik zur Trennung der Anwendungen im Trusted Web 4.0 wurde für den Privatanwender erstellt (Abb. 2.7).

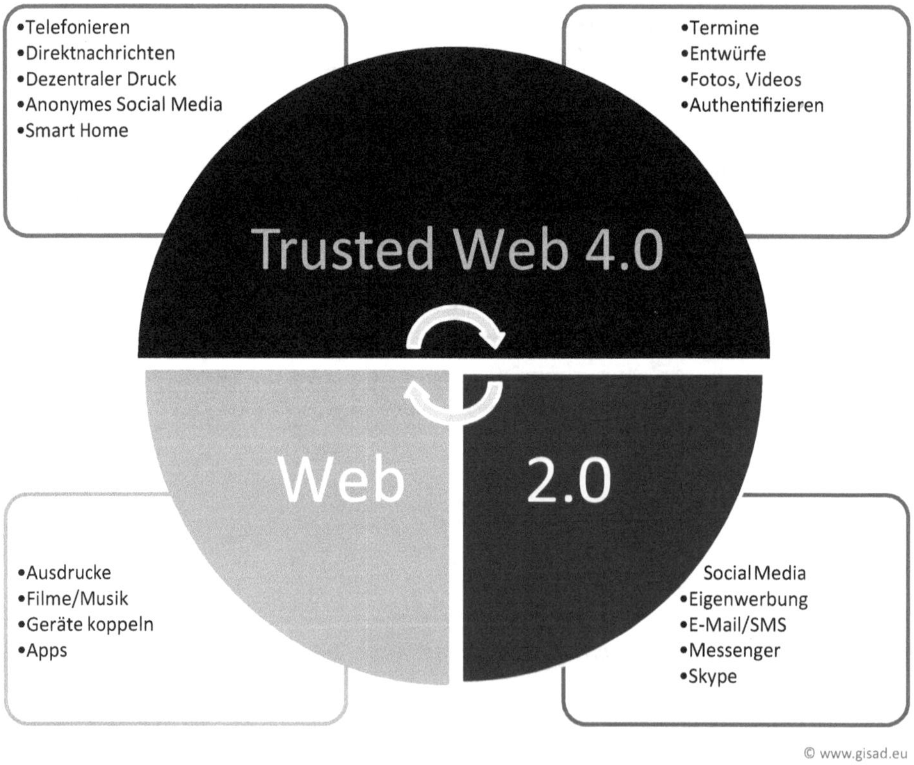

Abb. 2.7 Trennung der Inhalte von Web 4.0 und Web 2.0

Für Institutionslösungen bleiben der Forschung erhebliche Herausforderungen, Institutionsdaten und private Daten getrennt zu speichern und zu verarbeiten, aber gemeinsam sicher anzuzeigen. So könnte zum Beispiel auf einem Smartphone die untere Bildschirmhälfte für die Anzeige von geschäftlichen und die obere Bildschirmhälfte für die Anzeige der privaten Daten genutzt werden. Für den Nutzer einer Suche nicht umständlicher als bisher würden zum Beispiel durch die Eingabe von „Müller" zwei Suchen ausgelöst und die gefundenen Kontakte aus zwei unterschiedlichen Datenbeständen angezeigt.

2.5.8 Einführung von Trusted Web 4.0 in Institutionen

► Werden entstandene Komplexitäten aufgelöst, ist IT wieder sicher beherrschbar.

Es gibt grundsätzlich keinen wirtschaftlichen Nachteil beim Einsatz von Trusted-Web-4.0-Strategien. Die Schwierigkeit besteht darin, dass Trusted Web 4.0 bisher noch nicht in der Breite erprobt wurde und deshalb seine Effizienz schwer zu beweisen ist.

Durchschnittlich haben deutsche PC-Nutzer 80 Programme von 29 verschiedenen Herstellern installiert (Secunia 2015). Es gibt also 29 Updatezyklen. Das Problem besteht auch darin, dass diese 80 Programme miteinander agieren. Teilweise passen die Programme nicht zusammen und verursachen von den Nutzern nicht nachvollziehbare Fehler. Neue Patches bei einem Hersteller verursachen neue Fehler bei einem anderen Hersteller, der wiederum nachbessert. Es entsteht eine von uns sogenannte Patchspirale.

All diese Probleme haben Anwender nicht, wenn sie sich auf die wesentlichen, auch benutzten Anwendungen konzentrieren und diese auf verschiedene Systeme dezentralisieren. Wenn man bedenkt, dass Hardwarekosten immer weiter sinken und Personalservicekosten ständig steigen, so rechnen sich stabile und sichere Systeme innerhalb kürzester Zeit.

Ein Vorteil der Dezentralisierung besteht darin, dass man heute schon Trusted Web 4.0 in Teilschritten umsetzen kann. Optimalerweise beginnen Institutionen mit einer kleinen Abteilung, die personenbezogene Daten verwendet, also eine hohe Vertraulichkeit erfordert, aber in Bezug auf die Verfügbarkeit unkritisch ist. Hierfür kommt zum Beispiel die Personalabteilung infrage. Üblicherweise gibt es hier eine Anwendung, die am häufigsten verwendet wird.

In unserem Beispiel wird an jedem Arbeitsplatz, der Zugriff auf die personenbezogenen Daten hat, ein zweiter Rechner aufgestellt und hier nur die Personaldatenanwendung aufgespielt. Alle anderen Anwendungen laufen auf den alten Rechnern wie bisher. Der neue Rechner ist das einfachste am Markt erhältliche Modell. Man erwarb Renew-Systeme für unter 200 €. Die IT-Abteilung sperrte die USB-Ports der neuen Rechner. Eine Tastatur mit einem alten Tastaturanschluss (kein USB) und der Monitor werden über einen Umschalter mit der bereits vorhandenen Rechnerumgebung zusammen verwendet. Zur einfachen haptischen Unterscheidung und intuitiven Arbeit mit beiden Rechnern schließt man eine kabellose Maus für den Laptop und einen Trackball für den neuen Anwendungsrechner an.

Hierdurch ist es möglich, am als zweiten Monitor benutzten Laptopbildschirm zu scrollen oder auf Links zu klicken.[2]

Für die Personalanwendungssoftware wurde ein neuer Server aufgesetzt und mit den neuen Rechnern in einem vom Internet komplett getrennten Netz verbunden. An einem Arbeitsplatz wurde für das genannte Netz die Möglichkeit geschaffen, anonymisierte Daten für die weitere Verwendung in den anderen Netzen zur Verfügung zu stellen. Alle Rechner des Einzelnetzes sind identisch. Es wurden 10 % mehr Rechner gekauft, um bei Defekten Rechner austauschen zu können. Auf einen All-in-Servicevertrag wurde verzichtet, lediglich für die serverseitige Anwendungspflege ein Wartungsvertrag abgeschlossen. Updates auf den neuen Rechnern sind nicht möglich und auch nicht nötig, da das Personalsoftwaresystem nach außen abgeschottet ist oder über eine separate DFÜ-Leitung, z. B. zum Datev-Rechenzentrum, verfügt.[3]

Auch in unserem Beispiel existiert noch eine Schwachstelle, nämlich der Anwendungsrechner, der die Verbindung zu anderen Abteilungen aufbaut. Hier gibt es noch Entwicklungsbedarf. Wünschenswert wäre ein Netz, welches grundsätzlich Daten nur in eine Richtung schicken kann. Manuell sollte eine Netzwerkverbindung nur für eine Anwendung freigegeben werden können – entweder in die eine oder andere Richtung und nur während der über Monitoring überwachten Zeit. Die meisten Datenbankabgleiche sind nicht zeitkritisch. Ein Angriff würde schon dann schwer fallen, wenn die tägliche manuelle Öffnung des Netzwerks zu unterschiedlichen Zeiten erfolgt. Durch schnelle Netze reicht eine Öffnung von wenigen Minuten für einen Abgleich selbst großer Datenmengen aus. Bei größeren Projekten ist ein Administrator täglich mit jedem einzelnen Server beschäftigt. Es entsteht also nicht einmal ein personeller Mehraufwand.

Die Möglichkeit der Automatisierung der Datenrichtungstrennung bieten unidirektionale Netzwerke mittels Data-Diode (Witkowski 2014). Hierdurch ist sichergestellt, dass ein Server Informationen senden kann, ohne von außen erreichbar zu sein. Allerdings ergibt sich auch die Einschränkung, dass die Datenintegrität nicht gewährleistet werden kann, da nicht einmal das hierfür nötige Handshake erfolgt.

Da übliche Möglichkeiten zur Überprüfung der Datenintegrität wegfallen, muss alternativ eine Vorwärtsfehlerkorrektur eingebaut werden (Wikipedia 2015, Vorwärtsfehlerkorrektur). Diese stellt allerdings nur fest, dass übertragene Daten fehlerhaft sind. Hier ist unser Mehrrechnermodell wieder von Vorteil, weil Fehlermeldungen an den mit dem Internet verbundenen Rechner übertragen werden können (Abb. 2.8).

Der Back-up- oder Datenabgleichprozess kann also automatisch erfolgen. Es muss nur ein einfaches Script geschrieben werden, womit ein Anwender den Übertragungsprozess

[2] Anmerkung des Autors: Wir arbeiten seit vielen Jahren mit einem System mit drei Rechnern, zwei davon Laptops, sehr erfolgreich.

[3] Anmerkung des Autors: Es ist ein Erlebnis, wenn Sie wie bei uns im Einsatz mit einem zehn Jahre alten, nicht mit dem Internet vernetzten XP-Rechner arbeiten und der mit den reduzierten, zur Verfügung gestellten Applikationen wesentlich schneller hochfährt und schneller arbeitet als die neuesten gekauften Rechner mit mehreren Prozessoren und Windows 7, die mit dem Internet verbunden sind.

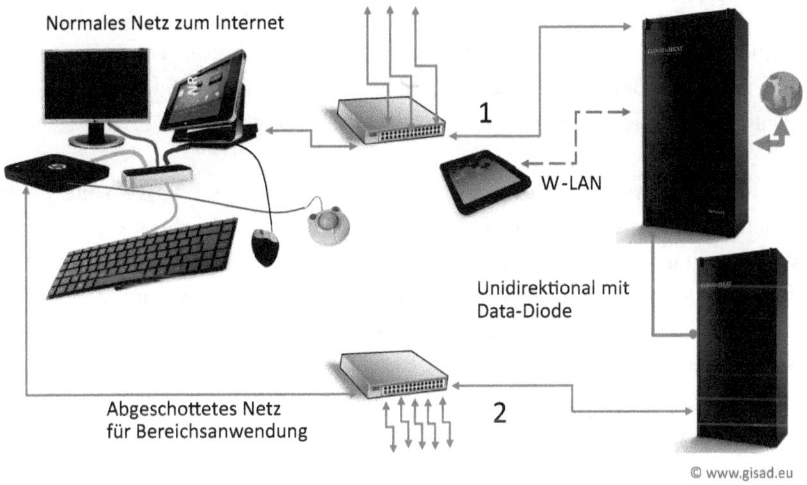

Abb. 2.8 Dezentralisierung mit Data-Diode

bei einer Fehlermeldung neu starten kann. Interessant ist, dass Data-Dioden längst bekannt sind und im Rahmen eines Advanced-Security-Gateways (ASGW) erfolgreich bei der deutschen Luftwaffe eingesetzt werden (Wikipedia 2015, ASGW).

Personenbezogene Daten sollten grundsätzlich in solchen Abteilungen anonymisiert verwendet werden, die nicht unmittelbar mit dem Personal zu tun haben. Das funktioniert auch in großen Institutionen. So soll im Land Niedersachsen für die 200.000 Bediensteten ein zentrales Personalmanagementverfahren eingerichtet werden. Der Datenschutzbeauftragte hat hierfür Anonymisierung oder Pseudonymisierung vorgegeben (Der Landesschutzbeauftragte für den Datenschutz Niedersachsen 2015).

Sobald sich Trusted Web 4.0 durchsetzt, wird es sicher Anbieter geben, welche hierauf zugeschnittene Mietangebote erstellen. Da in vielen dezentralisierten Bereichen auch leistungsschwache, möglicherweise sogar aus anderen Bereichen recycelte Rechner ausreichen, sind die Miet- oder Anschaffungskosten von mehreren Rechnern nicht unbedingt höher als von einem neuesten Modell. Wenn man die nachhaltigen Kosten wie Know-how-Abflüsse und mögliche Imageschäden bei Webserviceprodukten einbezieht, so ist Trusted Web 4.0 auch betriebswirtschaftlich äußerst attraktiv.

47 % des Datenverlusts im Länderdurchschnitt, jedoch 54 % in Deutschland, sind inzwischen auf Cyberattacken zurückzuführen. Durchschnittlich sind die Kosten je verlorenen Datensatz bedingt durch kriminelle Angriffe inzwischen auf 170 US$ angestiegen. Die Kosten für menschliches Versagen liegen nur bei 137 US$ (Ponemon Institute LLC 2015). Die Kosten der Angriffe sind höher, weil der Schaden sich vergrößert, wenn ein Angriff lange unentdeckt bleibt. Im Ländervergleich liegt Deutschland inzwischen mit 210 US$ am höchsten bei den Pro-Kopf-Kosten je Datenverlust und weit über dem Durchschnitt.

Hochwertige Refurbished PCs (wiederaufgearbeitete PCs; auch Abnahmen von 50 gleichen möglich) sind mit einem Jahr Garantie von namhaften Herstellern schon für ca. 300 € inklusive Betriebssystem erhältlich.[4] Bereits die Verhinderung des Verlusts zweier Datensätze refinanziert den um einen zusätzlichen Rechner erweiterten Arbeitsplatz.

Soweit für die Anwendung nötig, werden Daten, am Beispiel der Personalverwaltung neue Steuerrichtlinien, auf den Server eingepflegt. Nach drei Jahren oder auch später, wenn die Aktualität der Systeme ausreicht, werden die kompletten Rechner ausgetauscht. Institutionen sollten abwägen, ob die Erneuerung wirklich nötig ist, und dabei bedenken, dass jedes neue System mehr Möglichkeiten und Einfallstore für Angreifer bietet.

Sie sollten zudem für unterschiedliche Bereiche nicht die gleichen Rechner kaufen, weil auch Hardwarehersteller Opfer von Spionageimplantaten werden können.

Von der Produktion bis zu den Endkunden gehen die Rechner durch viele Hände und meist auch mehrere Länder. Egal ob Neu- oder Gebrauchtrechner: Die Wahrscheinlichkeit, dass Rechner mit nur sehr schwer zu entdeckenden BIOS-Implantaten versehen sind, nimmt zu (viruslist 2015). Systeme unterschiedlicher Abteilungen sollten in unterschiedlichen Jahren erneuert werden. Durch konsequente Dezentralisierung lösen sich Institutionen aus der Patchspirale und können in vom Internet getrennten Bereichen weitgehend auf Updates verzichten. Denn Updates sind ebenfalls potenzielle offene Türen für Datenabflüsse und Datenmanipulationen.

Sobald den Idealvorstellungen eines Trusted Web 4.0 entsprechende Systeme wie das Archephone am Markt sind, haben Institutionen, welche jetzt mit der Dezentralisierung und Anonymisierung beginnen, ihre Strukturen bereits umgestellt und einen erheblichen Zeit- und Wettbewerbsvorteil gegenüber Wettbewerbern.

2.5.9 Dezentrale Webseitendistribution zum Entnetzen von Servern

► Die Reduzierung der Vernetzung auf das tatsächlich Notwendige erhöht die Sicherheit extrem.

Institutionen sollten bereits bei der Entwicklung von Software oder beim Einkauf von Services überprüfen, wie gut die Server gegen Angriffe aus dem Internet abgeschottet sind. Üblicherweise stellt ein Internet-Information-Server (IIS) dem Internet Webseiten zur Verfügung, welche er durch Abfrage eines Datenbankservers dynamisch generiert.

Problematisch ist, dass diese Server nicht nur Informationen bereitstellen, sondern permanent dynamische Abfragen abarbeiten. Dynamisch bedeutet, dass ein Server auf viele unterschiedliche Befehle aus dem Internet reagieren muss. Hierdurch gibt es zahlreiche Möglichkeiten, Server zu kompromittieren, wie z. B. durch DDoS-Attacken oder auch SQL-Injects.

[4] Mehrere Anbieter, die ausschließlich überholte Rechner als Leasingrückläufer verkaufen, sind im Internet zu finden. Aus Gründen der Neutralität empfehle ich keinen speziellen Anbieter.

In der Pilotphase des Social-Media-Boosters getmysense[5] konnten wir uns nicht gegen die zahlreichen DDoS-Attacken verteidigen. Wir bauten das System so um, dass der Datenbankserver und der damit verbundene IIS selbst nicht mehr über das Internet erreichbar waren. Die beiden Server generierten auf Knopfdruck viele Tausend HTML-Seiten in Form von statischen Seiten. Diese Seiten wurden automatisch je Kategorie und Sprache in einen eigenen Ordner gelegt. So hätte man jeden Ordner auf einen eigenen IIS übertragen können.

In einem Partnerprogramm sollte das Zurverfügungstellen der Seiten von Partnern im Internet übernommen werden. Bei 1000 Kategorien hätten man also 1000 Server an unterschiedlichen Standorten mit unterschiedlichen IP-Nummernkreisen angreifen müssen, um das Netz lahmzulegen. Wenn diese HTML-Seiten auf bestehende Webserverstrukturen distribuiert werden, sind die Kosten für diese Dezentralisierung überschaubar. Natürlich bietet auch die Dezentralisierung auf wenige Server und Provider schon erhebliche Sicherheitsvorteile.

Institutionen sollten beim Aufbau einer Datenbank untersuchen, ob die Informationen wirklich jederzeit aktualisiert abgerufen werden müssen. Zum Beispiel in Shops reicht oft eine tägliche Aktualisierung der Artikel aus. Elemente, welche dynamisch sein müssen, wie z. B. der Bestellprozess, laufen dann über eine andere Serverinfrastruktur.

2.5.10 Voraussetzung für den Aufbau einer dezentralen (Notfall-)Organisation

► Eine dezentrale, mit der IT abgestimmte Organisation reduziert die Angriffsfläche und erhöht das Verantwortungsbewusstsein der Mitarbeiter.

Das BSI versteht unter dem Aufbau eines Notfallmanagements die Fokussierung auf die kritischen Geschäftsprozesse gemäß der Business-Impact-Analyse (Bundesamt für Sicherheit in der Informationstechnik 2008 f). Das Bundesamt entspricht damit seiner Aufgabe, für bestehende Organisationsstrukturen einfache standardisierte Handlungsanweisungen für den Notfall zu erstellen.

Bei der heutigen Anzahl der Datenpannen wird der Notfall jedoch zur Regel. Institutionen sind zudem im Rahmen der digitalen Transformation ständig angehalten, sich neu zu erfinden. Entsprechend stellt sich die Frage, ob bei der Neuorganisation einer Institution die Gefahrenabwehr als wichtiges Kriterium besondere Berücksichtigung finden muss.

Sehen wir uns einmal eine grundlegende Definition von Organisation an: „Organisation ist die Strukturierung von Systemen zur Erfüllung von Daueraufgaben" (Grochla 1972).

Eine Institution ist also so zu strukturieren, dass Systeme gleichbleibende Geschäftsprozesse möglichst effektiv erfüllen. In einer Situation, in der Datenangriffe meist sehr spät und nach erheblichen Datenabflüssen entdeckt werden und die daraus resultierenden

[5] Technische Attacken waren nur eine Teilmenge der Angriffe, die zur Entscheidung führten, das Pilotprojekt getmysense (getTIME.net GmbH 2011–2013) nicht in den Markt einzuführen.

Schäden extrem hoch, aber unter Berücksichtigung der Auswirkungen auf die künftige Institutionsentwicklung kaum zu quantifizieren sind, sollte als wichtigste Daueraufgabe die Verhinderung von Datenabflüssen definiert werden. Da Daten in zunehmendem Maße in allen Geschäftsprozessen verarbeitet werden, fällt es schwer, kritische Geschäftsprozesse zu definieren.

Wir sollten bei allen IT- und Geschäftsprozessen nicht vergessen, dass Institutionen eine Teilaufgabe in der Gesellschaft abbilden, letztendlich aber die gesellschaftliche Weiterentwicklung die Daueraufgabe allen menschlichen Handelns sein sollte. Geschäftsprozesse sind unwichtig, wenn kein Geschäft zustande kommt, weil der Mensch als Konsument nicht berücksichtigt wurde.

Der Entwicklungsstand vieler Institutionen in Bezug auf die IT ist vergleichbar mit mittelalterlicher Kriegsführung. Damals meinte man auch, dass es zielführend sei, wenn alle Soldaten gemeinsam angreifen, damit man sie unter Kontrolle behält. Dies ging so lange gut, wie der Gegner die gleiche Strategie verfolgte. Im spanischen Unabhängigkeitskrieg von 1807 bis 1814 (Wikipedia, 2016, Guerilla) kam die Idee der Guerillataktik auf.

Wir befinden uns kurz nach dem digitalen Mittelalter, wo die Angreifer mit gezielten kleinen Angriffen aus dem Hinterhalt erfolgreich den Cyber War bestimmen. Währenddessen meinen Institutionen, ihre Organisation durch die allgegenwärtigen Analysen der IT zentral besser zu steuern, befinden sich aber in Wirklichkeit aufgrund ihrer Datenabflüsse längst in Auflösung. Nachdem nun die französische und deutsche Regierung und weitere relevante Behörden bereits seit Jahrzehnten unentdeckt abgehört wurden (Spiegel/Wikileaks 2015), stellt sich die Frage, wie viele gesellschaftliche Verwerfungen in den letzten Jahren darauf zurückzuführen sind, dass Strategien scheiterten, weil Angreifer durch frühzeitige Kenntnis dieser Strategien verschiedene Staaten gegeneinander ausspielen konnten. Die konsequent zentralisierte IT, die wir derzeit weltweit haben, ist möglicherweise selbst eine Auswirkung von permanentem Abhören und Manipulationen. Unter Einbeziehung der Schweigespirale, welche auch im Internet funktioniert (Hampton et al. 2014), ist es fast unmöglich, den gesellschaftlichen und wirtschaftlichen Schaden zu beziffern. Die Höhe übersteigt jedoch mit Sicherheit alle bisherigen Kalkulationen und Prognosen.

Es besteht erheblicher politischer Handlungsbedarf, zuerst eine der vordigitalen „normalen" Sicherheit entsprechende Infrastruktur, wie im Folgenden beschrieben, sicherzustellen, um dann die noch vorhandenen demokratischen Kräfte zum Paradigmenwechsel hin zu einer dezentralen IT zu bündeln. Hierbei könnte GISAD (Global Institute for Structure relevance, Anonymization and Decentralization), wie von uns vorgeschlagen, eine erhebliche Rolle spielen (s. Kap. 3, Abschn. 3.5.1). Im Verhältnis zu dem verhinderten Schaden dürften die äußerst geringen für GISAD benötigten Geldmittel überhaupt keine Rolle spielen.

Wenn ein Staat die drei Funktionen der Staatsgewalt (Sicherheit, Wohlfahrt und Legitimität/Rechtsstaatlichkeit) nicht mehr erfüllten kann, spricht man in den Politikwissenschaften von einem gescheiterten Staat (Wikipedia 2015, Gescheiterter Staat). Zumindest können wesentliche Teile staatlicher Dienstleistung derzeit nicht mehr adäquat ausgeführt werden. Es ist Aufgabe des Staates, die Staatsgewalt wiederherzustellen und die Kosten hierfür zu tragen. Wenn bisherige Dienstleister und deren zentralisierte Konzepte offensichtlich als Erfüllungsgehilfen zur Sicherung der Staatsgewalt nicht geeignet sind, sind diese auszutauschen.

Für den richtigen Umgang mit Daten müssen wir uns bewusst machen, was Daten eigentlich sind. Menschen unterscheiden sich von Nichtmenschlichem durch ihre Ausdrucksfähigkeit mit Sprache, Bildern und Grafiken. Daten sind im Wesentlichen die Virtualisierung eines Teils ihres Urhebers. Hierbei spielt es keine Rolle, ob es sich um Kunst, eine Idee, einen Source Code oder eben einen Notfallmanagementplan handelt. Die Rematerialisierung dieser Daten ist ebenfalls möglich. Daten können vervielfältigt, gedruckt, im Internet angezeigt und verfälscht werden. Diese Rematerialisierung ist möglicherweise physisch für den Urheber oder auch für alle Mitarbeiter einer Institution zum Beispiel durch Stress bei Falschmeldungen spürbar. Nicht nur die Mitarbeiter sind das Kapital einer Institution, sondern die Mitarbeiter zuzüglich der virtualisierten Datenbestände, die das Wissen und Schaffen der vergangenen und gegenwärtigen Mitarbeiter abbilden. Das Kapital von Staaten ist das überlieferte und das derzeitige Wissen und Schaffen aller ihrer Bürger.

Wie bereits ausgeführt, erhöht sich in naher Zukunft die Anzahl der Angreifer mit aus zahlreichen Hintergrunddaten vorbereiteten, gezielten Guerillaattacken erheblich.

Guerillakriege sind und waren meist politisch motiviert (Mäurer 2013). Anders gesagt, eine guerillaähnlich aufgebaute Abwehr können Institutionen nur mit einer von der Sache überzeugten Mannschaft führen. Sonst würden im Krieg die nicht permanent im Angriffsverband bewachten Soldaten einfach weglaufen. Auf Institutionen übertragen bedeutet dies, die Mitarbeiter sollten von der Sache der Institution überzeugt sein. Auch muss ihnen der Wert ihres Wissens und Schaffens bewusst sein. Viele Institutionen scheuen hier eine offene Informationskultur, weil sie dadurch ausgelöste Gehaltsverhandlungen fürchten. Jedoch lässt sich eine dezentralisierte Organisationsstruktur nur mit motivierten Mitarbeitern, denen die Institutionen ihr Vertrauen schenken, aufbauen.

Grundsätzlich gibt es auch in dezentralisierten digitalen Organisationen genügend Möglichkeiten der Überwachung, sodass der Vorteil der Zentralisierung weitgehend aufgehoben wurde. So verwenden moderne Drohnenangriffe zwar Guerillataktik, aber die Angreifer selbst sitzen an einer Fernsteuerung, möglicherweise sogar Tür an Tür mit dem Befehlshaber.

Dezentralisierung bedeutet auch erhebliche Reduzierung der Komplexität. Sie benötigt weniger hoch spezialisierte IT-Kräfte. Dafür müssen Mitarbeiter von Fachabteilungen eine höhere technische Handlungskompetenz erwerben und administrative Rechte für ihren Bereich erhalten.

Jedoch genau wie Guerillaangriffe mit kleinem Aufwand durchzuführen sind, so schützen in Bereiche aufgeteilte und dezentralisierte IT-Strukturen vor einem längeren oder großflächigen Ausfall von kritischen Geschäftsbereichen. Einen solchen Ausfall gilt es unter allen Umständen zu vermeiden, da die Auswirkungen für die Institution existenzbedrohend sind.

2.5.11 Planung und Konzeption einer dezentralen (Notfall-)Organisation

► Wer im Normalfall so wie im Notfall organisiert ist, reduziert das Fehlverhalten von Mitarbeitern in Ausnahmesituationen erheblich.

Üblicherweise sind Organisationen historisch gewachsen und werden durch verschiedene Restrukturierungsmaßnahmen auf die Geschäftsprozesse optimiert. Datenschutz und Datensicherheit halten erst allmählich Einzug, nachdem die IT sich im Unternehmen etabliert hat. Entsprechend geht auch das BSI davon aus, dass vorhandene Betriebsstrukturen auf die modernen Anforderungen aus der IT anzupassen sind (vgl. Bundesamt für Sicherheit in der Informationstechnik 2008a, 2008c).

Auf der anderen Seite erhöhen sich die technischen Rationalisierungsmöglichkeiten ständig. Industrie 4.0 wird nicht nur derzeitige Roboterarbeitsplätze verändern, sondern wird zum Beispiel mithilfe des 3-D-Drucks auch in produktionsfremde Betriebe, ja sogar Privatbereiche Einzug halten.

Ich zeige im Folgenden, wie ganzheitlich eine das Notfallmanagement bereits von Anfang an berücksichtigende Organisation aufgebaut werden kann.

Die digitale Transformation ist getrieben von Businessmodellen mit einer entsprechenden Outputerwartung. Um diese Institutionsziele zu erreichen, werden Geschäftsprozesse definiert. Anschließend werden zu Daueraufgaben passende Mitarbeiter gewonnen. Besteht eine Institution schon länger, kann man meist feststellen, dass einmal eingeführte Technologien die weitere Personalselektion bestimmen. Mitarbeiter werden dann vor allem nach dem Kriterium eingestellt, ob sie die im Unternehmen eingeführten Anwendungen und Technologien beherrschen. Dadurch entsteht in der Institution eine Lobby für eine bestimmte Anwendung, welche dann vom Hersteller als Fahnenträger innerhalb der Institutionen benutzt wird, um die Umstellung auf eine andere, möglicherweise leistungsfähigere Anwendung zu verhindern.

Trusted Web 4.0 berücksichtigt die in der digitalen Transformation immer kürzeren Innovationszyklen. Moderne Services, ob in der Cloud oder auf dem Rechner installiert, sind dann erfolgreich, wenn sie intuitiv zu erlernen und ohne größeren Aufwand zu integrieren sind.

Wenn die eingesetzten IT-Strukturen aus kleinen Rechnernetzwerken in Institutionen einerseits und aus zentralen Sicherheitsdienstleistern für die Verfügbarkeit und Datenintegrität im Internet andererseits bestehen, können in der zentralen IT tätige Mitarbeiter bis auf wenige verbleibende Aufgaben für den internen Support und die Schulung der eigenen Mitarbeiter eingesetzt werden. Entlassungen werden vermieden, da neue Funktionen, z. B. als Datenschutzbeauftragter, Datensicherheitsbeauftragter, Geheimschutzbeauftragter, Compliance-Manager, besetzt werden müssen. Jedoch auch bei diesen Funktionsgruppen ändert sich im Sinne einer optimalen Dezentralisierung die Aufgabenbeschreibung. Zentrales Know-how zum Beispiel über rechtliche Rahmenbedingungen muss zentral in Institutionen bereitgestellt werden. Auch der unmittelbare Kontakt zur Geschäftsleitung ist für diese Funktionsträger sicherzustellen. Bei der Ausarbeitung der Informationssicherheit und bei der Krisenplanung sollten sie jedoch eher Coachfunktionen und Controllingfunktionen erhalten. Die Verantwortung sowie die Erstellung und Speicherung von Notfallplänen sollten von den entsprechenden Fachabteilungen übernommen werden.

Jedes Unternehmen sollte prüfen, ob erst kritische Geschäftsprozesse gemäß dem BSI-Standard 100-4 zu definieren sind. Es steht außer Frage, dass der Betrieb eines Atomkraftwerks einen kritischen Geschäftsprozess darstellt, der mit höchster Priorität geschützt werden muss. Für diese Geschäftsprozesse bieten die in den BSI-Standards vorgegebenen Maßnahmen ein gutes Vorgehen.

Wie schon ausgeführt, beschäftigt sich Trusted Web 4.0 weniger mit Datenverfügbarkeit und Integrität als mit Vertraulichkeit.

Wie aber sieht es mit einem reinen Dienstleister aus? Schließlich arbeiten inzwischen in Deutschland 74 % der Erwerbstätigen im Dienstleistungssektor (Bundesamt für Statistik 2015, Januar). Im Dienstleistungssektor werden fast immer Daten geschaffen oder verwertet. Hier hilft aus dem Blickwinkel der Informationssicherheit eine Aufteilung nach kritischen Prozessen nicht weiter, zumal die Institution „kritische Prozesse" aus ihrer Sicht, jedoch nicht aus Sicht eines Angreifers betrachtet.

Um sich eine Angreifersicht anzueignen, müsste man die Intention des Angreifers kennen. Zum Beispiel kann es für einen Angreifer völlig unerheblich sein, was die Bundeskanzlerin 2011 über Griechenland dachte und sagte (T. Jäger 2015). Ein anderer Angreifer könnte diese Information benutzen, um bewusst die deutsche Wirtschaft zu schwächen. Der Nutzen/Schaden je nach Sichtweise variiert dann möglicherweise zwischen null und Milliarden Euro. Allerdings gibt es auch einen ständig wachsenden Schwarzmarkt für den Verkauf von Informationen und Schwachstellen. Vor diesem Hintergrund sollte man immer vom Worst Case ausgehen.

Um im reinen Dienstleistungsbereich kritische Prozesse aus Angreifersicht zu identifizieren, wird die Fantasie des zentralen Managements, auch der Spezialisten nicht ausreichen. Hier kann es hilfreich sein, bei allen Mitarbeitern Prämien für die Aufstellung der besten Angriffsideen auszusetzen. Diese bieten dann die Grundlage für ein Sicherheitskonzept.

2.5.12 Sieben-Stufen-Modell für Cyberangriffe

Bevor wir uns mit der Definition der Schutzbedarfe beschäftigen, müssen wir uns wieder der Angreifersicht zuwenden. Bei Angriffen sind folgende Eskalationsstufen (Abb. 2.9) wahrscheinlich.

1. **Identifikation.** Jeder Angreifer hat für sich identifiziert, welche Gegner oder welche Systeme zur Durchsetzung von Angreiferinteressen aus dem Weg geräumt werden müssen. Hierfür muss der Gegner namentlich noch nicht identifiziert sein. Zuerst werden ein Raster insbesondere von Suchbegriffen, aber auch weitere Größen wie geografische Einschränkungen angelegt. Danach werden alle verfügbaren Daten nach diesen

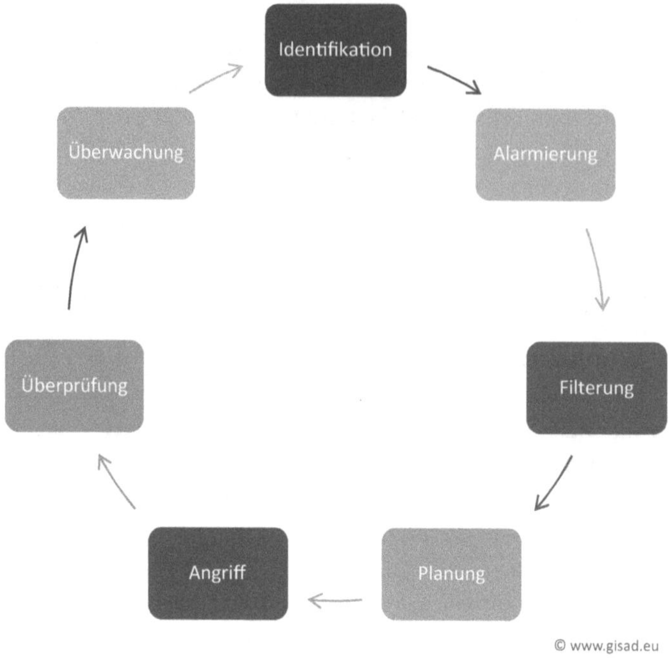

Abb. 2.9 Sieben-Stufen-Modell für Cyberangriffe von Olaf Berberich

Suchbegriffen durchsucht. Hierbei ist zu beachten, dass moderne Spionageanalysesysteme keinen Unterschied zwischen digitalen und eingescannten Texten, abgehörten Gesprächen, Telefonaten und Videos machen. Eingescannte Texte können über OCR-Software für den Computer verständlich gemacht werden. Gesprochene Sprache kann ebenfalls automatisch in digitale Texte umgewandelt werden. Zur Identifizierung gehört die permanente automatische Überwachung der Daten auf relevante Veränderungen.

2. **Alarmierung.** Wird ein vorher eingestellter Schwellenwert überschritten, werden menschlichen Analystenteams zusammengefasste Informationen zur Verfügung gestellt. Ein gutes Analysesystem berücksichtigt dazu nicht nur die Häufigkeit verwendeter Begriffe, sondern auch die Relevanz für den Angreifer: Handelt es sich um eine Patentanmeldung oder nur eine geäußerte Idee in Chat? Werden Informationen mit wichtigen Partnern ausgetauscht? Werden diese Informationen von den wichtigen Partnern beachtet, diskutiert und möglicherweise in für den Angreifer bedrohliche Handlungen umgesetzt?
3. **Filterung.** Es besteht noch kein Handlungsbedarf. Aber das Analystenteam definiert Voraussetzungen für eine konkrete Angriffsplanung. Berücksichtigung findet das Eintreten weiterer Ereignisse, wie z. B. die Geschäftsbeziehung zu anderen wichtigen Gegnern. Der automatisierte Filter wird manuell auf ein bestimmtes Umfeld und/oder

bestimmte Inhalte fokussiert. Üblicherweise wird ein Zielobjekt, welches einmal die Eskalationsstufe 3 erreicht hat, nur dann wieder heruntergestuft, wenn es vernichtet wurde.

4. **Angriffsplanung.** Hierfür werden erneut Informationen mit einem auf das Ziel und dessen Umfeld zugeschnittenen Filter gesammelt und analysiert. Es werden mögliche Angriffsszenarien durchgerechnet und Schwachstellen untersucht. Diese können beim Angreifer selbst, sehr oft aber auch in seinem Umfeld liegen.
5. **Angriff.** Ein professioneller Angriff wird in Zukunft mehrstufig sein. Es werden mehrere alternative Verhaltensweisen eines Ziels in alternativen Eskalationssystemen berücksichtigt. Zur Auswahl des richtigen Eskalationssystems werden auch während des Angriffs möglichst viele Informationen gesammelt.
6. **Überprüfung.** Anschließend bedarf es zusätzlicher Informationen, um festzustellen, ob das Zielobjekt weiter eine Gefahr darstellt. Sowohl für Geheimdienste als auch für Kriminelle ist entscheidend, unerkannt zu bleiben. Ein guter Angriff arbeitet so minimalinvasiv, dass er nicht zurückverfolgt und idealerweise vom Zielobjekt nicht einmal als solcher erkannt wird. Nur, wenn es sich um eine grundsätzliche Bedrohung handelt, wie z. B. eine den Angreifer in seiner Existenz bedrohende Idee oder die Bildung einer Allianz von Gegnern, wird die komplette Vernichtung des Zielobjekts angestrebt. Normalerweise reicht es aus, wenn ein Gegner von seiner Idee abgebracht wird.
7. **Überwachung.** Abschließend wird auf eine Überwachungsstufe mit einem besonderen Filter deeskaliert. Dieser Filter überprüft alles, was auf ein erneutes vom Angreifer unerwünschtes Verhalten des Zielobjekts hindeutet. Gegebenenfalls wird mit der Alarmierung erneut das Durchlaufen der Stufen 3–7 gestartet. Sind weitere Maßnahmen nötig, erfolgt alternativ direkt eine Rückstufung von Stufe 6 auf 3.

2.5.13 Strukturiertes Vorgehen in vier Schritten

► Eine ganzheitliche Betrachtung des Unternehmens rechnet sich.

Zuerst werden in einem Planspiel alle Daueraufgaben Personen nach ihrer Qualifikation zugeordnet und überprüft, ob Qualifikation und Aufgabe übereinstimmen. Dann wird der wiederkehrende Informationsverlauf bei Daueraufgaben betrachtet. Dabei ist die gesamte Informationsprozesskette relevant, von der Erstellung durch den Urheber über die Veränderung durch weitere Personen bis zur letztendlichen Archivierung. Anschließend ist zu überlegen, ob durch die neue Aufteilung von Daueraufgaben Informationsprozesse reduziert werden können oder welche technischen oder organisatorischen Maßnahmen zur Beseitigung von Schwachstellen zu ergreifen sind.

2.5.13.1 Betrachtung der Informationsprozesskette

Je mehr Kommunikationsmöglichkeiten zwischen Menschen und zunehmend auch zwischen/zu Maschinen entstehen, umso mehr Möglichkeiten gibt es für Angreifer, Schwachstellen auszunutzen. In dieser Istanalyse wird noch nicht gewertet, ob Informationen öffentlich, vertraulich oder geheim sind.

Bei dem Einsatz von technischen Hilfsmitteln sollte ein Urheber im Rahmen der Finanzierbarkeit die höchstmögliche Datensicherheit herstellen. So gehören der Einsatz von Personal Computer, Laptops, Smartphones, Scannern und Druckern sowie das Internet als Recherchemittel heute bei fast jeder Dienstleistung zu den üblichen Hilfsmitteln. Auch Apps können zu den Hilfsmitteln gezählt werden (Abb. 2.10).

- Welche Hilfsmittel werden vom Urheber benutzt?
- Welche weiteren Personen benutzen die gleichen Hilfsmittel?
- Mit welchen weiteren Geräten sind die Hilfsmittel vernetzt?

Diese Fragen sind dann über die gesamte Informationsprozessstrecke zu stellen, insbesondere wenn diese Prozesse bei Dritten stattfinden.

Die üblichen Hilfsmittel sind ohne Anspruch auf Vollständigkeit in der Grafik zu den Informationsprozessen angezeigt (Abb. 2.10).

In zunehmendem Maße sind Drucker und Scanner nicht mehr getrennt, sondern werden als All-in-Geräte mit direktem Tintebestellprozess über das Internet angeboten. Auch können sie als Drucker oder Scanner über das Internet angesprochen werden. Solche Geräte sind Haupteinfallstore für den Datenabfluss. Sie bieten durch die direkte Verbindung mit dem Internet die Möglichkeit, einfach angezapft zu werden. Verschärfend kommt hinzu, dass die immer größeren Speicher teilweise über Monate die verarbeiteten Informationen vorhalten. Der Massenabgriff von Daten ist vorprogrammiert. Bei Altsystemen sollten die Festplatten vor der Entsorgung möglichst im Unternehmen selbst entfernt werden.

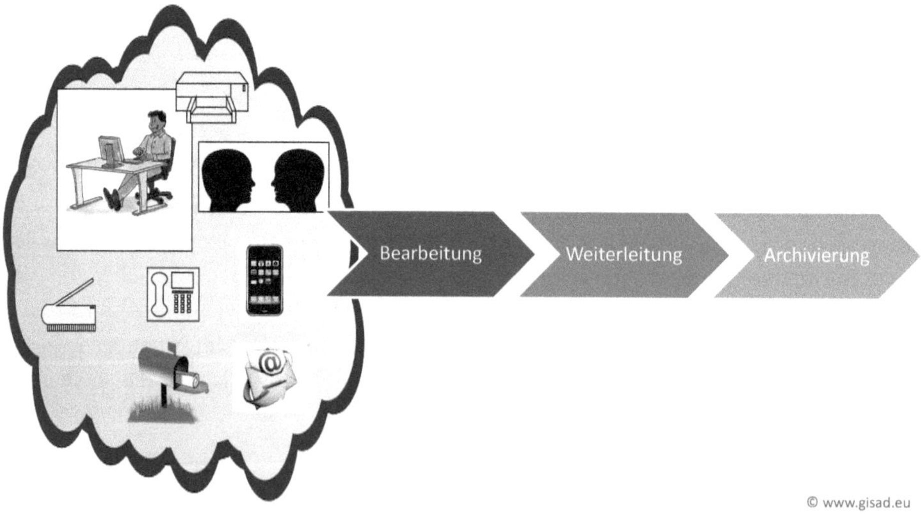

Abb. 2.10 Informationsprozesse zwischen allen Beteiligten

All-in-Geräte und dazu gehören auch die modernen digitalen Kopierer sollten nicht in einem vertraulichen Umfeld eingesetzt werden. Besser ist hier, auf Dokumentenscanner und Drucker zurückzugreifen. Je Geschäftsbereich sind eigene Systeme anzuschaffen. Es gibt hierbei keine Kostennachteile. Es gibt leistungsfähige Anbieter von überholten Scan- und Drucksystemen mit Garantie.[6] Aus Sicherheitsaspekten gilt die Regel, je älter (im Rahmen der Verfügbarkeit von Verbrauchs- und Ersatzmaterialien) und einfacher (mit weniger Schnittstellen) Systeme sind, umso geringer sind die Möglichkeiten von Datenabflüssen.

Wie inzwischen allgemein bekannt, sind E-Mails als öffentlich zu betrachten. Verwunderlich ist die Entwicklung, dass E-Mails aktuell zum Teil von noch unsichereren Systemen wie dem Whatsapp-Messenger abgelöst werden. Betrachtet man die gesamte Informationsprozesskette, so helfen auch verschlüsselte E-Mails nicht weiter, sondern sind gefährlich, weil sie eine trügerische Sicherheit vorgaukeln.

Mag auch die Verschlüsselung zwischen zwei Kommunikationspartnern funktionieren, so ist nicht auszuschließen, dass die E-Mail hinter der Entschlüsselung beim Empfänger abgegriffen wird. Da es sich um Mechanismen wie die Zugriffsrechte von Apps auf Smartphones handelt, die sich dem Zugriff eines Empfängers entziehen, hilft es auch nicht, wenn man den Empfänger auf die Vertraulichkeit hinweist. Bei E-Mails und Messengern sollte man sich so verhalten, als ob man den Inhalt an ein öffentliches Brett heften würde. So gibt es nicht einmal in der deutschen Gesetzgebung ein generelles Verbot, E-Mails zu veröffentlichen (Wikipedia 2015, E-Mail)!

Das Gleiche gilt für Telefonate, welche, wenn auch dem Postgeheimnis unterliegend, ebenfalls sehr einfach abgehört werden können. Einen Grundschutz bietet ein im Firmennetzwerk getunneltes VoIP-(Voice-over-IP-)Netzwerk. Viele VoIP-Telefone können verschiedene Identitäten verwenden. Wünschenswert wäre, Festnetztelefone zu entwickeln, die auf ein Telefonbuch, aber auf mehrere sicher getrennte IP-Netzwerke zugreifen können. So könnte zwischen einem öffentlichen und einem einem bestimmten Bereich zugeordneten Netzwerk unterschieden werden. Allerdings wäre das nur ein Zwischenschritt.

In der Trusted-Web-4.0-Idealvorstellung gibt es mit dem Archephone nur noch ein PDS. In der Firmenumgebung könnte man den 5G-Stecker durch einen Stecker ersetzen, der genaue Berechtigungen und Zugänge zu den entsprechenden Bereichen, zum Telefonieren, für den Datenzugriff etc., enthält und an der Unternehmenspforte abgegeben wird. Dadurch fällt ein solcher Stick nicht in falsche Hände. Die Abgabe beziehungsweise der Erhalt des Sticks könnte an die automatische Zeiterfassung für den betreffenden Anwender gekoppelt sein. Zeitlicher Mehraufwand oder Mehrkosten hielten sich so in Grenzen.

Bereits, wenn mündlich Informationen diskutiert werden, ist sicherzustellen, dass der Gesprächspartner sich der Sicherheitsrelevanz bewusst ist, auch wenn es hierzu keine schriftliche vertragliche Vereinbarung gibt. Eine Einleitung wie: „Diese Informationen sind nicht für Dritte bestimmt", trägt erheblich dazu bei, dass Informationen nicht im Lau-

[6] Mehrere Anbieter, die ausschließlich überholte Drucker als Leasingrückläufer verkaufen, sind im Internet zu finden. Aus Gründen der Neutralität empfehle ich keinen speziellen Anbieter.

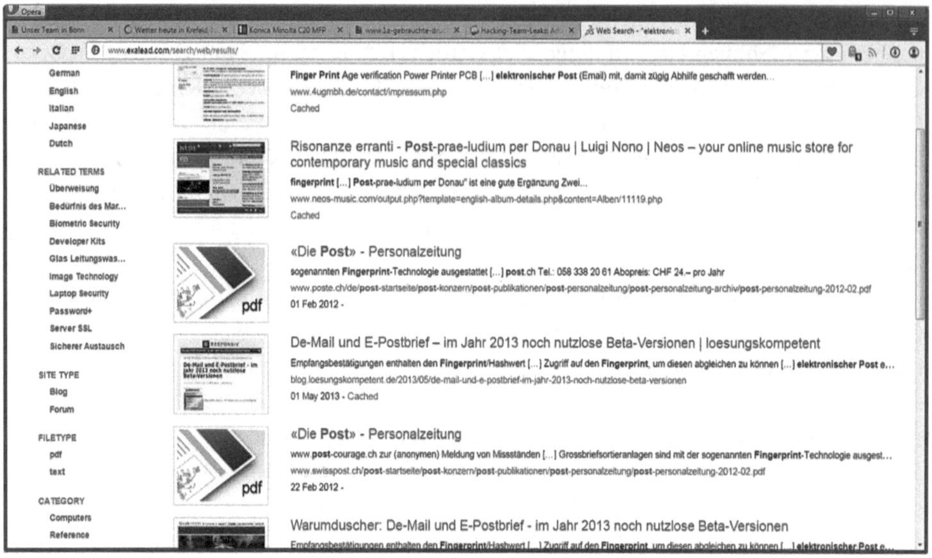

Abb. 2.11 Screenshot der Suchmaschine Exalead zu „Fingerprint Post"

fe des Informationsprozesses an den Falschen abfließen. Ebenfalls sollte man sich nicht scheuen, ein Handyverbot auszusprechen. Die Überprüfungsfrage im Geschäftsgespräch kann negativ empfunden werden, der Hinweis in der Einladungs-E-Mail, das Handy im Auto zu lassen, wird jedoch in der Regel akzeptiert. Der Umgang mit Bewegungsprofildaten wird an dieser Stelle nicht besprochen.

Bleibt noch die Briefpost übrig. Auch hier ist die Beachtung von neuen Regeln nötig. Absender und Empfänger von Briefen werden elektronisch erfasst. Nach aktuellen Angaben speichert die Post nur die Adressdaten des Absenders und des Empfängers. 2013 waren wir uns sicher, dass Briefe abgefangen und mitgelesen wurden (Berberich 2013).[7] Allerdings erfasst die Post elektronisch wohl nur Adressen, aber keine Namen (Reißmann 2013).[8] Aufgrund der verschiedenen aus dem Internet entnommenen Pressemeldungen ist jedoch davon auszugehen, dass den Sortieranlagen grundsätzlich die sog. Fingerprint-Technologie zur Verfügung steht (Abb. 2.11).

Aber selbst, wenn nur die Adressdaten gespeichert sind, ist es bei Zugriffsmöglichkeit auf die elektronischen Daten der Verteilmaschinen kein technisches Problem, die gesam-

[7] 2013 warb Siemens im Internet mit einem elektronischen Fingerprint in der Postverteilung. Dieser Artikel ist nicht mehr online.

[8] Eine aktuellere Berichterstattung hierzu ist bei Google nicht zu finden. Unter www.exalead.com zeigt die Vorschau der Seite post.ch bei Eingabe „elektronischer Fingerprint Post": „sogenannten Fingerprint-Technologie ausgestattet". Die Seite vom 1.2.2012 ist bei der Personalzeitung der Schweizer Post jedoch nicht mehr verlinkt. Mit Datum vom 22.2.2012 ist zur Seite www.post-courage.ch verlinkt mit der Vorschau: „Meldung von Missständen … Grossbriefsortieranlagen sind mit der sogenannten Fingerprint-Technologie ausgestattet" (s. Abb. 2.11).

ten an eine Adresse gesendeten Briefe umzuleiten, zumal wenn es wie in unserem Fall nicht viele Bewohner an einer Adresse gibt. Institutionen, welche Strukturrelevanz haben oder mit strukturrelevanten Partnern verkehren, sollten Vorkehrungen treffen, damit die Post ankommt, und nicht erst aufgrund neuer Enthüllungen erfahren, dass Briefe bereits seit Jahren abgefangen wurden.[9] Es gibt derzeit bei der Deutschen Post noch nicht einmal eine öffentlich bekannt gegebene Stelle – hoffentlich gibt es sie im Geheimen –, die sich mit der Erfassung geheimdienstlicher Tätigkeit beschäftigt.

Durch eine einfache Maßnahme können zu sendende Briefe relativ gut geschützt werden. Ich empfehle, den Absender auf dem äußeren Umschlag wegzulassen. Ein Brief, der ohne Absender in einen Briefkasten geworfen wird, kommt an, sofern nicht alle Briefe des Adressaten abgefangen werden. Das würde bei häufigem Abfangen oder bei Institutionen mit höherem Postaufkommen auffallen.

Wenn kleine Institutionen Briefe sicher empfangen wollen, wird es schon schwieriger. Kleine Institutionen können sehr wichtig sein, wie z. B. Büros von Bundestagsabgeordneten oder Europaabgeordneten. Hier ist es nicht üblich, eine Eingangsbestätigung zu schicken. Andererseits will der Absender nicht drängen und fragt nicht nach, weil dies nur per E-Mail oder Telefonat ohne Vertraulichkeitsschutz möglich wäre.

Große Institutionen mit viel Briefaufkommen können nicht grundsätzlich vorsortieren und dann an einer umgeleiteten Stelle wichtige Briefe aussortieren. Aufgrund der Menge der erfolgreich versendeten Informationen sind große Institutionen beim Versenden nicht bereit oder rechtlich auch nicht berechtigt, den Absender wegzulassen. Ihnen bietet sich alternativ der Einsatz von privaten, im Idealfall mehreren unterschiedlichen Postversendern an. Durch diese Art der Dezentralisierung können Eingriffe in die Post weitgehend ausgeschlossen werden. Tatsächlich verlassen sich aber heute gerade die großen Institutionen wie die EU oder der Bund weitgehend darauf, dass ein Brief unbeeinflusst ankommt.

Viele Institutionen mögen diese Vorkehrungen nicht für praktikabel halten. Diese sollten sich jedoch die Situation vor Augen halten. Wenn bereits eine Schwachstelle reicht, um den Sinn von Sicherheitsmaßnahmen an einer anderen Stelle innerhalb der Informationssicherheitskette zu negieren, dann sollte man sich mit aller Kraft auf die Herstellung eines allgemeinen „normalen" Sicherheitsniveaus und nicht auf wenige hoch sichere Teilstrecken konzentrieren. Es gibt keine Statistik darüber, wie viele systemrelevante Ideen bereits ausgeschaltet wurden, weil die Hemmnisse für die Umsetzung zu groß waren. Informationen abzufangen, ist eine sehr wirkungsvolle Methode, die bei der Verbesserung von Angriffsanalysetools stark zunehmen wird. Angriffe werden meist nicht erkannt. Das Fehlen eines Briefes merkt das Angriffsziel möglicherweise erst, wenn die Inhalte des Schreibens nicht mehr relevant sind.

Es ist nicht zielführend, eine Diskussion anhand der derzeit tatsächlichen Vorkommnisse, wie z. B. der Anzahl der abgefangenen Briefe im Verhältnis zu den Kosten der Umstellung, zu führen. Schon das Verhindern einer systemrelevanten Idee rechtfertigt,

[9] Wichtige Briefe kommen bei uns nur selektiv an. Kürzlich erst ist ein wichtiges Schreiben der EU-Kommission nicht angekommen!.

bekannte Sicherheitslücken zu schließen, welche in Zukunft allgemein von automatischen Angriffsanalysetools berücksichtigt und ausgenutzt werden.

2.5.13.2 Definieren des Schutzbedarfs der Institutionsprozesse

Ein noch so hoher Eigenschutz ist nutzlos, wenn Informationen bei solchen externen Prozessen abfließen können, welche nicht im Zugriff der Institution liegen. Alle Daueraufgaben sollten daraufhin untersucht werden, welcher Veröffentlichungsgrad in welcher Zeitschiene unvermeidlich ist. So wird zum Beispiel ein Patent für eine Institution ein höchst schützenswertes Gut darstellen. Für den Angreifer hat es aber keinen Wert, wenn es innerhalb von einem Monat veröffentlicht wird und er in dem verbleibenden Monat keine Verwertungsmöglichkeit der Patentinformation sieht.

Auch ist zu definieren, welche Informationen Rückschlüsse auf den Urheber zulassen und personenbezogene Daten enthalten. Weiterhin fließt in die Bewertung ein, welchen Aufwand ein Angreifer auf sich nehmen muss, um alle Teile einer Information über einen anderen Weg zu beschaffen. So können zum Beispiel der Name und der Wohnort einer Person als nicht schutzbedürftig eingestuft werden, wenn diese Daten gleichzeitig im Internet vorhanden sind oder es andere Möglichkeiten gibt, z. B. über ein Register, die Adresse herauszufinden. Wenn es sich jedoch um 10.000 Datensätze handelt, lohnt sich möglicherweise ein Angriff, weil Massenanfragen zum Beispiel beim Einwohnermeldeamt nicht möglich wären.

Institutionen definieren aus ihrer Sicht, welche Informationen (instituts-)„relevant“, „vertraulich“ oder „geheim“ sind. Dafür sollte jede Institution auf sich zugeschnittene Beispiele nennen, nach denen sich weitere Definitionen richten können.

„Relevante“ Informationen können in einem von der Institution nicht näher definierbaren Szenario vom Angreifer dazu verwendet werden, der Institution Schaden zuzufügen. „Vertrauliche“ Informationen sind es per Gesetz, z. B. personenbezogene Daten, welche in diesem Zusammenhang nicht öffentlich zugänglich sein dürfen oder welche von der Institution als „vertraulich“ eingestuft werden. Zur Einstufung reicht die Vermutung aus, dass ein Angreifer einen erheblichen Schaden mit diesen Informationen anrichten könnte.

Als „geheim“ ist das Tafelsilber des Unternehmens zu betrachten. Hierzu kann die genaue Rezeptur eines Backrezepts genauso gehören wie ein Strategiepapier. Üblicherweise sind nicht mehr als 5 % der Informationen wirklich geheim. Ein Angreifer muss hiermit einen erheblichen, in der Regel auch langfristigen Schaden anrichten können, damit sich der erhebliche Schutzaufwand hierfür lohnt.

Folgende Stufen schlage ich in Bezug auf den Vertraulichkeitsschutz vor:

1. „kein Schutzbedarf“: weil öffentlich, z. B. über das Internet oder ein Behördenregister als Ganzes verfügbar,
2. „niedriger Schutzbedarf“: weil teilpersonalisierte Daten enthalten sind und/oder die aus Sicht der Institution unkritisch gesehenen Informationen nur mit Aufwand von einem Angreifer alternativ zu einem Angriff beschaffbar sind,

„niedriger Schutzbedarf": weil „relevante" Informationen als Ganzes zum Beispiel durch das Versenden von unverschlüsselten E-Mails oder unverschlüsselten Telefonaten öffentlich sind,

3. „normaler Schutzbedarf": weil gesetzlich vorgeschrieben und/oder institutionsrelevante Informationen auf anderen Wegen nicht zu beschaffen sind,
   „normaler Schutzbedarf": bei Institutionen mit öffentlichem Auftrag, wenn Informationen zwar nicht als „relevant" eingestuft sind, aber für Teile der Gesellschaft „relevant" sind,
4. „hoher Schutzbedarf": weil Informationen als „vertraulich" eingestuft sind,
5. „sehr hoher Schutzbedarf": weil Informationen als „geheim" eingestuft sind.

Die Stufe 2 ist am schwersten zu definieren. Hierbei handelt es sich um Grenzbereiche. Es ist oft nicht einschätzbar, welche Schutzstufe bei der Kommunikation mit dem Umfeld über die gesamte Informationsprozesskette hinweg eingehalten werden kann. Allerdings wäre es der falsche Weg, die Stufe an den Schutz des schwächsten Glieds anzupassen. Vielmehr ist zu überlegen, wie auch im Umfeld vorhandene niedrigere Vertrauensschutzstufen angehoben werden können.

2.5.13.3 Zuordnung der Schutzbedarfe zu den Prozessen der Daueraufgaben

Jede Institution muss entscheiden, wie detailliert die Zuordnung der Schutzbedarfe zu einzelnen Daueraufgaben und Prozessen erfolgen soll. In einer übersichtlichen Tabelle müssen wie in unserem Beispiel (Tab. 2.1) alle Prozesse aufgeführt sein, zu denen ein Schutzbedarf definiert werden kann. Die Daueraufgabe „Büros reinigen" enthält möglicherweise relevante Prozesse wie die „Zeit- und Zutrittskontrolle" des Personals. Der „Reinigungsprozess" selbst benötigt nur einen Schutzbedarf, wenn zum Beispiel schutzbedürftige Informationen, wie auf Schreibtischen herumliegende Ausdrucke, vor dem Zugriff des Reinigungspersonals geschützt werden müssen.

Die vorhandenen getrennten Netze müssen eindeutig benannt und den Prozessen mit Schutzbedarfen zugeordnet werden. Wenn nicht jedes Bereichsnetz einen eigenen Drucker und Scanner hat, sollten Kompromittierungsmöglichkeiten durch die gemeinsame digitale Speicherung von Daten aus unterschiedlichen Netzen als Schwachstellen in die

Tab. 2.1 Beispiel der dezentralen Vernetzung nach Daueraufgaben

Daueraufgaben-gruppe	Personal-verwaltung	Person	Systemhauptadministrator 345		
Daueraufgaben	Schutzbedarf	Netzwerk	Ausgehend 1. S.	Ausgehend 2. S.	Eingehend 1. S.
Travel-Management	Hoch	N-HR hoch	N-HE sehr hoch	VPN-EXT hoch	I-ALLE niedrig
Zutrittskontrolle (ZK)	Sehr hoch	N-HR hoch	N-HE sehr hoch		ZK sehr hoch

Prozessanalyse miteinbezogen werden. Ein bereichsübergreifender Scanner oder Drucker darf niemals in einem Netz mit einer höheren Vertraulichkeitsschutzstufe als „niedrig" eingesetzt werden.

Immer da, wo Daueraufgaben mit unterschiedlichen Vertraulichkeitsschutzstufen arbeiten, müssen regelmäßig Schwachstellenanalysen abhängig von neuen veröffentlichten Angriffsszenarien durchgespielt werden. Der Austausch zwischen verschiedenen Vertraulichkeitsschutzstufen ist bedenkenlos, solange der Austausch zwischen den Netzen, wie oben durch eine Data-Diode beschrieben, unidirektional in eine Richtung Daten sendet. Dabei dürfen nur Daten in Richtung von Netzen geschickt werden, die gleiche oder niedrigere Schutzklassen aufweisen. Es sollte sichergestellt sein, dass die Daten innerhalb des Firmennetzwerks erstellt und nicht kompromittiert wurden. Schließlich reicht ein kompromittierter Datensatz aus, um alle Informationen eines Bereichsnetzes zu löschen. Grundsätzlich sollten Daueraufgaben über alle Prozesse nicht mehr als über zwei Schutzbedarfsstufen differieren.

In unserem Beispiel (Tab. 2.1) steht „N-HR" für das Human-Resources-Netzwerk. Ich habe hierbei Drucker, Scanner, E-Mail, Post und persönliche Gespräche nicht berücksichtigt, da E-Mail und Post gemäß interner Regelung der Institution für diese vertraulichen Prozesse untersagt wurden. Das Senden von E-Mails über das Personalsystem ist nicht möglich. Drucker und Scanner wurden abgeschottet vom Internet und den üblichen Netzen an das HR-Netz der Personalmitarbeiter angeschlossen. Für Internet und Intranet stehen über das Netz „I-ALLE" (Internet für alle) getrennte Rechner an den Arbeitsplätzen zur Verfügung (Tab. 2.1).

Die Vertraulichkeit der Daueraufgabe „Travel-Management" entspricht mit „hoch" der Vertraulichkeit des HR-Netzes. Die Daueraufgabe „Zutrittskontrolle" (ZK) ist für die Zeiterfassung ebenfalls mit dem HR-Netz verbunden. Diese Daueraufgabe hat aber die Vertraulichkeit „sehr hoch". In unserem Beispiel sind die Daueraufgaben für einzelne Personen getrennt aufgeführt. Der im Plan pseudonymisierte (nicht mit Klarnamen versehene) Systemhauptadministrator mit Personalnummer 345 ist der Einzige, der, solange er nicht bei Krankheit oder Urlaub vertreten wird, eine Zugangsberechtigung zu dem Server für das als „geheim" eingestufte Netzwerk „N-HE" besitzt. Dieses Netz ist ausnahmslos für die Geschäftsführung (HEAD) vorbehalten. Der Hauptsystemadministrator muss also getrennt von anderem Personal betrachtet werden, das sich nur in von der Vertraulichkeit her gleichwertigen Bereichen bewegt.

Über das VPN-EXT-Netz (externes VPN-Netz) sind in einem getunnelten Netz Heimarbeitsplätze, Steuerberater und Finanzamt angeschlossen. Auch die externen Stellen müssen mit der gleichen Schutzbedarfsstufe arbeiten und für die Kommunikation mit dem Internet getrennte Rechner einsetzen. Für die eigene externe Leitung wurden hohe Anforderungen an Integrität und Verschlüsselung sowie die Forderung nach dem ausschließlichen Durchleiten durch den deutschen Rechtsraum gestellt.

In unserem Beispiel wäre im Rahmen der Optimierung zu überprüfen, wie oft der Vorstand ohne Verzögerung die Zutrittsdaten seines Systemhauptadministrators einsehen möchte. Eventuell reicht ein gelegentlicher Ausdruck auf dem Drucker des HR-Netzes aus und die Netze müssen überhaupt keine Daten austauschen und können komplett getrennt werden. Oder es gibt einen Personalvorstand, der permanenten Zugriff auf alle HR-Daten haben will. Der erhält einen zweiten, im HR-Netz eingebunden Rechner. Auch hierdurch ist das HE-Netz getrennt und abgesichert.

Alle Mitarbeiter können über das Intranet „I-ALLE" mit der Personalabteilung für das „Travel-Management" Daten, wie z. B. Tickets und Reiseplanungen, austauschen. Tickets, welche öffentlich über das Internet von den Anbietern gesendet werden, erfasst man dann, wenn nötig, manuell im HR-Netzwerk.

Es sollte überprüft werden, ob Mitarbeitern „vertrauliche" Informationen digital zugestellt werden müssen oder ob Ausdrucke reichen. Gegebenenfalls wäre dann für alle Mitarbeiter ein zweiter Rechner mit Anschluss an ein Netz der Schutzklasse „hoch" anzuschaffen.

2.5.13.4 Zuordnung der Personen zu den Schutzbedarfen

In bisherigen Sicherheitskonzepten werden Personen einer Abteilung zugeordnet und erhalten zentral für einzelne Bereiche und Anwendungen Zugriffs-/Zugangsberechtigungen. Das kann dazu führen, dass Auszubildende und Praktikanten, die alle Abteilungen durchlaufen, umfangreiche Zugriffsrechte erhalten, weil alte Berechtigungen nicht oder nicht zeitnah wieder aufgehoben werden.

In unserem Beispiel (Tab. 2.1) setzt man einen Auszubildenden im „Travel-Management" für die Außendienstmitarbeiter ein. Hier bietet sich an, den Lehrling in einem generellen Intranet mit „niedrigem" Schutzbedarf zu belassen. Wenn alle Mitarbeiter mit einer Tätigkeit, die wenigstens einen „normalen" Schutzbedarf erfordert, mit zwei Rechnern arbeiten, einem für die besonderen Anwendungen ihres Bereichs und einem anderen für das Internet und Intranet, dann kann der Lehrling Datenaustausch über im Intranet gesendete E-Mails vornehmen. Hierzu muss sichergestellt sein, dass der Mailserver die Anforderungen eines „niedrigen" Schutzbedarfs erfüllt. Ein normaler externer Mailserver bei einem Internetprovider bietet „keinen" Schutzbedarf.

Termine zukünftiger Außendiensttätigkeit können von erheblichem Interesse für Wirtschaftsspionage sein. Angreifer könnten planen, entweder Devices zu stehlen oder in ungeschützter Umgebung darauf zuzugreifen oder Mitarbeiter zu kompromittieren etc. Je länger Termine vorher bekannt sind, umso besser können sie in ein Angriffsszenario integriert werden. Besteht also für die Daueraufgabe „Travel-Management" ein sogar „hoher" Schutzbedarf, muss der Bearbeitende besondere Anforderungen erfüllen, wie z. B. die langjährige Tätigkeit beim Unternehmen oder eine intensive Schulung in Sicherheitsbelangen.

Optimalerweise wird bei Neueinstellungen auf Doppelqualifikationen geachtet, damit Mitarbeiter in einem Notfall die Aufgaben mehrerer Abteilungen übernehmen können. Daueraufgaben mit gleichem Schutzbedarf können zudem, wenn dies aufgrund des Personalschlüssels nicht anders geht, zusammengefasst und einer Person und einem Rechner/Rechnernetz zugeordnet werden.

2.5.14 Neue Vorgaben zur Informationssicherheit für große Institutionen

► Derzeit können Institutionen nicht einmal eine normale Sicherheit über die gesamte Informationsprozesskette sicherstellen.

Ich behaupte, dass es im heutigen allgemeinen Informationssicherheitsverhalten für strukturverändernde Ideen keine Chance gibt, sich durchzusetzen, wenn Besitzstandswahrer über relevante Cyberangriffsmethoden verfügen oder Dritte mit einem Angriff beauftragen. Kosten selbst im sechsstelligen Bereich wären für einen Angriff gering, wenn hierdurch eine dank Internet schnell wachsende globale Idee verhindert werden kann, die einen als Global Player aufgestellten Angreifer mit dem Verlust von nennenswerten Marktanteilen bedroht. Tatsächlich sind die Kosten für einen Cyberangriff aber wesentlich geringer. So ist die Vernichtung von auf einzelne Personen fokussierten Start-ups schon mit wenigen Tausend Euro möglich. Entsprechende Szenarien habe ich an anderer Stelle erläutert (Berberich 2014d).

Ein wesentlicher Grund hierfür ist eine Informationssicherheitssituation, in der im Austausch auch mit Institutionen der öffentlichen Hand „keine“ Schutzbedarfsklasse erfüllt ist, obwohl hier grundsätzlich zumindest ein „normaler“ Schutzbedarf besteht.

Jedes strukturrelevante Start-up ist in der Anfangszeit besonders anfällig und muss sich um Investoren, Multiplikatoren und Kunden kümmern. Die hierfür zur Verfügung stehenden Kommunikationskanäle sind definiert. Bevor eine Geschäftsbeziehung besteht, ist eine sichere Kommunikation faktisch nicht möglich. Der bestehende Schutz wird definiert durch das schwächste Glied der gesamten Informationskette.

Im Folgenden betrachten wir beispielhaft eine Kommunikation mit der EU. Hiermit soll in keiner Weise zum Ausdruck gebracht werden, dass die Europäische Union aktuelle Datensicherheitslinien nicht berücksichtigt. Die EU verhält sich genauso, wie sich fast alle Institutionen der öffentlichen Hand in europäischen Ländern derzeit verhalten. Es soll jedoch gezeigt werden, wie bei Berücksichtigung der Angreifersicht völlig neue Schutzbedarfe entstehen. Dadurch, dass zukünftige Analysetools ebenso wie heute Angreifer manuell automatisch am schwächsten Glied angreifen, verschieben sich die Prioritäten zur Entwicklung von IT-Sicherheit gravierend. Das Erreichen eines „normalen“ Schutzniveaus über alle Prozesse ist in den nicht per se kritischen Geschäftsprozessen (der Betrieb von Atomkraftwerken ist hier nicht gemeint) der Hochsicherheit von Teilprozessen vorzuziehen.

Der hier beispielhaft dargestellte Schriftverkehr (Tab. 2.2) ist aus Sicht der EU in keiner Weise vertraulich, da keine für die Sicherheit der EU relevanten Informationen enthalten sind. Trotzdem sind das Parlament und die Kommission die wichtigsten Institutionen innerhalb der EU. Allein die Tatsache, dass es einen solchen Briefverkehr gibt, reicht für einen Angreifer aus, tätig zu werden, wenn er sich durch den Adressaten potenziell be-

Tab. 2.2 Angriffsszenario: Verhindern einer Geschäftsbeziehung durch Abfangen von Briefen

Korrespondenz				Angreifer		
Adressat	**Art der Sendung**	**Schutzklasse**	**Reaktionszeit**	**Bewertung**	**Aktion des Angreifers**	**Angriffsstatus**
EU Parlaments-präsident	Brief ohne Absender	hoch		keine, da nicht erfasst	keine	abhängig von anderen Ereignissen
Startup von EU Präsidenten	Antwort mit Absender	niedrig	3 Monate	Erhält Brief von wichtiger Person, Präsident delegiert Entscheidungen. Antwortzeit normal.	Die eingehende Kommunikation (Briefe, E-Mail, Telefonate, etc.) von der EU wird ohne Inhalte erfasst.	3. Filterung
EU-Kommissions präsident, Kommission	persönliche Zustellung	sehr hoch		keine, da nicht erfasst	keine	3. Filterung
Startup an von Parlaments-präsident	Antwort mit Absender	niedrig	4 Monate	Erhält Brief von 2. wichtiger Person, Präsident delegiert Entscheidungen. Antwortzeit normal.	Entscheidungen werden in der Kommission gefällt, also Briefe von der Kommission in Zukunft abfangen	4.Angriffs-planung
Startup von Kommission	Antwort mit Absender	niedrig	2 Monate	Brief erwartet	Brief abgefangen, eventuell ohne ihn zu öffnen	5.Angriff

droht fühlt und die Zusammenarbeit des Angriffsziels mit der EU die Bedrohung erhöhen würde.[10]

In diesem Szenario wurde ausgespart, dass auch innerhalb von Institutionen derzeit erhebliche Schwachstellen existieren und eventuell ein externer Angriff überhaupt nicht nötig ist, weil in den Organisationen selbst manipuliert werden kann.

In unserem Beispiel (s. Tab 2.2) sehen wir, dass ein Angreifer nicht unbedingt Inhalte kennen muss, um eine realistische Einschätzung einer Situation vornehmen zu können. Vielmehr erhalten Analysetools aus den üblichen Verwaltungsabläufen und Reaktionszeiten ausreichend verwertbares Material, um einen Aktion zu planen.

[10] Es haben sich bei dem Autor seit Anmeldung seines Suchmaschinenpatents im Jahr 1999 eine Vielzahl von Vorfällen, wie eine heute erwiesenermaßen unsinnige, von Dritten inszenierte Insolvenz 2001, ereignet. Er hat als Opfer die Möglichkeiten und das Vorgehen von Angreifern genau kennengelernt, ohne jedoch sagen zu können, wer die Angreifer sind.

Das Start-up möchte Unterstützung für seine Ideen erhalten. Diese Information reicht dem Angreifer zu diesem Zeitpunkt aus. Er muss also nur überprüfen, ob durch ein Schreiben von einer ausführenden Stelle, hier der Kommission, dem Wunsch des Start-ups entsprochen wird. Erst ein Brief eines Maßnahmen durchführenden Kommissionsmitarbeiters hat genügend Relevanz für einen Angriff. Durch die generell langen Bearbeitungszeiträume erwartete das Start-up nicht unbedingt früher eine Reaktion. Jede Überprüfung des Status, wie ein Anruf oder eine E-Mail, von dem sicherheitsbewussten Start-up an die Kommission hätte den angestrebten Vertraulichkeitsschutz von „hoch“ auf „keinen“ gesetzt.

Es gibt eine Vielzahl von wesentlich schwerwiegenderen Schwachstellen bei anderen Institutionen. So sind viele Geldgeber – auch aus dem öffentlichen Bereich – noch immer nicht davon abgewichen, ganze Geschäftskonzepte über E-Mail erhalten zu wollen. Schriftlich eingereichte Geschäftskonzepte werden von der Sekretärin eingescannt und per E-Mail verschickt etc.

Relativ einfache Sofortmaßnahmen könnten die Sicherheit in ganz Europa erheblich erhöhen:

- die voraussichtliche Bearbeitungsdauer von eingegangenen Briefen automatisiert, ohne Absender auf dem Umschlag, mit der normalen Post oder über wechselnde private Briefdienste mit Absender an die Versender verschicken,
- vertrauliche Unterlagen grundsätzlich ohne Absender auf dem Umschlag verschicken,
- Termine per E-Mail im Betreff nur mit der vorher mitgeteilten Aktennummer versehen, einen unspezifischen Absender verwenden, z. B. Europäische Union, aber nicht das Büro, auf Inhalte in E-Mails verzichten,
- für verabredete Telefonate mit Bundes- oder EU-Behörden die Möglichkeit für Bürger schaffen, in regionalen Behörden über ein sicheres Telefon Gespräche zu führen.

Bei Betrachtung der einzelnen Prozesse fallen sicherlich weitere einfache Lösungen ein. Dazu müssen Institutionen jedoch erst einmal zu einer solchen Betrachtungsweise bereit sein oder hierzu verpflichtet werden.

Schutzmaßnahmen auf den Bereich Innovationen einzugrenzen, würde zu kurz greifen. In verzahnten Angriffen, in denen fast beliebig Informationen über das Umfeld eines Ziels zur Verfügung stehen, ist das Abfangen oder Manipulieren von Bewerbungen auf Stellenausschreibungen genauso zur Verhinderung eines Projekts geeignet wie der Angriff auf einen kleinen Zulieferer, der das wesentliche Know-how für die jeweilige systemrelevante Idee zur Verfügung stellt.

Ich schlage dringend die Gründung von GISAD vor (s. Kap. 3, Abschn. 3.5.1), um Maßstäbe für die Definition von systemrelevanten Betrieben aus Angreifersicht und aus gesellschaftlicher Sicht zu entwickeln. Erst dann können die Schutzbedarfe ausreichend erkannt werden.

Um noch deutlicher zu zeigen, wie unpassend die aktuelle Sicherheitssituation ist, schauen wir uns die wichtigste Daueraufgabe eines Start-ups, die Akquise, an. Die Pro-

Tab. 2.3 Verhinderung von ungewollten Start-ups

Korrespondenz				Angreifer		
Adressat	**Art der Information**	**Schutzklasse**	**Zeit**	**Bewertung**	**Aktion des Angreifers**	**Angriffsstatus**
Geldgeber	Brief ohne Absender	hoch		keine, da nicht erfasst	keine	abhängig von anderen Ereignissen
Sekretariat an Geldgeber	E-Mail	keine	2 Tage	Inhalt ist bekannt, weitere Briefe werden ähnliche Inhalte enthalten	Alle Kommunikation von Geldgebern abfangen	4. Angriffsplanung

zesse sind bei der Suche nach Investoren die gleichen wie bei der Suche nach Kunden (Tab. 2.3).

Start-ups ist es im Neukundenerstkontakt nicht möglich, wie in bestehenden Geschäftsbeziehungen die Bedingungen zur sicheren Kommunikation zu bestimmen. Dabei ist es egal, ob ein Start-up über einen Brief oder persönlich Kontakt aufnimmt. Innerhalb von wenigen Tagen steht seine Geschäftsidee den Geheimdiensten als Datenbestand zur Verfügung (Tab. 2.4).

Bei der zunehmenden Datenverarbeitungsgeschwindigkeit – schon jetzt gibt es die ersten Systeme, die in sehr großen Datenbeständen Datenanalyse in Echtzeit liefern – dauert es nur noch Tage, bis ein Projekt mit einer systemrelevanten Idee angegriffen und ausgeschaltet wird. Dabei werden immer seltener Beweise hinterlassen, über welche Angreifer identifiziert werden können. Es wird in einem Angriff nie zweimal das gleiche Szenario verwendet und es werden vorzugsweise Schwachstellen gesucht, deren Ausnutzung nicht zurückverfolgt werden kann.

Für Deutschland bedeutet dies das Ende der Wertschöpfung als Innovationsstandort. Es gibt im „normalen" Schutzbereich daher genügend Gründe, um den digitalen Notstand auszurufen, bis die Informationssicherheit auf einem „normalen" Niveau hergestellt ist Der öffentliche Druck wird zunehmen, um ein flächendeckendes Sicherheitskonzept, wie hier vorgestellt, einzuführen.

Tab. 2.4 Sichere Kommunikation ist derzeit nicht möglich

Korrespondenz				Angreifer		
Addressat	**Art der Information**	**Schutzklasse**	**Zeit**	**Bewertung**	**Aktion des Angreifers**	**Angriffsstatus**
Geldgeber	personlicher Kontakt	hoch		keine, da nicht erfasst	keine	abhängig von anderen Ereignissen
Geldgeber	abgehört über Smartphone	keine		Inhalt ist bekannt, weitere Gespräche werden ähnliche Inhalte enthalten	Alle Kommunikation von Geldgebern abfangen	4. Angriffsplanung

Die Bürger erwarten von ihren Behörden einen „hohen" Sicherheitsstandard. Im Rahmen der Dezentralisierung können sukzessive einzelne öffentliche Institutionen Richtlinien erlassen, um die Schwachstellen der jeweiligen Informationsprozesskette in den Griff zu bekommen.

Wer mit Behörden wie der Finanzverwaltung oder DATEV online Daten austauschen will, sollte dies in Zukunft nur auf vom Internet über ein eigenes Netz getrennten Rechnern dürfen. Gemäß einer zu definierenden Liste dürfen nur unbedingt benötigte und freigegebene Anwendungen in diesem Netz installiert sein. Kommunikationspartner müssen sicherstellen, dass der in ihrem Verantwortungsbereich liegende Teil der Informationsprozesskette den Schutzbedarf „hoch" erfüllt.

2.5.15 Notfallplanung in der IT

▶ Die Abstimmung von Rollen und Rechten der Mitarbeiter auf die von ihnen benutzten IT-Ressourcen ist entscheidend für eine funktionierende Notfallorganisation.

Ich beschäftige mich in diesem Abschnitt ausschließlich mit Notfällen in der IT. In der allgemeinen Notfallplanung für Krisen und Katastrophen sollten die hier gemachten Vorschläge Berücksichtigung finden.

Krankheiten und Urlaube erfordern oft sehr kurzfristig den Einsatz von Vertretungen. Externe Kurzzeitvertretungen sollten in der Regel nicht in Bereichen mit „hohem" Schutzbedarf und höher eingesetzt werden. Besser ist es, die in der Notfallplanung vorgesehenen Vertretungen auch bei normalen Personalausfällen zu berücksichtigen. Das hat zudem den Vorteil, dass in einer echten Notfallsituation die Ersatzrollenübernahme bereits erprobt ist und ohne große Überlegung oder Steuerung umgesetzt werden kann.

In dezentral strukturierten Unternehmen besteht der Unterschied zu einem echten Notfall nur darin, dass hier nach BSI 100-4 ein Krisenstab zu bilden ist. Normalerweise verliert dieser Krisenstab viel Zeit in einer zentralen Organisation an die Umstellung von einzelnen Bereichen auf den Notfall. Auch nimmt die Komplexität von zukünftigen Angriffen erheblich zu. Entsprechend schwer wird die Ursache einer Krise und ihr Ausmaß festzustellen sein. Wichtig ist insbesondere in großen Institutionen, dass sich im Notfall jeder einzelne richtig verhält.

Angriffe können von außen auf Menschen und Technik, aber auch von innen durch Menschen auf Technik erfolgen. Sie können zeitversetzt in mehreren Stufen stattfinden. Der große Vorteil von dezentralisierten Systemen besteht darin, dass bei unterschiedlicher Hardware, unterschiedlichen Betriebssystemen und separaten abgeschotteten Netzen ein zentraler Angriff auf die gesamte IT-Infrastruktur einer Institution weitgehend ausgeschlossen ist.

Institutionen können ohne Mehrkosten in dezentralen Systemen sogar mehrfache Notfallredundanzen vorrätig halten. Das Personal sollte für den Ausfall von Bereichen geschult sein. So könnten Mitarbeiter aus dem Bereich „Finance" im Notfall einfache Lohnbuchhaltungsarbeiten übernehmen. Beide führen Daueraufgaben mit „hohem" Schutzbedarf durch.

Ist ein Bereich, in unserem Beispiel das HR-Netz (Tab. 2.1) von einem IT-Störfall betroffen, so hilft bei der Fehlersuche als erster Schritt der Vergleich mit anderen Bereichen. Tritt hier der gleiche Fehler auf, so sollten möglichst umfangreich auch kleine Abweichungen, wie verschiedene Biosversionen etc., getestet werden. Für solche Tests müssten auf das Trusted Web 4.0 abgestimmte automatische Analysetools entwickelt oder vorhandene angepasst werden. Die Zeit, die benötigt wird, um einen Angriff zu identifizieren und Gegenmaßnahmen zu ergreifen, ist bedeutsam für die Größe des angerichteten Schadens.

Sind Datenabflüsse oder Manipulationen in nur einem Bereich wahrscheinlich, dann sollte das Bereichsnetzwerk, hier die Personalabteilung komplett abgeschaltet werden. Die Personalabteilungsmitarbeiter dokumentieren in unserem Beispiel auf dem zweiten Intranetrechner den Tagesstand und dringliche Aufgaben und informieren die Mitarbeiter der Buchhaltung über die bevorstehende Übergabe.

Leider sind Mitarbeiter selbst eine häufige Ursache für IT-Manipulationen und Datenabflüsse. Deshalb sollte die gesamte Abteilung freigestellt werden (Tab. 2.5), bis interne Manipulationen eindeutig ausgeschlossen werden können. Treten trotz einer entnetzten Infrastruktur Manipulationen auf, so erhöht sich die Wahrscheinlichkeit eines Angriffs von innen signifikant im Verhältnis zu der eines äußeren Angriffs.

Auf den Anwendungsrechnern der Gruppe „Finance" ist auch die Personalverwaltungssoftware installiert, sodass hier ersatzweise Arbeiten durchgeführt werden können. Der „sehr hohe" Schutzbedarf bei der Zutrittskontrolle erfordert, dass der Vorstand selbst diese Aufgabe übernimmt. Fällt auch die erste Ersatzgruppe „Finance" aus, so sollte eine weitere Ersatzgruppe, hier „Development" definiert sein.

Wenn ein Bereich die Arbeiten von mehr als drei anderen Bereichen übernehmen soll, dann ist dies nur mittels eines Plans möglich, welche Daueraufgaben unbedingt zur Aufrechterhaltung der Institution durchgeführt werden müssen. In großen Organisationen ist denkbar, dass solche dynamischen Organigramme automatisch aufgrund gleicher Schutzbedarfe erstellt werden können.

In der „Development"-Gruppe sind in unserem Beispiel (Tab. 2.5) die einzelnen Softwareprodukte nicht installiert, aber über den Netzwerkserver verfügbar. Auch bei der Software gibt es eine Begrenzung. Je mehr Softwareprodukte gleichzeitig installiert werden,

Tab. 2.5 Ausfallplanung mit Freistellung aller potenziell Betroffenen

Notfallübergabe der Gruppe	N-HR – Human Resource	Bei Ausfall		Bei Ausfall	
Daueraufgaben	Schutzbedarf	An Gruppe	Vertraulichkeit	An Gruppe	Vertraulichkeit
Reisekostenabrechnung	Hoch	Finance	Hoch	Development	Hoch
Zutrittskontrolle	Sehr hoch	HEAD	Sehr hoch	Development	Hoch

umso komplexer werden wieder die Systeme. Beeinträchtigungen zwischen den Softwarepaketen sind möglich. In unserem Beispiel muss durch Ausfall der „HEAD"-Gruppe und durch Übernahme der Zutrittskontrollabrechnung durch die „Development"-Gruppe eine Rückstufung des Schutzes von „sehr hoch" auf „hoch" hingenommen werden.

Der Vorteil dieser dezentralen Planung ist eine Organisation, die sich ohne zentrale Steuerung durch ihre Mitarbeiter ständig an eine weitere Eskalation anpasst. Bei guter Vorbereitung bleibt selbst bei mehrstufigen Angriffen das Chaos aus. Nicht betroffene Teile arbeiten weiter, konzentrieren sich in ihrem Bereich auf das Wesentliche und ergänzen, soweit möglich, Aufgaben aus anderen Bereichen.

Bei dienstleistungslastigen Daueraufgaben ist so die Notfallplanung viel einfacher zu erstellen als durch die Suche und Betrachtung von nicht augenscheinlichen, versteckten kritischen Geschäftsprozessen. Besonders in der zukünftig stark zunehmenden Vernetzung im „Internet der Dinge" werden durch Dezentralisierung und Anonymisierung Systeme wesentlich vereinfacht und sicherer.

2.5.16 Neustrukturierung des Bundestagsnetzwerks

► Weder fehlende Finanzmittel noch der Stand der Technik stehen einer sicheren dezentralen IT im Weg.

In einem weiteren aktuellen Beispiel werde ich auf den im Frühjahr 2015 festgestellten Phishingangriff mit Datenabfluss von mindestens 16 Gigabyte Daten eingehen.

Zuerst einmal ist festzustellen, dass es sich um einen äußerst simplen Angriff handelte. Vereinfacht gesagt, wurde auf einem Rechner durch das Öffnen eines vermeintlich informativen E-Mail-Anhangs eine Schadsoftware installiert, welche Passwörter ausspionierte, um im Bundestagsnetzwerk dann im großen Stil Daten zu stehlen. Die meisten Nachrichtendienste verfügen heute über wesentlich bessere Instrumente, um zum Beispiel über bei Herstellern eingeschleuste Implantate völlig unbemerkt in Netze einzudringen.

Äußerst beunruhigend ist, dass es offensichtlich für den Bundestag und auch die Bundesregierung kein tragfähiges Konzept gibt, welches solchen staatlichen Angriffen standhalten könnte. Der stattgefundene Angriff, dessen angeblicher Verursacher auch noch seine vermeintlichen IP-Adressen hinterlassen hat, war wohl eher eine Drohung als ein echter Angriff. Das lässt vermuten, dass die abgeflossenen Daten bereits in wesentlichen Teilen bekannt waren.

Ein ähnlicher Angriff, wie er auf den Bundestag stattgefunden hat (Thoma 2015), könnte in Zukunft ein mehrstufiger Angriff sein. Eine Möglichkeit der zweiten Stufe fällt direkt ein: Bei entsprechender Vorarbeit können Entscheidungsträger, möglicherweise ohne es selbst zu merken, für den Einsatz eines neuen Systems voreingenommen sein, welches nach einer Kompromittierung durch einen Angreifer vorhersehbar ist. Sie wählen einen Anbieter aus, dessen Systeme wiederum vom Hersteller unbemerkt mit einem Spionageimplantat versehen wurden. Dann wäre der Austausch der Infrastruktur nicht der Beginn, sondern das Ende eines verlorenen Cyber Wars.

Das große Problem schon heute liegt nach jahrzehntelangem Abhören im Vertrauensverlust. Standardisierte Notfallpläne ersetzen als einziger Halt in der zentralen IT zunehmend den gesunden Menschenverstand. Eigene Entscheidungen aus dem Bauch heraus damit zu begründen, dass man seinen eigenen Systemen nicht mehr traut, wird vor Gericht wohl keinen Bestand haben.

Anders stellt sich die dezentrale IT dar. Nach unseren Richtlinien würden die Bundestagsabgeordneten mit mindestens drei Rechnern arbeiten.[11] Ich kenne nicht die genauen Abläufe im Bundestag, gehe aber von vergleichbaren Büroarbeiten wie allgemein üblich aus. Die drei Rechner des Einzelarbeitsplatzes wären mit einem zentralen Monitor und einer Tastatur über einen Umschalter verbunden.

Üblicherweise sind Bundestagsabgeordnete Mitglieder von mehreren Ausschüssen. Die Ausschüsse bearbeiten Unterlagen mit „sehr hohem" Schutzbedarf. Die Rechner I würden den Bundestagsabgeordneten für die Kommunikation mit den anderen Ausschussmitgliedern und zum Erstellen „vertraulicher" und „geheimer" Informationen zur Verfügung stehen. Informationen druckt man nur über zu diesen abgeschotteten Netzen gehörende Drucker aus. Die Ausdrucke würden über spezielle private Versanddienste an Partner verschickt, welche alle zuvor eine Geheimhaltungserklärung unterschrieben und sich verpflichtet haben, die Unterlagen weder einzuscannen noch digital zu kopieren. Die Rechner I dürften über keine USB-Ports und natürlich keinen Internetanschluss oder Funkschnittstellen verfügen. Sollten Dokumente aus diesem Bereich doch einmal für eine breite Öffentlichkeit zur Verfügung gestellt werden, würden diese wieder eingescannt. Bei der heutigen Verarbeitungsgeschwindigkeit von OCR-Software wäre auch eine weitgehende Wiederherstellung der digitalen Texte möglich (nicht nur als Bilddatei abgespeichert).

Die Rechner II der Einzelarbeitsplätze wären zur normalen Arbeit mit dem Schreiben von E-Mails und dem Besuch von bekannten Seiten in das neu aufgesetzte Bundestagsnetz einzubinden. Es könnten nur E-Mails von den Bundestagsabgeordneten selbst oder von anderen Teilnehmern des Netzwerks empfangen werden. Auf den Rechnern II würden nur Internetseiten besucht, die als unbedenklich eingestuft sind und permanent von der Bundestags-IT auf Schadstoffe untersucht werden.

Die Rechner III der Einzelarbeitsplätze sieht man schließlich für das Besuchen unbekannter Internetseiten sowie für den Empfang von externen E-Mails vor. Diese Rechner wären nicht untereinander, sondern nur mit dem Internet und zwei Mailservern mit unterschiedlichen E-Mail-Adressen für öffentliche E-Mails und für E-Mails zum Bundestagsnetz (Rechner II) verbunden. Der Phishingangriff auf den Bundestag hätte bei Einsatz des beschriebenen dezentralen Systems nach Öffnen der E-Mail nur den Rechner III eines Bundestagsabgeordneten infiltriert. Mehr wäre nicht passiert.

[11] Das ist nicht kompliziert, der Autor arbeitet seit Jahren erfolgreich mit einem vergleichbaren System.

Allerdings müssten die Bundestagsabgeordneten sich ein neues Verhalten beim Umgang mit ihren Rechnern angewöhnen. Im aktuellen Angriff wurde die Phishing-E-Mail von einem dem Abgeordneten unbekannten Absender verschickt. Bei dem Austausch durch ein vergleichbares zentrales IT-System hat das möglicherweise zur Folge, dass jetzt alle Bundestagsabgeordneten Angst haben, Anhänge zu öffnen und schon dadurch die demokratische Arbeit sehr beeinträchtigt ist.

In dem hier dargestellten dezentralen Rechnermodell können die „vertraulichen" und „geheimen" Daten der Rechner I nicht abgegriffen werden, zumindest, wenn kein physischer Angriff auf den Bundestag erfolgt. Selbst Implantate sind hier wirkungslos, wenn sie nicht über einen entsprechenden Funksender verfügen. Um solche Funksender aufzuspüren, sollte der Bundestag über geeignete Scanner verfügen.

Von Rechner III auf Rechner II kann sich der Bundestagsabgeordnete mit einer nicht-öffentlichen E-Mail-Adresse selbst E-Mails schicken. Der Mailserver im Bundestagsnetz nimmt nur E-Mails von bei ihm eingetragenen Rechnern II entgegen. Schleust der Bundestagsabgeordnete durch das Schicken an sich selbst einen Schadstoff ein, ist er in der Verantwortung. Deshalb wird er in der Regel darauf verzichten.

Alternativ können auf einem zweiten Monitor auf Rechner III eingegangene E-Mails angezeigt werden. Der Bundestagsabgeordnete beantwortet diese über den Rechner II. Der Empfänger sieht keinen Unterschied, da die öffentliche E-Mail-Adresse des Abgeordneten als Absenderadresse übermittelt wird.

Wenn wir davon ausgehen, dass die Infrastruktur für die Rechner II gerade neu aufgesetzt wird, würden die Kosten je Arbeitsplatz für zwei weitere Rechner bei ca. 1000 € inklusive Umschalter liegen. Unterstellt man grundsätzlich, dass die Hersteller nicht alle Versuche, Implantate einzubauen, abwehren können, kann es ein Nachteil sein, die neuesten Rechner zu kaufen. Gute generalüberholte Rechner, eventuell sogar Leasingrückläufer direkt von anderen Behörden, die durch Dritte nicht beeinflusst werden können, sind hier vorzuziehen. Das ließe sich umweltpolitisch sicher auch gut an die Bürger verkaufen.

Der Bundestag müsste das Doppelte ausgeben und die gesamte Infrastruktur redundant vorhalten. Durch den schnellen Rechneraustausch ginge die Ausfallzeit gegen null. Bundestagsabgeordnete sollten dabei aber nicht neidisch sein. Wenn alle genau die gleichen Rechner erhalten würden, erhöht sich die Gefahr eingeschleuster Implantate, die auf einmal alle betreffen. Schon ein immer gleiches Betriebssystem stellt grundsätzlich eine Gefahr dar. Dass die ständige Installation des neuesten Betriebssystems wirksam gegen Angriffe schützt, konnte ja nun wirklich nicht bewiesen werden.

Unsere Grobprojektskizze für den Bundestag zeigt gut, wie durch optimale Dezentralisierung großflächige Attacken weitgehend ausgeschlossen werden können. Vor allem aber stellen Konzepte nach einem Trusted Web 4.0 das Vertrauen in die IT wieder her. Wo es keine Türen gibt, kann auch niemand eindringen. Drei getrennte Systeme kann man jedenfalls wesentlich besser schützen als eins.

2.5.17 Der Gewinner des Cyber Wars

► Wer gut geschützt ist, muss seine Gegner nicht fürchten.

Würden wir für Europa und seine Länder nach heutigem Stand eine Analyse gemäß dem BSI-Standard machen, dann wäre das Ergebnis verheerend. Vielleicht gibt es noch einige wenige hoch sichere Informationsketten zwischen speziell geschulten Entscheidern. Jedoch realistisch betrachtet ist die Situation bei den in den letzten Monaten bekannt gewordenen Datenabflüssen und eingetretenen Sicherheitslücken völlig außer Kontrolle geraten. Eine Notfallplanung für diese Situation gab es nicht. Eine Notfallbewältigung, die den Opfern eine ehrliche Perspektive bietet, fehlt.

Wären die abgeflossenen Daten aus Wasser, hätte man schon längst den Notstand ausgerufen. Genau darum geht es: Der digitale Datennotstand müsste ausgerufen werden und für die Dauer bis zur Fertigstellung von dem Archephone vergleichbaren PDS-Systemen müsste konsequent zulasten der Convenience die Einhaltung klarer Kommunikationsregeln vorgegeben werden. Die wirtschaftlichen Schäden sind genauso bedeutend wie die Schäden am Eigentum durch Flutkatastrophen. Allerdings handelt es sich bei dem Daten-GAU um eine Überschwemmung, die nicht mehr zurückgeht, solange nicht die richtigen Maßnahmen ergriffen werden. Abgeflossene Daten können in Zukunft beliebig zur Wertschöpfung von Dritten verwertet oder für Angriffe, deren Raffiniertheit wir uns heute noch nicht einmal vorstellen können, genutzt werden.

Verlierer werden all die Staaten sein, die dem Irrtum erliegen, in einer völlig überwachten Welt die einzigen Überwacher zu sein. Die Verlierer verabschieden sich nicht aus der Zentralisierung der IT. Sie bleiben in einem ständigen Wettrüsten gefangen. Sie können weder mit ihrem Volk gegen Feinde abgesichert kommunizieren noch das Vertrauen in digitale Kommunikation herstellen. Jeder Staat ist die Summe seiner Bürger. Kann er seine Bürger nicht schützen, kann er sich selbst nicht schützen.

Zentralisierte Verteidigung und Angriffe auf zentrale Systeme muss auch der Gewinner des Cyber Wars beherrschen, aber er muss seine Bürger aus diesem Wettrüsten herauslösen können. Das geht nur mit konsequenter Dezentralisierung und Anonymisierung. In dieser Stellungnahme wurden viele Ansätze gezeigt, mit welchen einfachen Maßnahmen ein der vordigitalen Sicherheit entsprechendes Trusted Web 4.0 möglich ist. Das Ziel ist erreicht, wenn man über die gesamte Informationsprozesskette zu den Bürgern und Maschinen und zwischen den Bürgern und Maschinen einen wie von uns definierten „normalen" Schutz gewährleisten kann.

Ein solcher Staat ist Gewinner gegenüber anderen Staaten, die zwar in einzelnen Prozessstrecken einen „sehr hohen" Schutz gewährleisten können, aber dabei zur Volksüberwachung das gesamte Volk zur Schwachstelle in der Informationskette machen. Die Informationskette ist immer nur so gut geschützt wie ihr schwächstes Glied.

Der Weg zum Ziel ist eine ehrliche Istanalyse und die Schaffung einer breiten Akzeptanz bei den Bürgern für die notwendigen Schritte. Das Ergebnis ist nachhaltige Sicherheit im Vergleich zu Staaten, die nicht bereit sind, diesen Weg zu gehen. Vertrauen in das Internet kann hierdurch wiederhergestellt werden. Wenn der Einsatz sich wieder lohnt, gibt es auch mehr innovative Gründer.[12] Dies fördert fast automatisch das Wirtschaftswachstum und die Rückkehr zu demokratischen Werten.

2.5.18 Fazit

► Ein Umdenken in der IT-Sicherheit ist dringend notwendig.

Das Installieren neuester Sicherheitstools und Updates bietet heute keine ausreichende Sicherheit mehr in den vertraulichen und geheimen Bereichen einer Institution. Selbst Sicherheitsfirmen (Beiersmann 2015) und Hersteller können sich gegen gezielte Angriffe nicht schützen. Durch die Veröffentlichung entsprechender Sicherheitslücken werden Standardsoftware und Hardware selbst zu Trojanern. Es ist von einer erheblichen Dunkelziffer von im kriminellen Umfeld gehandelten, unbekannten Sicherheitslücken auszugehen. Durch entsprechende Analysetools wird sich in kürzester Zeit die Situation für Angreifer noch erheblich verbessern.

Der durchschnittliche Schaden durch den Verlust eines Datensatzes wegen eines Cyberangriffs wird mit 170 US$ beziffert. Beim aktuellen Angriff auf die Personalverwaltung der US-Regierung wurden 4 Mio. Daten abgegriffen (Spiegel 2015c). Das entspricht dann einem Schaden von 680 Mio. US$ durch einen einzelnen Angriff.

Wir haben nichts mehr zu verschenken! Bereits 2014 rechnete man mit einem bekannten jährlichen globalen Schaden durch Computerkriminalität von 400 Mrd. US$ (Clauß 2014). 2015 geht man schon von bis zu 575 Mrd. US$ jährlich aus (Eckert 2015). Die Dunkelziffer dürfte bereits damals weit höher gelegen haben. Hierin ist nicht berücksichtigt, dass einmal abgeflossene Daten zukünftig immer wieder verwendet werden können! Es hat Jahre gedauert, viele geistige Produkte zu erarbeiten, deren Know-how und damit ihre wesentliche Wertschöpfung innerhalb von Sekunden abfließen können.

In Zukunft finden vermehrt vernetzte Angriffe statt, in denen die angegriffene Institution nicht das eigentliche Ziel, sondern nur Mittel zum Zweck ist. Solche Angriffe vorherzusehen oder hierauf ohne Kenntnis des weiteren Ablaufs adäquat zu reagieren, ist in einer zunehmend komplexen, zentralisierten IT-Umgebung nicht möglich.

Summieren wir die durch mehrstufige Angriffe exponentiell anwachsenden Schäden, dann sprechen wir in kurzer Zeit bereits von zweistelligen Prozentzahlen des Bruttoinlandsprodukts (BIP), die durch Cyber Crime verloren gehen. Deutschlands Schadenssumme lag 2013 bereits bei 1,6 % des BIP. Zum Vergleich: In dem sehr guten Wirtschaftsjahr 2014 erwirtschaftete Deutschland einen Überschuss des BIP in Höhe von 0,67 %. Wären

[12] Wir haben die getTIME.net GmbH im Dezember 2014 in die Liquidierung gebracht. Wesentlicher Grund war die fehlende Möglichkeit, die durch Gegenmaßnahmen von Datenverwertern entstehenden Risiken einzuschätzen. Es sollte in diesem Buch klar werden, dass es hierbei um ganzheitliche Szenarien geht und nicht um die reine technische Abwehr.

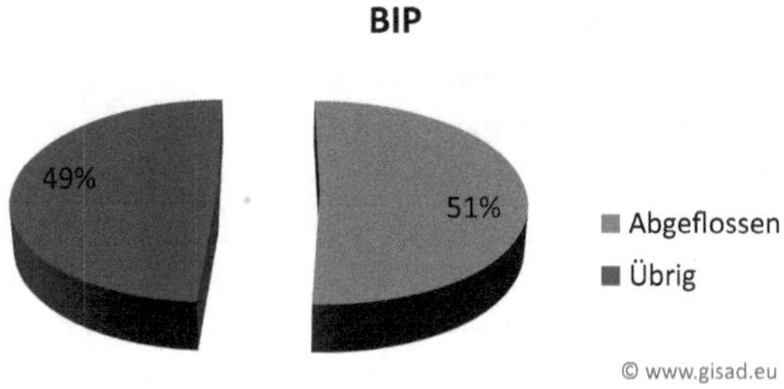

Abb. 2.12 Vom BIP abzuziehender Schaden

die Cyber-Crime-Probleme in den Griff zu bekommen, würden wir schnell den Überschussweltmeister Dänemark mit 1,25 % überrunden.

Allerdings ist eher zu befürchten, dass wir derzeit unter Berücksichtigung der erheblichen Dunkelziffer die Schadensschwelle von 5 % des BIP bereits überschritten haben. Übrigens lag Griechenland 2014 bei einem Verlust in Höhe von 3,25 % des BIP (HaushaltsSteuerung 2015). Know-how, das einmal abgeflossen ist, ist unwiederbringlich verloren, wenn dadurch ohne eigene Entwicklungskosten günstige Plagiate möglich werden. Was wird passieren, wenn wir diese Entwicklung in die Zukunft weiterdenken? Wie hoch darf der vom BIP abzuziehende Schaden sein, bis Sie sich wehren (Abb. 2.12)?

Die einzige Chance, zumindest eine der vordigitalen Zeit vergleichbare Sicherheit wiederherzustellen, ist die konsequente Dezentralisierung und Anonymisierung vorhandener IT-Strukturen. Dieses Buch zeigt, dass dies sogar relativ einfach ohne großen Forschungsbedarf geht. Der Mensch als wesentliche Schwachstelle im System muss aktiv in den Dezentralisierungsprozess eingebunden werden. Hierdurch werden auch bestehende Organisationsstrukturen infrage gestellt. Die hier geschilderte Vorgehensweise will die BSI-Standards 100-1 bis 100-4 nicht ersetzen, sondern ergänzt diese mit der besonderen Sicht eines Angreifers im Umfeld von Informationsprozessen.

Die idealtypische Umsetzung eines Trusted Web 4.0 sehe ich in der Realisierung von dem vorgestellten Archephone vergleichbaren Systemen. Hierfür ist noch erheblicher Forschungsaufwand nötig, wie im Kap. 3, Abschn. 3.5.2 dargestellt wird.

2.6 Demokratiekonforme Anonymisierung und Strafverfolgung

► Dezentrale beweissichere Datensicherheit entspricht den Erfordernissen der Strafverfolgung, ohne im Widerspruch zu Bürgerrechten zu stehen.

Die meisten Länder haben vor dem Hintergrund des Schreckens des Zweiten Weltkriegs ihre Bürgerrechte erheblich gestärkt. Besonders Deutschland gelang es in den letzten 60 Jahren, ein Land aufzubauen, in dem Freiheitsrechte der Bürger ein hohes Gut sind und gleichzeitig die Sicherheit aufrechterhalten wird. Durch die zunehmende Digitalisierung der Gesellschaft verändern sich die Angriffe gegen die staatliche Sicherheit in gleicher Weise, wie die Wünsche der Staaten nach Totalüberwachung zunehmen.

Dieser Abschnitt will eine Diskussionsgrundlage bilden, wie man einer seit 2015 extrem erhöhten Bedrohungslage durch Terrorismus begegnen kann, ohne hierbei die Bürgerrechte einschränken zu müssen. Terrorismus ist neben bandenmäßiger Kriminalität die extremste Form der Bedrohung der staatlich garantierten inneren Sicherheit. Gelingt es, in der digitalen Gesellschaft hiervor einen ausreichenden Schutz zu gewährleisten, ohne die Bürgerrechte einschränken zu müssen, so ist der Fortbestand der Demokratie gesichert.

Ausnahmemaßnahmen sollten nur in echten Ausnahmen wie Kriegen oder Naturkatastrophen Anwendung finden. Auch im Interesse der Beweissicherung für die Unschuld von Angeklagten, sollten forensisch verwertbare digitale Beweise gesichert werden können, ohne die Persönlichkeitsrechte Unbeteiligter zu verletzen. Aus Sicht eines digitalen Konzepts einer verfassungskonformen Strafverfolgung muss nicht zwischen Terrorismus und anderen Straftaten unterschieden werden.

Dieses Buch bietet auch ein Konzept für eine rechtssichere IT zur Beweissicherung im Privatrecht. Jedoch liegt die Motivation, die IT zu dezentralisieren vor allem da, wo Bürgerrechte bedroht sind, also im öffentlichen Recht. Das Strafrecht wiederum ist der Teil des Rechts, der unmittelbar in die Freiheitsrechte der Bürger eingreift und deren Existenz durch Freiheitsstrafen und Geldstrafen bedrohen kann. Die zunehmende Digitalisierung der Gesellschaft erfordert durch wachsende Manipulationsmöglichkeiten einer zentralisierten IT und die vermehrt mittels Computernetze oder Maschinen ausgeübten Straftaten einen Paradigmenwechsel.

Schaffen wir es nicht, den Vorteil der IT, jeden Vorgang protokollieren zu können, für die eindeutige Beweissicherung zu nutzen, dann wird innerhalb kürzester Zeit aus einem Rechtsstaat ein Willkürstaat, in dem das Recht des besten Datenfälschers gilt.

2.6.1 Neue Möglichkeiten des Terrorismus aus Sicht der Angreifer

► Die Terroranschläge von Paris passen in das Sieben-Stufen-Modell für Cyberangriffe.

Die Anschläge in Paris waren möglicherweise einer der ersten Versuche eines interdisziplinären, mehrstufigen Angriffs durch eine Terrorgruppe. Auch wenn dem Autor keine Information außerhalb der bekannten Veröffentlichungen zu den Anschlägen vorliegt, reicht die Presseberichterstattung aus, um ähnliche, weiter optimierte Angriffsszenarien der Zukunft vorherzusagen.

Ich gehe hierfür davon aus, dass die Behauptungen des Islamischen Staats (IS) stimmen und die Anschläge von 2015 in Frankreich durch den IS durchgeführt wurden. Die Angriffe am 13.11.2015 werden im Folgenden anhand des vom Autor entwickelten Sieben-Stufen-Modells (s. Kap. 2, Abschn. 2.5.12) analysiert. Dies soll keine Ursachenforschung über die Pariser Anschläge betreiben, sondern vielmehr die zukünftige Bedrohungslage verdeutlichen. Möglicherweise befinden wir uns erst ganz am Anfang einer erheblichen Eskalation.

Die Pariser Angriffe nach dem Sieben-Stufen-Modell:

1. **Identifikation.** Der wesentliche Unterschied zu Terrorgruppen der Vergangenheit besteht darin, dass der IS international aufgestellt ist und durch eigene Rohstoffreserven über erhebliche finanzielle Mittel verfügt. Zudem hat er im Laufe des Krieges im eigenen Land in erheblichem Umfang Erfahrungen mit dem Internet als Kriegswaffe gesammelt und ist uns in der interdisziplinären Kriegsführung weit überlegen. So geht Anita Gohdes davon aus, dass in Syrien „ungefähr eine von vier Personen, die getötet wurden, Opfer eines gezielten Angriffs war" (Tanriverdi 2015b). Die Informationen über die Zielpersonen hatte der IS aus dem Internet.
   Grundsätzlich ist es schwer, die Intentionen des IS einzuschätzen. Vordergründig will der IS einen Gottesstaat errichten, möglicherweise auch in Europa. De facto ist der IS aber auch ausgesprochen ökonomisch ausgerichtet. So verdient er am Exodus im eigenen Land, indem er 50 % der Einnahmen der Menschenschmuggler für sich beansprucht (Gehlen 2015). Fest steht, der IS identifiziert alle Regierungen als Gegner, die konkret und potenziell gegen die Expansionsbestrebungen des IS vorgehen.
   So ist davon auszugehen, dass der IS bereits seit Jahren über die potenziellen Angriffsziele in allen europäischen Ländern Informationen gesammelt hat. Verschiedenste Angriffsszenarien liegen beim IS nicht nur als Pläne vor, sondern können auch innerhalb kürzester Zeit über in die einzelnen Länder eingeschleuste Terroristen ausgeführt werden. Die ökonomische Denkweise des IS muss besondere Berücksichtigung finden. So ist wahrscheinlich, dass der IS nicht nur „moralische" Ziele des Glaubenskampfes verfolgt, sondern durch Angriffe einerseits die Gegner wirtschaftlich schwächen und sich andererseits mit dem Terror neue Einnahmequellen erschließen will.
   Mit den entsprechenden finanziellen Mitteln, davon ist auszugehen, kauft der IS alle Informationen über seine Gegner, die durch Datenabflüsse aus den verschiedensten Cyberattacken auf Regierungsserver oder auch durch Leaks in geschäftstüchtige kriminelle Hände gelangt sind.
2. **Alarmierung.** Spätestens seit der Beteiligung der französischen Luftwaffe an der von den USA geführten Allianz gegen den IS seit Oktober 2014 sind die Planungen eines Angriffs gegen Frankreich wahrscheinlich konkret geworden.
3. **Filterung.** Um die optimale mediale Aufmerksamkeit zu erreichen, werden einerseits öffentliche Veranstaltungsplätze und andererseits Eskalationsvoraussetzungen für Angriffe auf den IS definiert, die aus dessen Sicht den Terror als Gegenangriff öffentlich rechtfertigen. Diese Rechtfertigung ist für die Motivation der eigenen Kämpfer wichtig. Zusätzlich sollen Terroranschläge und Terrordrohungen bei der gegnerischen Bevölkerung eine Verunsicherung dahin gehend auslösen, ob eine Beteiligung an Angriffen wirklich sinnvoll ist, die im Sinne einer Demokratisierung historisch meist nicht erfolgreich waren.
4. **Angriffsplanung.** Ziel des IS ist es, mit möglichst kleinem Aufwand an Ressourcen eine maximale Wirkung zu erzielen.

Die Planung erfolgt bis ins Detail und berücksichtigt verschiedene alternative Entwicklungen. Die Attentäter sind bereits frühzeitig instruiert und können in kürzester Zeit aktiviert werden. Die technische Ausrüstung besitzen sie schon, das Vorgehen ist geübt.
Die konkrete Angriffsplanung in Paris dauerte voraussichtlich nicht einmal einen Tag. Das ist das eigentlich Erschreckende an den Pariser Anschlägen. Die Rechtfertigung für die Anschläge lieferte wohl die Aussage des US-Verteidigungsministeriums über die Tötung des führenden IS-Terroristen Jihadi John am 12.11.2015, veröffentlicht am 13.11.2015 um 12.22 Uhr GMT (Phillips et al. 2015). Fast zeitgleich kündigte der französische Regierungssprecher an, dass ein Flugzeugträgergeschwader mit der „Charles de Gaulle" für einen Einsatz gegen den IS am 18.11.2015 von Toulon auslaufen würde (leParisien 2015).
5. **Angriff.** Der Angriff auf Paris am gleichen Tag durch den IS, um 21.20 Uhr begonnen, war mehrfach redundant ausgelegt. Nach irakischen Geheimdienstinformationen sollen angeblich mindestens 24 Menschen und 19 Angreifer an den Anschlägen beteiligt gewesen sein (Wikipedia 2015, Terroranschläge am 13. November 2015 in Paris).
6. **Überprüfung.** Möglicherweise haben die Anschläge nicht die Anzahl der durch den IS geplanten Toten erreicht. In der Öffentlichkeit hatten einige Terroristen vor dem Anschlag angekündigt, den 11.9.2001 im Schadensausmaß übertreffen zu wollen (Wikipedia 2015, Terroranschläge am 13. November 2015 in Paris). Auch gibt es im IS offensichtlich einen Strategiewechsel, nicht mehr möglichst viele Menschen zu töten, sondern durch Manipulationen und Verunsicherung der breiten Öffentlichkeit den Angriffswillen der Gegner zu schwächen und gleichzeitig die Demokratien im Inneren zu destabilisieren. Die anschließenden europaweiten Androhungen neuer Anschläge können Ergebnis der Überprüfung eines nicht ausreichenden Schadens sein oder – und das ist wahrscheinlicher – als weitere Eskalationsstufe eines mehrstufigen Angriffsszenarios von Anfang an geplant gewesen sein. Nichts ist schlimmer für einen Rechtsstaat als Unsicherheit. Insofern können an mehreren Stellen gleichzeitig angedrohte Attentate effektiver sein als tatsächlich durchgeführte. Hierzu ist ein interdisziplinärer Planungsstab notwendig.
7. **Überwachung.** Der IS befindet sich aus seiner Sicht im Krieg. Insofern wird er nach dem Angriff nicht auf eine Überwachung des Erfolgs des Angriffs deeskalieren, sondern lediglich die aus dem Angriff gewonnenen Kenntnisse analysieren, um noch effektiver angreifen zu können. Im Sinne der Destabilisierung von Demokratien ist das Ziel erreicht, wenn durch die permanent gefühlte Bedrohungslage Bürgerrechte eingeschränkt werden.

2.6.2 Kampf um den Erhalt der Bürgerrechte

► Nur wer an interne Informationen gelangt, kann ein funktionierendes Scheinangriffsszenario als Bedrohung aufbauen.

Die wesentliche Dienstleistung des demokratischen Staates ist der Schutz seiner Bürger. Wenn Bürger freiwillig auf ihre Bürgerrechte verzichten, um überhaupt noch einen Schutz vom Staat zu bekommen, dann ist das rechtsstaatliche demokratische System bereits in seinen Grundfesten bedroht. So forderten nach den Anschlägen in Paris 65 % der Deutschen mehr präventive Maßnahmen der Staatsgewalt. 51 % wären sogar damit einverstanden, für mehr Überwachung höhere Steuern zu zahlen (Die Welt 2015). Snowdens Enthüllungen und die Gefahren der massenhaften Überwachung und Vorratsdatenspeicherung treten plötzlich wieder in den Hintergrund.

Der IS erreichte, dass viele Staaten weltweit in kürzester Zeit die Bürgerrechte einschränkten. Noch am 13.11.2015 wurde in ganz Frankreich der Ausnahmezustand verhängt. Bereits zehn Tage später vernahm man hierzu die ersten kritischen Stimmen (FAZ 2015). Am 14.11.2015 wurde der niederländische Flughafen Schiphol wegen einer Drohung evakuiert. Am 17.11.2015 bat Frankreich zum ersten Mal alle EU-Mitgliedsstaaten um Beistand nach Artikel 42 des EU-Vertrages. Ebenfalls am 17.11.2015 sagte man in Deutschland ein Fußballländerspiel aus Sicherheitsgründen ab. Am 21.11.2015 wurden für Brüssel der Ausnahmezustand und die höchste Terrorwarnstufe 4, für ganz Belgien die Stufe 3 ausgerufen. Viele Spuren der Attentate führen nach Belgien. Am 25.11.2015 folgte der Ausnahmezustand in Tunesien nach einem Anschlag auf die Präsidentengarde. Am 26.11.2015 wurde zwischen vielen europäischen Staaten die Freizügigkeit eingeschränkt und Grenzkontrollen wieder eingeführt.

Die bereits im Juli 2015 vom Autor herausgegebene Studie mit gleichem Inhalt wie Kap. 2, Abschn. 2.5 (Berberich 2015a) kam zu dem Ergebnis, dass zukünftige Angriffe interdisziplinär sind. Es geht also nicht mehr alleine darum, mit IT-Know-how IT-Infrastrukturen anzugreifen, vielmehr wird eine Vielzahl von Umfeldinformationen für einen Angriff verwertet.

Auf den ersten Blick handelt es sich bei den Anschlägen in Paris um einen klassischen Terrorangriff, in dem das Internet keine Rolle spielt. Tatsächlich gibt es jedoch wesentliche Unterschiede zu früherem Terrorismus. Es geht nicht um mehrere einzelne Attentate, sondern darum, ein interdisziplinäres mehrstufiges Szenario zu inszenieren, das sich hochschaukelt und im Ergebnis eine wesentlich stärkere Wirkung entfaltet, als wenn die Einzelereignisse mit zeitlichem Abstand stattgefunden hätten. Solche komplexen Angriffe sind erst im digitalen Zeitalter möglich geworden. So ist davon auszugehen, dass die Mehrheit der Aktionen aus Drohungen bestand, die der IS auf Basis seiner Manpower gar nicht hätte umsetzen können.

Für dieses Szenario waren nötig:

- die genaue Kenntnis auch interner Abwehrstrategien und Verhaltensweisen der Gegner,
- ein schnelles Feedback aus der Ferne über die Ereignisse,
- die Möglichkeit, aus der Ferne falsche Spuren zu legen,
- die Möglichkeit, anonym zu drohen und zu erpressen.

Regierungen sind für solche interdisziplinären Angriffe besonders anfällig, da sie der Öffentlichkeit gegenüber zur Rechenschaft verpflichtet sind. Sie können heute nicht mehr wie früher der Presse ein zeitweiliges Berichtsverbot erteilen und eine Gefährdung unter weitgehendem Ausschluss der Öffentlichkeit mit dem Gegner nicht bekannten Strategien beseitigen.

So sieht auch der Nato-Generalsekretär Jens Stoltenberg die Demokratie bedroht: „Das Ziel dieser entsetzlichen Terrorattacke ist es, uns zu verängstigen und einzuschüchtern" (Die Zeit 2015a).

2.6.3 Effekte von Massenüberwachung und zentraler Datenhaltung

► Massenüberwachung und zentrale Datenhaltung schaden der Demokratie, da sie die Bürgerrechte einschränken und den Staat durch abgehörtes Datenmaterial erpressbar machen.

Niemand wird nach den zahlreichen Datenabflüssen der letzten Jahre, insbesondere von Regierungsservern, mehr behaupten wollen, dass im Rahmen von Massenüberwachungen erhobene Daten nicht in falsche Hände gelangen können. Es hilft auch nicht weiter, wenn sich Bundestagsabgeordnete verschleißen, um einen Einblick in die Selektorenliste des BND zu nehmen. Unbestritten besteht inzwischen ein Ungleichgewicht zwischen den rechtsstaatlichen Möglichkeiten zur Herstellung von Sicherheit und den Möglichkeiten von Kriminellen, Terroristen und außer Kontrolle geratenen Geheimdiensten, Staaten zu destabilisieren.

Aber anstelle der Absicht, die Ursachen zu bekämpfen, macht sich in der ersten Führungsetage sowohl der Wirtschaft als auch der Politik ein zunehmender Fatalismus breit. Datenabflüsse werden gleichgesetzt mit neuen Transparenz-Compliance-Regeln nach dem Motto: „Es kommt im Zeitalter der zentralisierten IT sowieso alles heraus." Dies kommuniziert man so auch öffentlich in den entsprechenden Veranstaltungen (14. Frankfurter Symposium Compliance und Unternehmenssicherheit 2015).

Vor diesem Hintergrund ist die Absage des Fußballländerspiels durch Innenminister de Maizière am 17.11.2015 zu sehen mit der Begründung: „Ein Teil dieser Antworten würde die Bevölkerung verunsichern" (Golod 2015)

Das Verhalten heutiger Führungskräfte ist geprägt durch eine Justiz, die genauso wenig wie der Staat in der Lage ist, ihren Aufgaben gerecht zu werden. Bei der Exekutive geht es um die Einhaltung von Spielregeln. In dem Maße, in dem sich Angreifer dem Rechtsraum der Justiz entziehen und gleichzeitig ihr Arsenal an Tools zur Täuschung und Manipulation auch gegenüber der Justiz ständig erweitern, verschärft die Justiz Pflichten und Nachweise, die nötig sind, um Führungskräfte aus der Haftung zu entlassen. Compliance-Regeln und Dokumentationspflichten bestimmen das Tagesgeschäft.

Was sollte also der Jurist de Maizière anderes sagen, als ehrlich und rechtsunverbindlich anzudeuten, dass die Lage nicht mehr unter Kontrolle ist. Dies war in erster Linie zur Eigenverteidigung die einzig richtige Strategie.

Im Ergebnis entsteht bei den Führungskräften und gleichermaßen in der Bevölkerung eine Angst, die lähmt. Selbstzensur beginnt mit der Frage im Kopf, welche Gedanken dem Mainstream entsprechen und welche nicht. Ohne unbewachte Freiräume und das Recht, durch Fehler zu lernen, kann keine Innovation entstehen. Insofern hat der IS zum ersten Mal gezeigt, wie effektiv ein von interdisziplinären Teams mit psychologischen, technischen und strategischen Fähigkeiten geführter Angriff sein kann. Ebenfalls wurde bewiesen, dass ein mehrstufiger Angriff wesentlich effektiver ist, wenn die einzelnen Teilangriffe auf ein Gesamtziel abgestimmt sind.

Massenüberwachung ist nur bei zentraler und personalisierter Datenhaltung möglich. Nur, wenn bei einem einzelnen Sicherheitsvorfall erhebliche Datenmengen abfließen können oder alle Daten über zentrale Knotenpunkte laufen, ist Massenüberwachung überhaupt effektiv. Sie ist hervorragend für komplexe gezielte Angriffe geeignet. Hingegen sind Effekte der Massenüberwachung, die zur Erhöhung der Staatssicherheit führen, nicht erwiesen (Biselli 2015).

Vielmehr deuten die Pariser Terrorangriffe darauf hin, dass massenweise verfügbare Daten Terroristen, Kriminellen und Geheimdiensten erst das Basismaterial zur Verfügung stellen, um gezielte Angriffe effektiv durchzuführen.

Während die zeitweise Einschränkung von Bürgerrechten in früheren Zeiten durchaus zur Erhöhung der Sicherheit geführt hat, sind die Effekte für eine digitale Gesellschaft erst einmal zu untersuchen. So ist zum Beispiel die Einschränkung der Versammlungsfreiheit in Zeiten von Social Media nicht mehr zur Bekämpfung von Unruhen geeignet.

Wenn Ausnahmemaßnahmen mehrfach oder gleichzeitig an vielen Orten als Resultat eines Angriffs ausgelöst werden, wie man es dem IS in Bezug auf die Pariser Anschläge zumindest unterstellen kann, dann führen sie nicht zu einer höheren Sicherheit, sondern im Gegenteil zur Destabilisierung demokratischer Systeme. Wer seine Bürger unter Generalverdacht stellt, der schädigt sein Verhältnis zu seinen Kunden. Der Staat sollte immer bedenken, dass er Dienstleister aller seiner Bürger ist. Staatliche Gewalt ist nur in dem Umfang legitimiert, wie sie die Freiheitsrechte aller Bürger schützt.

Derzeit sind die Staatsschutzbehörden bei einer Totalüberwachung aller Bürger von der Analyse der erzeugten Datenmengen noch restlos überfordert. Es fehlen die intelligenten digitalen Systeme, die eine effektive Filterung vornehmen können. Sind solche Systeme allerdings ausgereift, wird allein auf Basis des vorhandenen Datenmaterials quasi über Nacht die Möglichkeit entstehen, ein totalitäres System durchzusetzen.

Zentrale Datenhaltung und Massenüberwachung sind für demokratische Staaten der falsche Weg und gefährden diese substanziell.

2.6.4 Bessere Überwachung der potenziellen Tätergruppe

► Dezentrale Systeme sind hervorragend für die Überwachung einer kleinen Gefährdergruppe geeignet.

Laut Präsident des Bundeskriminalamts wurden seit 2000 in Deutschland zwölf Terroranschläge verhindert. Die potenziellen Attentäter stammen aus einer Gruppe von ca. 300 Gefährdern (Focus 2015). Auch in Paris waren sieben von acht Attentätern bekannt. Der mutmaßliche Drahtzieher der Anschläge hat schon vor Monaten die Anschläge angekündigt (Lobo 2015).

Die Kriminalitätsrate unter den Flüchtlingen ist ebenfalls nach Aussage des BKA nicht höher als die der Deutschen (Dückers 2015). Auch diese Zielgruppe muss also nicht besonders überwacht werden.

Die meisten Terroranschläge wurden vereitelt, weil eine sehr kleine Gruppe erfolgreich überwacht wurde. Hier sind die klassischen Methoden wie V-Leute-Einschleusen, Personenüberwachung oder auch Hinweise aus der Bevölkerung optimal geeignet.

Auch in der digitalisierten Gesellschaft muss vor allem die Kommunikation einer kleinen Gefährdergruppe überwacht und hier möglichst jede Kontaktaufnahme zur Außenwelt protokolliert werden. Wer sich einer solchen Gruppe anschließt, bei dem ist ein massiver Eingriff in die Persönlichkeitsrechte gerechtfertigt. Ausreichende Verdachtsmomente müssen im Einzelfall von einem Richter geprüft werden.

Der Staat hat da, wo ein starker Eingriff in die Persönlichkeitsrechte erfolgt, im besonderen Maße eine Transparenzpflicht über die durchgeführten Maßnahmen gegenüber dem Betroffenen und gegenüber der Öffentlichkeit.

Für die betroffene Gruppe muss also die Technik so aufgebaut werden:

- dass Betroffene sich nicht der Überwachung entziehen können,
- dass Betroffene nach der Überwachung darüber informiert werden und Rechtsmittel und Schadenersatz gegen unberechtigte Maßnahmen geltend machen können,
- dass die Öffentlichkeit von Überwachungen informiert wird, ohne dass hierbei Persönlichkeitsrechte des Betroffenen verletzt werden,
- dass nicht Betroffene von der Überwachung ausgeschlossen werden.

2.6.5 Stärkung der Freiheitsrechte der Bürger

► In dem Maße, wie die Digitalisierung der Gesellschaft fortschreitet, müssen technische Vorkehrungen getroffen werden, um die vordigitalen demokratischen Bürgerrechte zu sichern.

Im Hinblick auf die Freiheitsrechte der Bürger erfüllen Staaten heute ihren gesetzlichen Auftrag nicht mehr. Bürger können sich nicht der digitalen Transformation entziehen. Fast jeder wird in Zukunft auf die eine oder andere Weise, und sei es als alter Mensch im Pflegebereich, von einer Interaktion innerhalb der digitalen Gesellschaft betroffen sein.

Ein Bürger hat in Zukunft nicht mehr die Freiheit, sich totalitären Tendenzen dadurch zu entziehen, dass er auf ein Smartphone verzichtet. Überlegungen, das Bargeld abzuschaffen, zeigen, wie tief greifend digitale Entwicklungen in das alltägliche Leben eines jeden Einzelnen eindringen werden.

Das Wesen von Freiheitsrechten ist bestimmt durch Wahlfreiheit und Entscheidungsfreiheit. In Bezug auf die digitale Transformation heißt das, Bürger müssen die Wahl haben, sich für eine Alternative zur zentralen Datenhaltung entscheiden zu können. Hierbei kann es nicht darum gehen, sich wie heute im Dark Web in eine Grauzone zu begeben und Gefahr zu laufen, bei der nächsten Rasterfahndung als kriminell verdächtigt zu werden.

Eine echte Alternative muss geschaffen werden, welche vom demokratischen Staat anerkannt ist, weil sie dem Staat einen echten Mehrwert in der Strafverfolgung bietet. Die pauschale Einschränkung von Persönlichkeitsrechten des Einzelnen, wie es beim Ausrufen des Notstands und bei der Massenüberwachung gleichermaßen der Fall ist, darf nicht nötig sein.

Die Schwierigkeit besteht darin (s. Kap. 2, Abschn. 2.5.14), dass es nicht reicht, einzelne Teile der Informationsprozesskette der Massendatenspeicherung zu entziehen. Auch Dritten muss die Möglichkeit genommen werden, umfangreiche Personenprofile zu erstellen. Das bedeutet, um einen wirklichen Mehrwert für den Staat und seine Bürger zu erreichen, muss ein komplettes Parallelsystem zu dem bestehenden Internet geschaffen werden. Für eine Übergangszeit muss dieses Parallelsystem Schnittstellen besitzen, damit der Nutzer ohne besonderen Aufwand auf bestehende zentralisierte Datenhaltung und Netze weiter zugreifen kann.

2.6.6 Das Problem der Anonymisierung von Daten

Diskutiert man mit IT-Leitern das Thema Anonymisierung von Daten, so bekommt man unisono die Antwort, bereits drei Merkmale würden ausreichen, um eine Person mit 80 % Wahrscheinlichkeit zu identifizieren, Anonymisierung wäre also bei den heute schon vorhandenen Daten nicht mehr möglich.

Das ist insofern schon falsch, da theoretisch auch ein Merkmal reicht, wenn der Inhalt einmalig ist, wie z. B. der genaue Umsatz eines Unternehmens, der an anderer Stelle im Zusammenhang mit diesem Unternehmen bereits veröffentlicht wurde.

Die meisten nehmen die derzeitige Situation der massenhaften Sammlung unterschiedlichster Profilinformationen als gegeben an und halten eine Veränderung nicht für möglich, obwohl es keine Hinweise gibt, dass eine anonymisierte IT nicht funktioniert.

Die mit der Erstellung statistischer Daten beauftragten Sozial- und Wirtschaftswissenschaftler beschäftigen sich schon seit vielen Jahren mit der Anonymisierung von Daten. Das Ziel ist die Sicherstellung der Anonymität von Daten, ohne das Potenzial für wissenschaftliche Analysen zu schwächen. Hier hat man bewiesen, dass die Anonymisierung von personalisierten Daten abhängig vom Datenmaterial ein hoch komplexer mathematischer Prozess sein kann, aber in den meisten Fällen möglich ist.

Die aktuellen Datenschutzgesetze fordern eine weitgehende Verwendung anonymisierter Datenbestände. Die Aufhebung des Safe-Harbor-Abkommens durch den Europäischen Gerichtshof mit Urteil vom 6.10.2015 verschärft die Anforderungen an den Datenschutz weiter, da personenbezogene Daten nicht mehr beim amerikanischen Unternehmen im Heimatland gespeichert werden dürfen.

Ohne Untersuchungen hierzu gefunden zu haben, ist der Autor sich sicher, dass die weiterhin von jedem IT-Leiter angeführten Einsparungspotenziale einer zentralisierten IT nicht vorhanden sind, wenn man die Kosten gegenrechnet, um zentral und personalisiert erhobene Daten für die Verwendung Dritter im Sinne von Big Data zu anonymisieren oder zu pseudonymisieren.

Grundsätzlich werden „zwei unterschiedliche Effekte, die zur faktischen Anonymität beitragen können, unterschieden:

- Verhinderung der eindeutigen Zuordnung von Merkmalen,
- Verhinderung eines Informationsgewinns (Entfernen der Information) beziehungsweise Reduzierung des Informationsgewinns (Veränderung der Information) bei erfolgter Zuordnung“ (Ronning et al. 2005).

Will man für die Strafverfolgungsbehörden im Einzelfall eine Verbesserung erreichen, so muss über einen dezentralen Schlüssel eine vollständige Rekonstruktion unverfälschter Daten möglich sein. Hierfür sind alle Anonymisierungsverfahren, welche Informationen verändern, nicht geeignet.

Die für die Erstellung von Statistiken verwendete Anonymisierung geht von einem vorhandenen Datensatz mit personenbezogenen Merkmalen aus, aus dem ein anonymisierter Datensatz erstellt werden soll. Viele Probleme der Anonymisierung stellen sich nicht, wenn bereits bei der Datenerzeugung die personalisierten Datenanteile von den restlichen Daten getrennt aufbewahrt und nur, sofern unbedingt erforderlich, im Kommunikationsprozess verwendet werden.

Wenn wir uns Kommunikationsprozesse ansehen, dann haben wir es mit ständig wechselnden Kommunikationspartnern und einer dynamischen Veränderung der Datenbestände zu tun. Diese Prozessabläufe werden üblicherweise an einer zentralen Stelle in sog. Logfiles gespeichert. Die Auswertung von Logfiles setzt den für die Aufklärung von Straftaten tätigen Forensikern gleichermaßen wie den Strafverfolgungsbehörden hohe rechtliche Hürden. Persönlichkeitsrechte Dritter dürfen nicht berührt werden. Logfiles protokollieren jedoch alle Vorgänge in einem Netzwerk. Eine rechtskonforme Auswertung ohne Berücksichtigung der von dem jeweiligen Vorfall nicht Betroffenen fällt schwer. Zentral erfasste Daten bieten also für Strafverfolger sogar erhebliche Hemmnisse, rechtskonform Täter zu ermitteln. Zudem sind sie ungenau und unvollständig.

Dem ist ein dezentral gespeichertes Logfile, welches nur die Aktionen eines Einzelnen betrifft, vorzuziehen. Personalisierte Daten sind rechtlich unbedenklich, solange sie sich immer in der Verfügungsgewalt der betreffenden Person befinden.

Anonymisierung muss auch aus dem Blickwinkel der Strafverfolgung betrachtet werden, um bei den derzeitigen Befürwortern von Überwachung einen Paradigmenwechsel herbeizuführen.

2.6.7 Sechs Stufen zur Standardisierung von Anonymisierungsprozessen

- Datensparsamkeit bietet das objektive Kriterium zur Definition von Anonymisierungsstufen.

Gefordert ist eine eindeutige Systematik für die Kommunikation zwischen Menschen mittels Technik, für die Kommunikation zwischen Menschen und Technik und die Kommunikation zwischen Maschinen. Kommunikation ist ein dynamischer Prozess, in dessen Verlauf die Kommunikationspartner neue Erkenntnisse gewinnen, die in die weitere Kommunikation einfließen.

Technische Kommunikationsprozesse finden nicht willkürlich statt, sondern sind geplant und programmiert. Ziele werden definiert, welche durch eine Kommunikation erreicht werden sollen. Die Organisation des Trusted Web 4.0 nach dem Vier-Seiten-Modell (s. Kap. 1, Abschn. 1.1.9) hilft eine solche Planung durchzuführen und gleichzeitig zu überprüfen, welche Informationen für einen kommunikationsstörungsfreien Prozess nötig sind.

Sind personenbezogene Daten von anderen Inhalten getrennt abgespeichert, so ist eine optimale Anonymität erreicht. Je nach Art der Aufgabenstellung ist bei der Kommunikation eine Personalisierung notwendig.

Üblicherweise werden personenbezogene Daten nicht nach dem Kriterium der Datensparsamkeit, sondern nach Kriterien der Bekanntheit und des Vertrauens definiert (s. Abb. 2.13). So setzt zum Beispiel das Safe-Harbor-Abkommen voraus, dass man allen amerikanischen Firmen und Geheimdiensten vertraut, personenbezogene Daten nur im Rahmen von Gesetzen zu verwenden. Diese Gesetze und die Ausführungsbestimmungen unterliegen zudem im ständigen Kampf zwischen Datenschützern und Datenverwertern einem permanenten Wandel.

Insbesondere um einen Standard in der M2M-Kommunikation zu erreichen, benötigt man langfristige Planungssicherheit. Auch die Bekanntheit eines Kommunikationspartners ist kein verlässliches Kriterium, um einen Personalisierungsstandard zu entwickeln. Üblicherweise kommunizieren Maschinen innerhalb einer Fabrik untereinander mit der zentralen Speicherung möglichst aller ihrer Daten. Darüber hinaus ist auch noch der Fernzugriff zur Wartung auf das gesamte System möglich. Externen Servicetechnikern vertraut

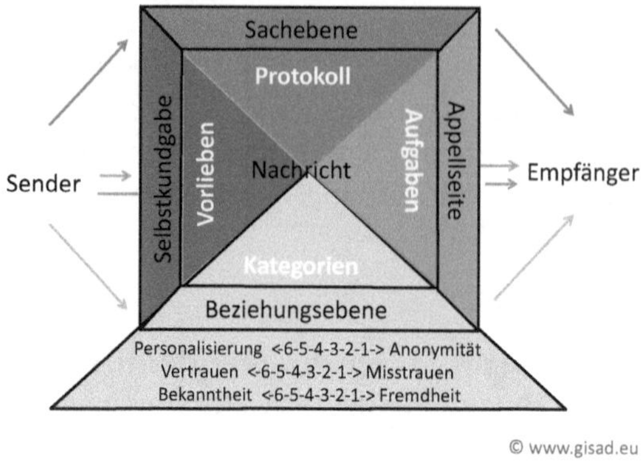

Abb. 2.13 Grad der Personalisierung nach dem Vier-Seiten-Modell

man aufgrund von Verträgen mit ihren Arbeitgebern. Sie werden als bekannt eingestuft, selbst wenn die Techniker selbst noch nie für das Unternehmen tätig waren.

Aus Sicht der Datensparsamkeit sollten vielmehr in jedem Einzelfall nur die personenbezogenen Daten verwendet werden, die unbedingt für die jeweilige Kommunikationssequenz nötig sind.

Um einen objektiven und zeitlosen Rahmen für die Personalisierung zu erhalten, schlägt der Autor folgende Stufen vor:

Stufe 1: Menschen kommunizieren völlig anonym und nicht zielgerichtet miteinander. Es besteht keine Beziehung. In dieser Stufe ist (noch) keine Kommunikation mit Maschinen möglich. Beispiel: Zwei Fremde treffen sich zum ersten Mal und kommen ins Gespräch. Während des Gesprächs überwinden sie möglicherweise diese Stufe, indem sie erzählen, wo sie arbeiten oder wie ihr Vorname ist. Die Kommunikation ist also zu Beginn nicht zielgerichtet. Eine Maschine kann nur zielgerichtet vorgehen. Selbst ein Zufallsgenerator ist zielgerichtet.

Stufe 2: Ein Mensch oder eine Maschine kommuniziert anonym, aber zielgerichtet. Ein Sender mit bestimmten technischen Eigenschaften, wenn der Sender eine Maschine ist, oder Vorlieben, wenn der Sender ein Mensch ist, möchte eine Aufgabe erfüllen und teilt einem Empfänger einen Inhalt mit. Auf dieser Stufe wird die Anonymität bezüglich der Selbstkundgabe, Sachebene und Appellseite aufgegeben. Die Beziehungsebene existiert noch nicht. Beispiele finden sich in der Werbung, die breit gestreut wird. Hier muss der Sender so viel von sich preisgeben, wie unbedingt nötig ist. Zum Beispiel wäre ein fahrbarer Plakatständer denkbar, der herumfährt und seine Werbung anbietet.

Stufe 3: Ein Mensch oder eine Maschine kommuniziert anonym und erwartet ein Feedback. Ein Feedback ist in der Regel gekennzeichnet durch einen kurzzeitigen Kontakt und die Erfüllung einer einfachen Aufgabe. Damit der Sender das erwartete Feedback erhält, muss er auf allen Ebenen mehr Informationen zur Verfügung stellen. Was kann ich, was erwarte ich, bin ich verständlich und welche Beziehung möchte ich eingehen? Vor allem aber muss der Sender ein eindeutiges Merkmal benutzen, welches eine Zuordnung des Feedbacks möglich macht. Während Maschinen eine eindeutige Transaktionsnummer erwarten, reicht es beim Menschen, wenn der Empfänger beim Feedback in einer Zusammenfassung auf die Botschaft Bezug nimmt. Entsprechend Stufe 3 werden selbstfahrende Fahrzeuge kommunizieren. Ein Auto muss wissen, dass es mit einem Fahrrad kommuniziert, welches bestimmte Geschwindigkeitseigenschaften hat. Oder es muss einem Fußgänger ausweichen. Dazu braucht es nicht zu wissen, wie der Fußgänger heißt.

Stufe 4: Ein Mensch oder eine Maschine kommuniziert anonym und erwartet eine Leistung. Mit einer Leistung ist in der Regel eine geldwerte Leistung gemeint. Der Prozess einer Leistung ist komplexer als der eines Feedbacks. Auch handelt es sich nicht um einen reinen Kommunikationsaustausch zwischen zwei Partnern, sondern um darüber hinausgehende Prozesse und die Möglichkeit der Einbindung Dritter. Für die Stufe 4 wird entweder eine während des gesamten Leistungsprozesses gültige Prozessnummer verwendet. Oder die Kommunikationspartner tauschen ihre ähnlich einer Telefonnummer funktionierende Benutzernummer aus. Stufe 4 wäre zum Beispiel erreicht, wenn ein Schuhputzroboter herumfährt, nach Aufforderung die Schuhe eines Menschen putzen und über Bitcoin anonym bezahlt würde.

Stufe 5: Ein Mensch oder eine Maschine kommuniziert teilanonymisiert als Voraussetzung, um eine Leistung zu erhalten. Wenn Produkte zum Beispiel nach Hause transportiert werden sollen, muss die Adresse bekannt sein. Teilanonymisiert bedeutet, dass für jede Anwendung geprüft werden muss, welche Daten wirklich benötigt werden. So kann es für den Lieferservice reichen, mit der Adresse und einer Transaktionsnummer zu arbeiten. In Großstädten wie Paris ist es üblich, Klingelschilder mit Wohnungsnummern und nicht mit Namen zu versehen.

Stufe 6: Ein Mensch oder eine Maschine kommuniziert personalisiert. Diese Stufe sollte nur da erreicht werden, wo sie unbedingt erforderlich ist. In den meisten Fällen sind nicht alle persönlichen Daten für das Erbringen einer Leistung nötig. Hier muss im besonderen Maße darauf geachtet werden, dass die für einen einmaligen Prozess gedachten personalisierten Daten nicht in unbefugte Hände gelangen.

2.6.8 Kommunikation in dezentralen Netzen gemäß Personalisierungsstufe 4

► Es ist in den meisten Fällen sinnvoll, eine Personalisierung gemäß Stufe 4 durchzuführen.

Relativ einfach ist eine einzelne Kommunikationssequenz anonym zu halten. Eine Kommunikation besteht jedoch aus vielen solchen Sequenzen und aus Prozessen, an denen viele Einzelne beteiligt sind. Der hier vorgestellte Ansatz ist noch nicht erprobt. Es bedarf noch einiger Anwendungsforschung, um sicherzustellen, dass keine Datensammlung zur Profilerstellung möglich ist.

Wenn jedoch sowohl die Profile für die einzelnen an der Kommunikation Beteiligten als auch die Protokolle über den Verbindungsaufbau zwischen den Kommunikationspartnern an unterschiedlicher Stelle gespeichert sind, kann von einem erheblichen Aufwand ausgegangen werden, um Personenprofile zu ermitteln.

Derzeit weckt vor allem der geringe Aufwand, bei jedem Besuch einer Webseite massenhaft Daten zu erhalten, Begehrlichkeiten bei allen Arten von Datenverwertern. In der folgenden Abbildung (Abb. 2.14) wird am Beispiel der Kategorie „EDV" für „elektronische Datenverarbeitung" gezeigt, wie mithilfe eines weltweiten dezentralen Netzwerks (Berberich 2014b) eine weitreichende Anonymisierung erreicht werden kann.

Schon in der vordigitalen Welt war es möglich, über eine bekannt gegebene Telefonnummer erreichbar zu sein und trotzdem anonym zu bleiben.

Jeder Kommunikationspartner des Netzwerks verfügt über ein eigenes PDS mit seinen personalisiert gespeicherten Daten. Grundsätzlich kann ein Kommunikationspartner ein Mensch oder eine Maschine sein.

An einer dezentralen Stelle wird eine identische Kopie der Daten gespeichert. Abhängig von der jeweiligen Aufgabe bewegt sich der Kommunikationspartner in dem speziellen weltweiten Kategoriennetzwerk. Bis zu 1000 Kategorien sind angedacht. In unserem Beispiel hat ein Kommunikationspartner über eine Onlinewerbung von einem EDV-Anbieter dessen weltweit eindeutige und gültige Netznummer erfahren. Eine solche Netznummer wird bei der Erstregistrierung in einer Kategorie (je Kategorie) neu vergeben.

Über den weltweiten Kategorienserver fragt der Sender an, ob der EDV-Anbieter in der Kategorie noch registriert ist. Dabei kann die Anfrage über den weltweiten Kategorienserver laufen, wenn Sprache und Region des Empfängers nicht bekannt sind. Hält sich der EDV-Anbieter gerade im Ausland auf und ist er bei dem örtlichen Regionalserver angemeldet, dann kann er ohne weiteren Aufwand erreicht werden.

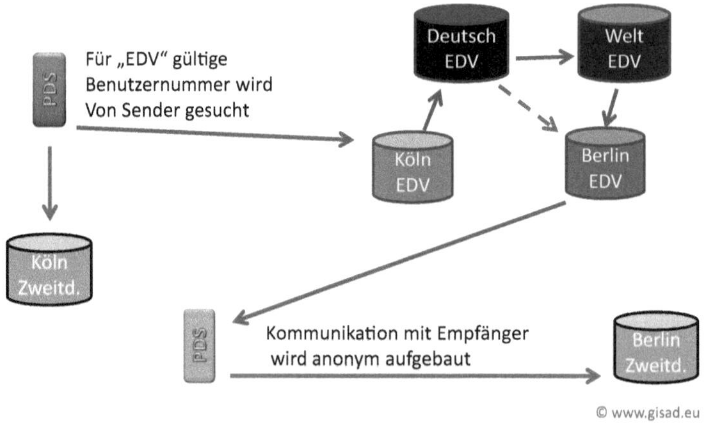

Abb. 2.14 Trusted Web 4.0, Stufe 4 zur dezentralen Speicherung personalisierbarer Daten

Der sprachliche Server hat nichts damit zu tun, ob der Empfänger in Deutschland ist. Er ist mit allen weltweiten Regionalservern der Kategorie „EDV" verbunden, in denen Deutsch kommuniziert wird. Über den weltweiten Kategorienserver sind also die Server für alle Sprachen in der Kategorie „EDV" vernetzt. Ist bekannt, welche Sprache ein Empfänger spricht, kann der weltweite Kategorienserver übergangen werden und direkt über den Sprachserver, in unserem Fall zwischen dem Kölner und dem Berliner Regionalserver, eine Verbindung aufgebaut werden.

Befinden sich Sender und Empfänger in der gleichen Region, kann direkt über den Regionalserver kommuniziert werden. So können sich alle Ärzte einer Region noch austauschen, wenn der Rest des Internets gestört ist. Dieses Kommunikationsnetz ist also ausgesprochen robust gegen Angriffe und Ausfälle.

Vorhandene Kommunikationsinfrastrukturen können genutzt werden, die Kommunikation zwischen den Servern findet getunnelt und verschlüsselt über das normale Internet statt. Die einzelnen Regionalserver vergeben bei Anmeldung eines neuen Kommunikationspartners eine dynamische IP-Adresse. Es wird ein Logfile erstellt, in dem die Zeit mit zu diesem Zeitpunkt vergebenen IP-Adressen und die dazugehörigen Benutzernummern gespeichert sind.

Wird ein Regionalserver gehackt, dann finden sich hier nur die mit einer Benutzernummer verbundenen Teilnehmer eines Netzwerks. Die Kommunikation der Teilnehmer dieses Regionalservers untereinander kann nur identifiziert werden, indem man über die Logfiles auf dem PDS des entsprechenden Kommunikationspartners verfügt.

2.6.9 Justiziable Beweiskraft

► Eine Vielzahl von rechtlichen und technischen Hürden können für die digitalen Forensiker durch ein konsequentes Dezentralisierungskonzept beseitigt werden.

Um Gutachten zu einem Tathergang zu erstellen, werden Methoden der Forensik benutzt. Wo Taten im Cyberraum begangen werden, spricht man von forensischer Informatik oder auch digitaler Forensik. Da diese Wissenschaft noch sehr neu ist, versucht sie ihre Konzepte an die klassische Forensik anzupassen bzw. vorhandene Konzepte auf die Anforderungen der Informatik zu übertragen.

Für den digitalen Forensiker sind persistente Spuren wichtig. Hierbei sind Spuren gemeint, „die über einen vergleichsweise großen Zeitraum ohne Stromzufuhr erhalten bleiben" (Dewald 2012).

Es gibt einen wesentlichen Unterschied zwischen der klassischen Forensik und der derzeitigen zentralisierten IT: „Die Manipulation digitaler Spuren hinterlässt zunächst keine unmittelbar sichtbaren Zeichen" (Dewald 2012).

Will man im Sinne von Trusted Web 4.0 die vordigitale Sicherheit wieder herstellen, so sind die Möglichkeiten der Manipulation von IT einzuschränken.

IT-Leiter wiederum werden erklären, dass ihnen gerade die zentralisierte IT durch Monitoring und das Analysieren zentraler Logfiles erst die Möglichkeit bietet, effektiv Datenströme zu kontrollieren und zu beherrschen. Dies ist auch für die Verfügbarkeit und Integrität von Daten richtig, nicht aber für die Vertraulichkeit der Daten. Ein Administrator sollte grundsätzlich nicht die Möglichkeit des Zugriffs auf personenbezogene Daten besitzen. Alles was er sehen kann, ist potenziell auch für unbefugte Dritte zu sehen und zu manipulieren.

Wachsende Ansprüche an Verfügbarkeit und Integrität führen zu der weitgehenden Auslagerung von Diensten und Daten in die Cloud. Dies ist besonders effektiv möglich, wenn die personalisierten Bestandteile von in der Cloud gespeicherten Inhalten getrennt dezentral aufbewahrt werden.

Personalisierte Datenanteile besitzen in der Regel eine sehr kleine Datenmenge. Diese können problemlos dezentral, z. B. auf PDS, gespeichert werden. Besonders gesichert müssen dann nur noch die Daten werden, welche ein bestimmtes Know-how enthalten und auch ohne personalisierte Bestandteile zum Schaden des Urhebers verwendet werden können.

Um eine Manipulation von Daten auszuschließen, sind Protokolle auf dem PDS über jede Veränderung von Zuständen sinnvoll. Werden diese Protokolle ausschließlich dezentral beim Urheber der Veränderungen gespeichert, so entspricht die Speicherung dem Datenschutz.

Ausgegangen wird bei einer Straftat immer von einem Anfangsverdacht, den es zu bestätigen oder zu widerlegen gilt. Somit entspricht es in optimaler Weise dem Vorgehen eines digitalen Forensikers, wenn er durch Logfiles eines einzelnen Betroffenen eindeutige Spuren erhält, anstatt die Aktionen mehrerer Beteiligter auseinanderhalten zu müssen.

Protokolle können selbst als Datensatz manipuliert werden. Dieses Problem kann dadurch minimiert werden, dass das Protokoll gleichzeitig dezentral an einer zweiten Stelle gespeichert wird. Wie schon in der Stellungnahme zur Vorratsdatenspeicherung vorgeschlagen (Kap. 2, Abschn. 2.1), ist auch der persönliche digitale Schlüssel dezentral zu erzeugen und als Zweitschlüssel entweder einer regionalen Behörde oder auf Wunsch des Besitzers alternativ einem Notar oder Rechtsanwalt zur Verfügung zu stellen. So könnten auch die Protokolldaten dezentral auf einem Behördenrechner oder bei einer von Amts wegen anerkannten Person des Vertrauens gespeichert werden. Ein Zugriff auf diese Daten darf nur nach Prüfung und Beschluss durch einen regionalen Richter erfolgen.

2.6.10 Digitale Forensik in dezentralen Netzen

- Regionalisierung der Logfiles ermöglicht selektiven Zugriff auf Täter durch die Strafverfolgung im gültigen eigenen Rechtsraum.
  Gleichzeitig geraten Unbeteiligte weniger in den Fokus der Ermittler.

Wird das vorgestellte Konzept vom Gesetzgeber akzeptiert, sind zur Speicherung noch weitere Details zu klären. Aus juristischer Sicht ist es begrüßenswert, wenn das beweissichernde Logfile in der Region der Tat, zumindest aber im Rechtsraum der Tat gespeichert wurde. Dies lässt sich problemlos sicherstellen, da sich ein PDS bei Verlassen einer Region bei einem anderen Regionalserver anmelden muss.

Bei einem Anfangsverdacht analysiert man die Protokolle des jeweiligen Regionalservers. Werden hier Indizien zu einer Tatbeteiligung gefunden, besteht über das Logfile, z. B. über eine in der Benutzernummer des PDS enthaltene Postleitzahl, die Möglichkeit, den Wohnsitz des noch anonymen Verdächtigten zu ermitteln. Der Zweitschlüssel des PDS ist am angegebenen Erstwohnsitz des Verdächtigten hinterlegt. Hierüber kann nach richterlicher Einzelfallverfügung anhand der Benutzernummer eine Personalisierung und ein Zugriff auf das Logfile des PDS erfolgen.

Zum weltweiten Bereitstellen eines Zweitschlüsselsystems sollten sich Trust-Netzwerke aus bestehenden Notar-/Rechtsanwaltskanzleien bilden. Wichtig ist hierbei, dass nicht einzelne globale Player dieses Zweitschlüsselsystems anbieten, sondern ein Netzwerk aus regional unabhängig arbeitenden Vertrauenspersonen.

Eine Manipulation des PDS kann durch die fehlende Überschreibbarkeit eines Logfiles ausgeschlossen werden. Dieses Konzept erleichtert der digitalen Forensik ein effektives Arbeiten und schützt gleichzeitig Unschuldige sowie die Persönlichkeitsrechte Unbeteiligter.

Steht ein Kommunikationspartner unter einem Verdacht, so gibt die Analyse des Protokolls seines PDS über viel mehr Ereignisse Auskunft als heute. Das PDS protokolliert alle Anfragen über angeschlossene Funkmodule genauso wie es die Benutzernummer der anfragenden oder angefragten Kommunikationspartner speichert.

Vergleichbar mit der klassischen Strafverfolgung kann bei durch die Untersuchung eines PDS berechtigt entstandenem Verdacht das PDS eines Kommunikationspartners ebenfalls untersucht werden. Die hierfür nötige Benutzernummer ist dem Protokoll des Senders zu entnehmen. Hierüber lässt sich für die Behörde der Standort des Zweitschlüssels des Kommunikationspartners ermitteln. Nach einem weiteren regionalen Gerichtsbeschluss wird auch in die Logfiles des Kommunikationspartners ein Einblick gewährt.

Strafverfolger mögen einwenden, dass der Aufwand der Strafverfolgung bei der vorherrschenden Überlastung der Richter so erhöht wird, dass keine effektive Strafverfolgung mehr möglich ist. Dem ist entgegenzuhalten, dass das Gesetz zur Förderung des elektronischen Rechtsverkehrs bis spätestens 1.1.2022 allen Anwälten eine Anwendungspflicht der elektronischen Akte auferlegt (Haufe 2015). Die Kommunikation zwischen Anwälten und Strafverfolgungsbehörden wird also wesentlich beschleunigt.

Viel bedeutsamer ist ein zu erwartender Rückgang der Anzahl von Cyberkriminalitätsfällen in dem Maße, wie der Aufwand eines Cyberangriffs erhöht wird. Im Ergebnis wird es durch die Regionalisierung zu einer Entlastung der Justiz kommen.

2.6.11 Transparenz zum Schutz von Bürgerrechten

► Im Gegenzug zu der dargestellten Beschneidung von Bürgerrechten durch Vorratsdatenspeicherung und Überwachung im Einzelfall benötigen die Betroffenen und die Öffentlichkeit völlige Transparenz über durchgeführte Maßnahmen.

Durch dieses System wird die Gewaltenteilung gestärkt, indem mehrere Gerichte die jeweilige Berechtigung einer Überwachung beschließen müssen. Doch ist zu bedenken, dass Bundesbehörden und hier insbesondere Geheimdienste sich mit Berufung auf die staatliche Sicherheit eine Fülle von Sonderrechten eingeräumt haben. Jedem Demokraten muss das Tauziehen um die Einsicht in die Selektorenliste des BND und der NSA durch Bundestagsabgeordnete befremdlich erscheinen. Im Ergebnis zeigt sich ein Staat im Staate, der nicht vor dem Ausspähen eigener hoher Beamter haltmacht (Die Zeit 2015b).

Da, wo Interessen des Staates berührt werden, ist de facto die richterliche Unabhängigkeit nur begrenzt gegeben:

„Diese Personalhoheit der Exekutive über Richter ist Macht über die Lebenswege einzelner Menschen. Jeder Richter weiß, dass seine Karriere davon abhängt, ob sein Verhalten der Regierung gefällt. Das führt zu psychischen und zu sozialen Abhängigkeiten der Richter von der Politik“ (Hochschild 2012).

Das Gleichgewicht zwischen Freiheit und Sicherheit bedarf einer nicht zu umgehenden Kontrolle von Überwachungsmaßnahmen durch die Betroffenen und die breite Öffentlichkeit. Dann und nur dann ist eine, wie hier vorgeschlagene, dezentrale Vorratsdatenspeicherung sinnvoll. Die Länge der Datenspeicherung müsste zwischen Datenschutzbeauftragten und Exekutive ausgehandelt werden.

Betroffene Überwachte müssen in jedem Fall mit einer bestimmten Frist, z. B. von 6 Monaten, nach Abschluss eines Ermittlungsverfahrens über die Überwachung in der Weise informiert werden, dass ihnen automatisch alle personenbezogenen Daten zur Verfügung gestellt werden, welche im Ermittlungsverfahren verwertet wurden. Das muss auch gelten, wenn die Ermittlung ohne Anklage eingestellt wurde. Weiterhin muss die Öffentlichkeit in Form von anonymisierten Statistiken und Fallbeispielen permanent über Überwachungen informiert werden.

2.6.12 Durchsetzungsfähigkeit

► Die Überzeugung von Bedenkenträgern ist eine viel größere Hürde als die Umsetzung eines funktionierenden Trusted Web 4.0.

Eine Vielzahl von Bedenkenträgern wird sich finden, die Gegenargumente wie hohe Kosten und fehlende Akzeptanz in der Wirtschaft anführen.

Tatsächlich entstehen eher Gewinne als Kosten, wenn man die Effekte der höheren Sicherheit einrechnet und ein solches System in den Aufbau der sowieso geplanten Infrastrukturen integriert. So ist es für das autonome Fahren notwendig, dass jeder am Verkehr Beteiligte, also Autos und Lastwagen, aber auch Fahrräder und Fußgänger, in einen Kommunikationsprozess eingebunden wird. Hier benötigt sowieso jedermann ein dem PDS vergleichbares System.

Im Rahmen einer freien Marktwirtschaft kann die zentralisierte IT weiter bestehen bleiben. Selbst eine Vorratsdatenspeicherung der zentralisiert gespeicherten Daten ist akzeptabel, wenn der Einzelne die Möglichkeit hat, sich der zentralisierten IT durch eine legale und gesellschaftlich akzeptierte Alternative weitgehend zu entziehen. Die in der zentralisierten IT und insbesondere im Dark Web Verbleibenden sind dann unter sich und für die Strafverfolgung leicht zu identifizieren.

2.6.13 Fazit

► Es ist eins vor zwölf, aber nicht zu spät!

Derzeit ist die massenhafte Auswertung von Daten nicht geeignet, um aus der Bevölkerung eine potenzielle Tätergruppe zu filtern. Dies gleicht eher der Suche nach der Nadel im Heuhaufen. Sind solche Analysesysteme ausgereift, dann kann über Nacht ein totalitärer Überwachungsstaat entstehen.

Daten, die massenhaft zentral gespeichert sind, kommen früher oder später in die falschen Hände und können so auch totalitären Systemen wie dem Islamischen Staat helfen, die Macht zu übernehmen.

Der einzige Weg zum Erhalt der Demokratie geht über eine konsequente Dezentralisierung und Anonymisierung von IT-Systemen. Wer dieses Ziel als nicht in kurzer Zeit realisierbar abtut, der möge sich vor Augen führen, in wie kurzer Zeit Systeme wie Facebook und Google erfolgreich waren. Innovationszyklen werden in Zukunft kürzer werden. Es geht in erster Linie darum, genügend Führungskräften und Bürgern das Thema nahezubringen, um eine kurzfristige Umsetzung zu erreichen.

Forschungsbedarf besteht noch, um ein System zu schaffen, welches Benutzernummern generiert:

- die je Anmeldung eines PDS an dem Regionalserver einer Kategorie – ähnlich einer dynamischen IP-Adresse – aus einem Teil bestehen, der dynamisch vergeben wird,
- einen weiteren Teil mit einer regionalen Kennung enthalten,
- einen optimalerweise verschlüsselten Teil enthalten, über welchen sich mit einem regionalen Schlüssel der Benutzer herausfinden lässt.

Der Bauplan der Zukunft

3

> Digitale Transformation bedeutet Beteiligung an der Wertschöpfung durch intelligente autonome und anonymisierte Prozesse.

Einen Bauplan der Zukunft zu schreiben, ist ein großer Anspruch. Der Autor hat sich seit über 15 Jahren nicht nur mit gesellschaftlichen und technischen Voraussetzungen für ein optimal im Sinne aller Beteiligten funktionierendes Internet auseinandergesetzt. Er hat auch unzählige Konzepte für IT-Unternehmensgründungen in seiner über zehnjährigen Tätigkeit als Gutachter für einen Gründungswettbewerb bewertet. Zudem war er selbst in ein Dutzend Pläne für ein sicheres Internet beratend oder federführend eingebunden.

3.1 Veränderung der Wertschöpfungsprozesse

> Eine europäische Allianz aus Wirtschaft und Politik muss den Paradigmenwechsel forcieren.

Die Übertragung der sozialen Marktwirtschaft auf die digitale Gesellschaft ist von entscheidender Bedeutung für Europa. Derzeit passen wir uns einem zentralisierten Internet und dem Diktat einiger Global Player an, anstatt die Errungenschaften der vordigitalen Gesellschaft digital abzubilden. Politische Steuerungsmechanismen müssen an die veränderte Situation angepasst werden. Die Privatwirtschaft ist gefordert, eine Allianz zu schaffen, die in der Lage ist, die Vormachtstellung des Android-Google-Systems im Onlinemarkt zu brechen. Dabei sollte der Grundstein gelegt werden, um alle an der Produktion Beteiligten – hierin ist auch das Generieren von Wissen enthalten – fair in den Wertschöpfungsprozess einzubinden.

O. Berberich, *Trusted Web 4.0 – Bauplan für die digitale Gesellschaft*, Xpert.press,
DOI 10.1007/978-3-662-49208-6_3

3.1.1 Situation und Perspektive des Kommunikationsnetzmarktes

► Aus dem ungeplanten Entstehen des Internets muss jetzt ein Konzept der Beteiligung vieler an der Wertschöpfungskette entstehen.

Seit 2014 wurden mehrfach Vorstöße aus der Politik (Gropp 2014), ein eigenes europäisches Internet aufzubauen – auch „Schengen-Routing" genannt –, ohne Ergebnis diskutiert.

Das Internet ist seit seinem Entstehen weitgehend ungeplant gewachsen. Oft eher zufällig, haben sich weltweite Peering-Allianzen gebildet. Schnelle Datenleitungen wurden zwischen Partnern gelegt, die nicht als Wettbewerber auf dem gleichen Markt tätig sind. Partner im gleichen Wirtschaftsraum betrachtet man meist als harte Konkurrenz und man vermeidet den direkten Datenaustausch. So kommt es zu den aus Sicht von Latenzzeiten, Datenlast und Datensicherheit unsinnigen Datenverbindungen von einem Standort in Deutschland zu einem zweiten über den Umweg des amerikanischen Kontinents (Norton und Summa 2014).

Bei der staatlichen Versteigerung von Mobilfunklizenzen argumentiert man mit der freien Marktwirtschaft. Allerdings ist nicht verständlich, dass es zum Beispiel in Deutschland einerseits staatliche Regelungen zur Vergabe von Funklizenzen gibt, andererseits für neue Konzepte kein Platz zu sein scheint. Bezugnehmend auf die ab 2017 neu zu vergebenden, bisher für die Rundfunkausstrahlung genutzten DVB-T2-Frequenzen äußert sich der Präsident der Bundesnetzagentur: „Es sei [sachlich nicht geboten und auch der Förderung des Wettbewerbs nicht dienlich], Neueinsteigern Frequenzen zu reservieren oder ihnen bei der Auktion Erleichterungen einzuräumen. Unternehmen wie Liquid Broadband, die auf neue Frequenzen angewiesen sind, dürften damit kaum die Möglichkeit haben, mit den finanziellen Mitteln einer Telekom, Telefonica oder Vodafone zu konkurrieren" (Adelmann 2015). Immerhin muss ein Bieter für eine solche Lizenz mehrere Milliarden Euro bezahlen und anschließend wieder erwirtschaften.

Interessanterweise ist Liquid Broadband einer der ersten deutschen Versuche, eine dezentralisierte Kommunikationsstruktur, finanziert über den deutschen Mittelstand, aufzubauen. Auch die Airdata AG betreibt bereits seit 2003 ein eigenes Funknetz und hat eine Klage gegen die Frequenzvergaben durch die Bundesnetzagentur teilweise gewonnen (Airdata AG 2011).

Allerdings ist das Vorgehen der Bundesnetzagentur verständlich. Schließlich füllen die Lizenzversteigerungen im erheblichen Maße die öffentlichen Kassen und sollen zum schnelleren Breitbandausbau verwendet werden. Auf der anderen Seite ist ein deutsches Start-up möglicherweise zu klein, um sich am Markt durchzusetzen. Ein ungeregelter Markt mit zu vielen Anbietern würde weiterhin erhebliche technische Probleme nach sich ziehen.

Tatsächlich haben sich überall in Europa im Telekommunikationsmarkt Oligopole, also Märkte mit einer kleinen Anzahl von Anbietern, durchgesetzt. Oligopole widersprechen einerseits dem freien Wettbewerb, sind aber andererseits inzwischen selbst Übernahmekandidaten, getrieben von internationalen Contentanbietern. Bis zu 80 % des Internetverkehrs findet inzwischen per Video statt (Norton und Summa 2014). Vor diesem Hintergrund sind die Fusionen und Übernahmen des letzten Jahres zwischen Mobilfunk- und Kabelanbietern mit Breitbandleitungen zu verstehen.

Die europäische Regulierungsinstanz BEREC (Body of European Regulators for Electronic Communications) hat sich noch nicht eindeutig positioniert. Sie sieht einerseits„„risks of slower innovation, higher prices and lower quality“ als mögliche Probleme in einem durch Oligopole geprägten Markt. Aber andererseits: „oligopolies can also bring benefits to the market, in terms of incentives for investments and innovation“ (Body of European Regulators for Electronic Communications 2015).

Tatsächlich ist die Sichtweise von Oligopolen schon wieder überholt. Die GAFE-Konzerne (Google, Amazon, Facebook, Ebay u. a.) bilden schon längst Monopole in ihrem Bereich und haben sich in Hinsicht auf die Höhe der generierten Wertschöpfung von den reinen Infrastrukturanbietern abgekoppelt. Sie werden diese in einem zweiten Schritt übernehmen oder verdrängen. Selbst an der Spitze der Wertschöpfung will Google demnächst Technologie einsetzen, um Netze, erst einmal von T-Mobile und Sprint, zu durchforsten. „Das beste Signal werde dann für die Übertragung von Anrufen, SMS oder Daten genutzt, so Insider“ (Fleisher 2015). Klassische Telekommunikationsanbieter veräußern hingegen derzeit ihr Tafelsilber (Spiegel 2014b), um die erwarteten Renditen und die Kosten für neue Lizenzen noch erwirtschaften zu können.

Europa wird im Rahmen der Globalisierung gezwungen sein, sich auf weltweite Qualitätsstandards einzulassen. Hier setzen sich in der IT-Sicherheit die niedrigeren amerikanischen Standards durch. Die deutsche Sicherheitsindustrie warnt zu Recht vor der hieraus resultierenden Schwächung des IT-Sicherheitsniveaus (Mühlbauer 2015). Die jetzt schon weitgehend ausgehebelte IT-Sicherheit wird sich also in Europa weiter verschlechtern.

3.1.2 Forderungen für den Aufbau europäischer Multimedianetze

► Die Erhöhung des technischen Aufwands für die zentrale Überwachung sichert die Demokratie und die Beteiligung aller an der Wertschöpfung!

Europa kann sich nur gegen die absehbare amerikanische Vorherrschaft im Medien- und Kommunikationsnetzbereich durchsetzen, wenn es größer denkt als die USA und einen eigenen, besseren Weg geht. Die Vergabe von Mobilfunklizenzen ist neben rechtlichen Rahmenbedingungen der zentrale Hebel, mit dem letztendlich die Übernahme der europäischen Wirtschaft durch die USA und andere Staaten verhindert werden kann. Nichts anderes ist es, wenn die wesentliche Wertschöpfung bei wenigen Global Playern verbleibt und alle anderen gerade so viel Wertschöpfung generieren, dass sie als Partner und Konsument weiter zum Profit dieser Oligarchen beitragen. Nicht umsonst hat EU Parlamentspräsident Martin Schulz schon jetzt von totalitären Tendenzen gesprochen. Es geht „um die Verteidigung unserer Grundwerte des 21. Jahrhunderts“ (Spiegel 2014a).

Die Politik hat über Hunderte von Jahren eine funktionierende Gesellschaft aufgebaut. Trotz der oft beklagten Überregulierung der entwickelten europäischen Staaten bieten sich für den Einzelnen hier viele Freiheiten und die Möglichkeit, selbstbestimmt zu leben.

Die Politik hat jedoch den Anschluss an die Digitalisierung der Gesellschaft verloren. So ist der Status quo durch das zentralisierte Internet bereits die Totalüberwachung von Bürgern, Politikern und Entscheidern aus der Wirtschaft. Die Autonomie jedes Einzelnen ist bedroht. Die Geheimdienste der Staaten haben sich weitgehend verselbstständigt. Die Politik wird es nicht mehr schaffen, die Totalüberwachung zu verhindern (Greis 2015). Jeder Geheimdienst, der abrüsten soll, argumentiert, damit seinen Staat den anderen Staaten wehrlos auszuliefern.

Jede zentralisierte Technologie verfügt über zentrale Hintertüren oder zentrale Schlüssel, die früher oder später selbst verfeindeten Staaten zur Verfügung stehen. Als einziger Ausweg bleibt die Möglichkeit, technisch sicherzustellen, dass massenhafte Überwachung und massenhafte Manipulation nicht mehr möglich ist. Eine solche Möglichkeit bietet die Anonymisierung und Dezentralisierung des Internets.

3.1.3 Social Media als Treiber der Datenverwertung

► Daten sind die Währung der Zukunft. Die Urheber dieser Daten müssen adäquat in die Wertschöpfung eingebunden werden.

Die Social-Media-Entwicklung in Europa ist noch keine zehn Jahre alt. Trotzdem haben die verschiedenen Social-Media-Portale schon eine ungeheure Marktdurchdringung erreicht und sind heute fester Bestandteil des gesellschaftlichen Lebens. Die Idee, sich selbst mit sehr einfachen Tools weltweit präsentieren zu können, führte zu einem Teilnahmezwang. Wer nicht drin ist, der gehört vordergründig nicht mehr dazu.

Social Media wird in Zukunft weiter an Einfluss gewinnen. Auch ist entscheidend für ihre bisherige Entwicklung, dass Wenige hier die wesentliche Wertschöpfung generieren. Verwertungsrechte werden im erheblichen Umfang unentgeltlich an Verwerter abgegeben. Bei Facebook heißt es:

„Du gibst uns eine nicht-exklusive, übertragbare, unterlizenzierbare, gebührenfreie, weltweite Lizenz zur Nutzung jeglicher IP-Inhalte, die du auf oder im Zusammenhang mit Facebook postest. Diese IP-Lizenz endet, wenn du deine IP-Inhalte oder dein Konto löschst; es sei denn, deine Inhalte wurden mit anderen geteilt und diese haben die Inhalte nicht gelöscht" (Facebook 2015).

Reichweite erzielt ein Urheber bei Facebook nur, indem er Inhalte teilt. Somit hat er ohne garantierte Gegenleistung auf sein Nutzungsrecht verzichtet. Zwar ist das Nutzungsrecht bei Facebook nichtexklusiv, aber da sogar Unterlizenzen vergeben werden können, kann Facebook unkündbar die kommerzielle Verwertung faktisch untersagen, indem Facebook einer zahlungswilligen Käufergruppe die gleichen Werke kostenlos anbietet.

Marketingexperten sind zeitweise dazu übergegangen, ihr ganzes Firmenmarketing auf den Aufbau von Gruppen in Social-Media-Portalen zu konzentrieren. Monate an Arbeit sind verloren, wenn zum Beispiel bei XING eine Gruppenmoderation vom Portalbetreiber selbst übernommen wird. Schlimmer noch, der Aufbau einer Marke war umsonst. Die Marke wird durch die Wahrnehmung des jeweiligen Social-Media-Portals ersetzt und so die Kundenbindung an den Social-Media-Betreiber abgegeben.

Interessant ist eine Umfrage des Bundesverbands Digitale Wirtschaft e. V. (Abb. 3.1), der gerade die Unternehmen vereinen will, welche im Bereich der digitalen Wertschöpfung tätig sind.

Der Datenschutz wird als größtes Hemmnis für Social Media gesehen (Statista 2015). Dies zeigt, wie erheblich die Verwertung personenbezogener Daten für Social-Media-Geschäftsmodelle bisher im Vordergrund war. Dabei wurde bislang nicht der Beweis angetreten, dass profiloptimierte Werbung und Ansprache wirklich zu höheren Käufen und Profiten führt. Wollen Männer über 50 wirklich Viagra und Kontakt zu jungen Frauen angeboten bekommen? Kauft ein Geschäftsführer wirklich ein Ferienhaus auf Mallorca? Oder lernen wir in der Reizüberflutung, geschickt Werbung zu übersehen? Vielmehr verweigert sich der Konsument zunehmend der Werbung (s. Kap. 1, Abschn. 1.1.17).

„Fehlendes Know-how" mag eine Selbsterkenntnis sein, kann aber auch durch „undurchsichtige Wertschöpfungsmodelle" ersetzt werden. Man weiß nicht, was man abgibt, welche nachhaltigen Konsequenzen es hat und was man als Gegenwert bekommt, wenn man sich mit den großen Portalen einlässt. Die Social-Media-Portale möchten durch Werbeeinnahmen finanziert werden. Sie nutzen die Schweigespirale aus: „people were more willing to share their views if they thought their audience agreed with them" (Hampton et al. 2014). Das Klicken auf den Like-it-Button und die Bestätigung von Kontaktanfragen sind so nur der Versuch, mit der Masse mitzuschwimmen und von allen respektiert zu werden. Echte Produktbewertungen als wertvolle Hilfe für die Marktforschung lassen sich hieraus alleine nicht gewinnen.

„Falsche Umsetzung" hängt wieder damit zusammen, wie gut man das Spiel von Geben und Nehmen im Internet beherrscht. Entscheidend ist auch, auf wie viele Quellen man zugreifen kann, um ein umfassendes, aussagekräftiges, personenbezogenes Profil zu erhalten. Hier sind die Vorteile der GAFE nicht mehr einzuholen. Für sich betrachtet sind die amerikanischen Contentanbieter als Oligopole einzustufen, ähnlich wie oben beschrieben die Infrastrukturanbieter. In Bezug auf ihre Vernetzung und das zur Analyse zur Verfügung stehende Datenvolumen kann man sie mit Fug und Recht als Monopolisten bezeichnen.

„Kontrollverlust" wurde oben bereits beschrieben. Unternehmen und Nutzer verlieren langfristig nicht weniger als ihre Autonomie.

Die wesentliche Wertschöpfung generieren nicht mehr die Urheber von Informationen und die Hersteller von Produkten, sondern die Anbieter von Daten im Tausch für permanente Kundenbindung.

Die Global Player schaffen durch die Verschleierung der tatsächlichen Wertschöpfung und die internationale Nutzung der Daten rechtsfreie Räume. Gleichzeitig steigt die Wertschöpfung bei diesen Marktführern so schnell an, dass sie über ihre ungeheure Ka-

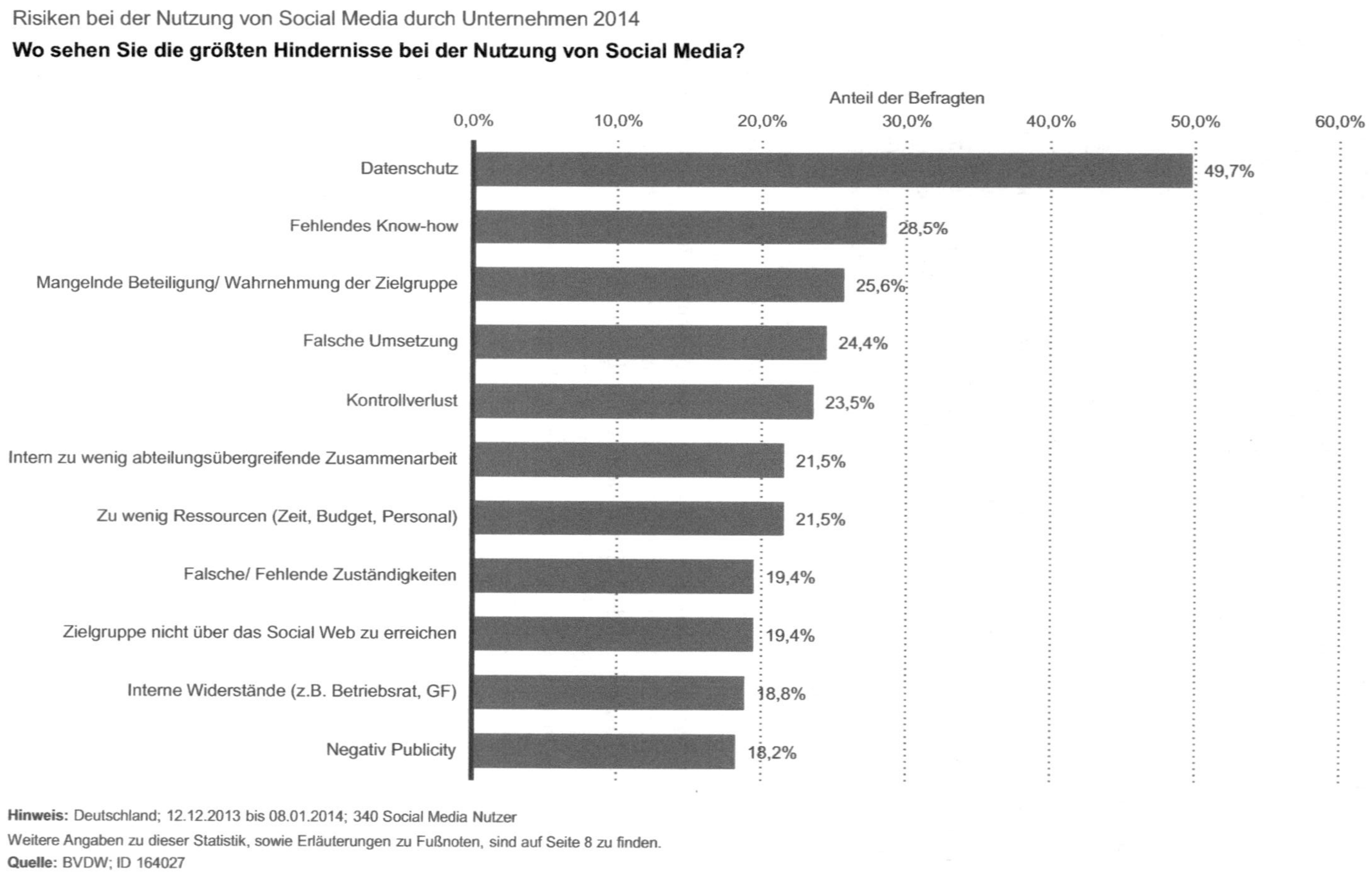

Abb. 3.1 Der Datenschutz ist das größte Hindernis für Social Media

pitalisierung die weitere Marktentwicklung in ihrem Sinne bestimmen können. Start-ups haben keine Chance sich zu etablieren.

Wenn Google oder andere Oligarchen zerschlagen werden (Faigle und Schlieritz 2015), dann passt man das Recht an das digitale Zeitalter mit fragwürdigen Eingriffen in die freie Marktwirtschaft an. Wir sollten vielmehr versuchen, einen anderen Weg zu beschreiten. Der Ausweg ist einfach und wieder dezentral. Zu den oben beschriebenen dezentralen eigenen Daten in der Cloud kann eine dezentrale anonymisierte Community aufgebaut werden, die global funktioniert. Zudem kann eine solche Community den vom Social Media erwarteten echten Mehrwert der Kundenbewertung bieten.

In einem Pilotprojekt hat getmysense[1] (getTIME.net GmbH 2011–2013) Facebook und Co. infrage gestellt.

Aus diesem Pilotprojekt lassen sich folgende Fragestellungen ableiten:

- Ist es wirklich notwendig, personenbezogene Daten für ein funktionierendes Geschäftsmodell zu benutzen?
- Kann man die Schweigespirale in einem anonymisierten Netzwerk aufbrechen und so echte Informationen für die Marktforschung erhalten?
- Ist ein Social-Media-Projekt nicht nachhaltig viel erfolgreicher, in dem Prosumenten, also produzierende Konsumenten, in einen transparenten Wertschöpfungsprozess eingebunden sind?

3.1.4 Onlinewerbung versus klassische Werbung

► Neue anonymisierte Konzepte brechen oligarchisch organisierte Strukturen für die Teilnahme aller Beteiligten an der Wertschöpfungskette auf.

Seit es Suchmaschinen gibt, gibt es den Versuch, zielgruppengenaue Onlinewerbung zu platzieren. Es begann mit Adwords, der Möglichkeit z. B. bei Google, zu bestimmten Suchbegriffen hervorgehobene Einträge zu schalten. Dann kamen Affiliate-Programme wie DoubleClick und Zanox, in denen man auf Tausenden von privaten Seiten einfach zentralisierte Werbung schalten kann. Paid Content soll nicht als Werbung wahrgenommen werden und ist ein weiterer Versuch, die Kunden zu erreichen.

Die Kanäle und Werbeformen im Onlinebereich sind für Unternehmen unübersichtlich geworden. Jede Onlinewerbung verspricht, treffsicher und statistisch auswertbar die Kundengruppe zu erreichen. Tatsächlich werden jedoch durch mehr Werbekanäle nicht mehr Konsumenten geschaffen. Im Gegenteil, durch das gleichzeitige Verarbeiten von Inhalten,

[1] getmysense wurde 2009–2013 als Social Media Booster entwickelt. Verschiedenste Social-Media-Portale wurden über RSS-Feeds von getmysense beliefert. In getmysense war es möglich, anonym und präzise seine eigenen Interessen zu beschreiben und hierzu auf Wunsch Angebote zu erhalten. getmysense wurde 2013 eingestellt, weil es gegen die heftigen Angriffe aus dem Internet nicht ausreichend geschützt werden konnte.

z. B. beim Fernsehen und Surfen, gehen wesentliche Informationen verloren. So haben aktuelle Untersuchungen gezeigt, das Media-Multitasking in Wirklichkeit Multi-Ablenkung ist. In der Untersuchung wurde innerhalb von 27,5 min 120-mal ein Blickwechsel der Probanden zwischen TV und Computer gemessen. „Clearly, the rules we developed for the mono-media culture no longer apply" (Brasel und Gips 2011).

Werbung wird als Erstes ausgeblendet. So kann Werbung in zwei Kanälen dazu führen, dass sie zweifach bezahlt, aber nicht mehr wahrgenommen wird. Die Reichweitenmessung der Onlinewerber ist sehr kritisch zu betrachten. Der TKP (Tausend-Kontakt-Preis) sagt nur aus, ob eine Werbung auf einer Seite aufgerufen wurde.

Die oben genannte Studie stellte kein wesentlich anderes Verhalten bei jüngeren Probanden fest. Mag sein, dass sich neue Generationen besser in der Multitaskingmedienwelt zurechtfinden. Es ist allerdings eher zu erwarten, dass diese Generation noch bessere Strategien entwickelt, um Werbung selektiv auszublenden.

Die Erweiterung der Werbekanäle führt dazu, dass die Werbeausgaben, um ein Produkt an den Markt zu bringen, für die Anbieter ständig steigen, der Gegenwert aber ständig sinkt. Sieht man sich die Zustimmung zur Werbung (Statista 2014) in unterschiedlichen Medien an, so wird deutlich, dass die Onlinewerbung in einer Sackgasse steckt und die Datenverwertungsindustrie möglicherweise letztendlich damit Geld verdient, kontraproduktiv dem Verbraucher das Vertrauen in die neuen Medien zu nehmen (Abb. 3.2)[2].

Während Werbung in Tageszeitungen die höchsten Glaubwürdigkeitswerte erhält, liegt das Internet an zweitletzter Stelle. Eine schlechtere Akzeptanz hat nur noch Werbung im mobilen Internet, das als aktueller Hoffnungsträger für neue Werbemöglichkeiten gehandelt wird.

In der Werbebranche scheint kollektiv ausgeblendet zu werden, dass sich durch mehr Werbekanäle alleine nicht die Anzahl der Konsumenten und deren Kaufkraft sowie ihre Aufnahmekapazität erhöhen. Schlimmer noch, prägt sich erst einmal Werbung als störend ein und das meinen immerhin 24,7 % der Nutzer im Internet, so kann die zu intensive Werbung für Produkte sogar dazu führen, dass diese Produkte deshalb nicht gekauft werden und die Anbieter einen langfristigen Imageverlust erleiden. Entsprechend wundert der zunehmende Einsatz von AdBlockern nicht (s. Kap. 1, Abschn. 1.1.17).

Aber auch hier gilt das gleiche wie im Social-Media-Bereich. Wenn genügend Informationen über eine Person zur Verfügung stehen, werden die Werbevorschläge so gut, dass der Kunde sie akzeptiert. Dieser Weg ist aber nur wenigen Datenmonopolisten vorbehalten. Diese verkürzen, da wo sie können, die Wertschöpfungskette und ersetzen alle, die in Werbung, Handel und Logistik dazwischen liegen, oder beanspruchen zumindest den wesentlichen Teil der Wertschöpfung für sich.

Seit 15 Jahren gibt es Versuche der zielgerichteten Werbung im Internet und trotzdem haben die Printmedien noch eine erstaunlich hohe Akzeptanz. Auch müssen die Printme-

[2] Umfrage in Deutschland, Erhebungszeitraum Oktober 2013 bis April 2014, Anzahl der Befragten 70,5 Mio. Personen, 45.348 Fälle, Altersgruppe ab 14 Jahre, Art der Befragung: in persönlichen Interviews.

Umfrage zu Eigenschaften von Werbung in unterschiedlichen Medien 2014

Zustimmungsrate für verschiedene Eigenschaften von Werbung in unterschiedlichen Medien 2014

	Tageszeitungen	Zeitschriften/Magazine	Internet	Apps/ Mobiles Internet	Fernsehen	Radio	Kino	Plakat	Postwurf	Anzeigenblätter
Werbung ist glaubwürdig	39%	22,2%	8,3%	3,3%	22,5%	14%	6,7%	10,5%	17,7%	26,4%
Werbung ist interessant	25,4%	28,3%	12,8%	5,3%	25,3%	13,1%	12%	13,2%	17,9%	25,4%
Werbung ist lästig	11,3%	11,5%	28%	16,7%	37%	23,2%	14%	7,9%	22,8%	12,5%
Werbung ist unterhaltend	14,1%	22,7%	9,2%	4,2%	32,9%	19%	20,8%	10,1%	9,8%	13%
Werbung ist überflüssig	10,7%	10,7%	18,4%	13%	19,8%	16,9%	12,7%	11,6%	16,3%	9,7%
Werbung ist nützlich	34,5%	22,2%	11,4%	5,4%	20,5%	12,5%	6%	11,5%	25,6%	36,4%
Werbung ist kaufanregend	23,7%	21,8%	9,6%	4%	25,4%	9,8%	7,7%	11,1%	22,7%	32,2%
Werbung ist störend	8,9%	9,4%	24,7%	15%	34,2%	21,6%	12,8%	7%	16,7%	9,5%
Werbung ist informativ	35,6%	27,7%	12,6%	5,4%	25%	15,3%	8,3%	14,7%	27,6%	36,9%
Werbung gehört einfach dazu	37,7%	35,8%	17,9%	9,6%	39,1%	27,3%	26%	25%	26,1%	33,5%
Werbung beachte ich dort gar nicht	20,5%	20,2%	33,9%	36,5%	17,1%	26,1%	24,4%	32,6%	25,6%	19,7%
Keine Angabe	7,3%	8,9%	17,4%	33,5%	2,6%	10,3%	20,6%	15,4%	8,9%	8,6%

Hinweis: Deutschland; ab 14 Jahre; 70,5 Millionen Personen, 45 348 Fälle

Weitere Angaben zu dieser Statistik, sowie Erläuterungen zu Fußnoten, sind auf Seite 8 zu finden.

Quelle: GIK; ID 274483

Abb. 3.2 Werbung in Tageszeitungen mit höchster Glaubwürdigkeit (Statista 2014)

dien wesentlich höhere Anzeigenpreise für die angegebene Reichweite erzielen als der Onlinewerbebereich, der im Vergleich zu Print mit marginalen Kosten arbeiten kann.

Das Pilotprojekt „Synergienetzwerk Mittelstand“[3] beschäftigte sich mit ersten Geschäftsmodellen, um Werbung im Onlinezeitalter an die Bedürfnisse der Menschen anzupassen.

Aus diesem Pilotprojekt lassen sich folgende Fragestellungen ableiten:

- Ist es wirklich notwendig, Nutzer mit Werbung zu penetrieren?
- Erhält Werbung nicht eine extrem hohe Akzeptanz, wenn die Art der Informationsangebote – hierzu zählt auch gut aufgemachte Werbung – vom Konsumenten selbst zusammengestellt werden kann?
- Können einfache Tools geschaffen werden, mit denen Informationen genau dann den Nutzer ohne große Datensammlungen erreichen, wenn er sie braucht?
- Sind dafür personenbezogene Daten überhaupt nötig oder reicht das Wissen, wie viel Prozent der Käufer z. B. Chips zu Bier kaufen?

3.1.5 Neue Wertschöpfung durch dezentralisierte Funknetze

► Dezentralisierte Funknetze bilden die Grundlage für neue dezentralisierte Geschäftsmodelle.

Wie bei der Situationsbeschreibung der Infrastrukturbetreiber am Anfang dieses Abschnitts (vgl. Kap. 3, Abschn. 3.1.1) deutlich geworden ist, sind diese als reine Netzwerkanbieter nicht überlebensfähig. Andererseits haben die meisten inzwischen aufgegeben, im Contentbereich mit GAFE zu konkurrieren. Sie versuchen vielmehr, sich nun als Diensteanbieter für die im „Internet der Dinge“ benötigten Mehrwertdienste zu etablieren.

Doch diese Mehrwertdienste haben spezielle Anforderungen, für die vorhandene Netze nicht ausgelegt sind. Die klassischen Internetdienste sind dafür geeignet, große Datenmengen zum Verbraucher zu schicken. Der Verbraucher sendet seinerseits nur wenige Daten, um zum Beispiel das Herunterladen eines Videos auszulösen. Zudem werden die Daten in kleinen Paketen über lange Strecken geschickt. Videos werden gepuffert und können so mit der zum Laden des Puffers nötigen Verzögerung anschließend weitgehend ruckelfrei angesehen werden.

Latenzzeiten spielen bei intelligenten vernetzten Systemen eine erhebliche Rolle. Für die Dezentralisierung von M2M (Maschine-zu-Maschine-Kommunikation) spricht, dass intelligente Systeme auch zunehmend mobil sind. So müssen zum Beispiel Autos in erster

[3] Das „Synergienetzwerk Mittelstand“ entstand im Zusammenhang mit der www.citythek.de (GraTeach GmbH und getTIME.net GmbH 1997–2013), die bereits 1997 als älteste deutsche Einkaufsstraßensuchmaschine online ging. Das Projekt wurde im Rahmen einer dualen Akademikerfortbildung beim GraTeach-Institut entwickelt. 2013 stellte man die „citythek“ ein, weil sie gegen die heftigen Angriffe aus dem Internet nicht ausreichend geschützt werden konnte.

Linie mit anderen Autos in unmittelbarer Nähe kommunizieren. Hierfür wurde angeregt, das Internet in Bereiche aufzuteilen und durch Bereiche, Sprachen und Regionen zu dezentralisieren (s. Kap. 2, Abschn. 2.1.3). Über ein patentiertes Kategoriensystem können ebenfalls Suchmaschinen, Social Media und Werbung integriert werden (Berberich 1999). Für mobile dezentrale Aufgaben bieten sich der Mobilfunk und hier derzeit speziell LTE an. Allerdings hat das an Funkzellen gebundene LTE den Nachteil, dass nach heutigem Stand der Technik maximal zehn Benutzer zu exakt der gleichen Zeit Daten senden bzw. Daten empfangen können (Wietfeld 2013). Ein solches System ist insbesondere im Katastrophenfall nicht für M2M geeignet, da dann möglichst gleichzeitig kleine Datenmengen bidirektional gesendet werden müssen und die Latenzzeit eine erhebliche Rolle spielt. Es ist also davon auszugehen, dass der Netzausbau einen erheblichen Einfluss auf die Geschwindigkeit der Marktdurchdringung mit dezentralisierten intelligenten Systemen hat. Wir brauchen eine Punkt-zu-Punkt-Kommunikation zwischen den verschiedenen Kommunikationspartnern oder die gleichzeitige Erreichbarkeit mehrerer Partner.

Um die für Multimediaanwendungen benötigten Datenraten zu erreichen, sollten alle verfügbaren Ressourcen miteinander verbunden werden. Sinnvoll wäre hier die Verbreitung öffentlicher WLANs. Auch wenn öffentliche WLAN-Zugänge zumindest nach deutschem Recht noch nicht gefördert werden (Kaps 2015).

Die privaten Anbieter in die Haftung zu bringen, ist ein verständlicher rechtlicher Versuch, einen Betreiber als Schuldigen zu definieren, wenn bei ihm strafbares Material durchgeleitet wurde. Tatsächlich verhindern solche Vorschriften im erheblichen Maß die Dezentralisierung des Internets. In einem regional dezentralisierten Internet ist es möglich, rechtsverbindlich gegen Täter vorzugehen, die in dem entsprechenden Rechtsraum eine Tat begangen haben. Dadurch wird zudem der Datenverkehr – hier außerhalb des Schengen-Raums – so wesentlich verringert, dass wie in der vordigitalen Gesellschaft ausländische Straftäter durch Kontrollen an den Grenzen abgefangen werden können.

Hieraus ergeben sich folgende Fragestellungen:

- Wie finanziert man eine dezentrale Mobilfunkstruktur für einen gleichzeitigen bidirektionalen Datenaufbau zwischen allen Teilnehmern einer Region?
- Gibt es neue Geschäftsfelder, um Wertschöpfung mit dezentralen Mobilfunkstrukturen zu generieren?
- Welche rechtlichen und politischen Rahmenbedingungen begünstigen die weltweite Marktführerschaft bei der Einbindung aller Kommunikationsteilnehmer in ein sicheres dezentralisiertes Internet?

3.1.6 Finanzierbarkeit eines dezentralisierten Mobilfunknetzes

► Kosten und Wertschöpfung sind gerecht zwischen Nutzern und Anbietern zu teilen.

Für jeden Mobilfunkanbieter ist der erste erhebliche Kostenfaktor sein Rechenzentrum. Es muss eine gegen alle denkbaren Angriffe geschützte Immobilie gebaut werden. Personal für Rechenzentren muss vorgehalten werden. Erhebliche Stromkosten entstehen. Trotz allem können die Mobilfunkanbieter gerade in Katastrophenfällen wegen Überlastung oder Ausfall nur sehr bedingt ihre Dienste zur Verfügung stellen. Erheblicher sind die Installationskosten für Antennenmasten und deren Wartung.

Leider sind wir kein Telekommunikationsunternehmen und haben somit keinen Zugriff auf die tatsächlichen Kosten für 4G/LTE. Es geht um viele Milliarden Euro. Milliarden sind schon alleine für die Ersteigerung von Mobilfunklizenzen nötig. So hohe Kosten sollten Grund genug sein, ohne Scheuklappen einen dezentralisierten Ansatz durchzurechnen.

Aktuell ist die Forschung bereits bei 5G angekommen. Diese Technologie bietet sich ideal für die Dezentralisierung von Funknetzen an. Schließlich bedingen die 300 GHz kurze Reichweiten. Sendeeinrichtungen in 2 km Abstand sind erforderlich. Latenzzeiten unter 1 ms und die Möglichkeit, theoretisch 100 Mrd. Mobilfunkgeräte gleichzeitig anzusprechen, dürften für die meisten Kommunikationsanforderungen auch im M2M-Bereich ausreichen (LTE-Anbieter.info 2015).

Geraten wir im Telekommunikationsbereich möglicherweise in die gleiche Falle wie die Werbung? Auch im M2M-Bereich erhöht sich die Anzahl der Menschen, aber ihre Kaufkraft nicht. Eine so dichte Sendeinfrastruktur wird erheblich teurer und wartungsintensiver werden. Alternativ sollte durchgerechnet werden, die gesamte 5G-Infrastruktur direkt auf die Smartphones zu legen. Die Miniaturisierung von heutiger Technologie lässt dies zu.

Das hat viele Vorteile: Die Wartung und der Stromverbrauch werden vom einzelnen Konsumenten übernommen. Durch Mehrfachredundanzen ist der Ausfall eines Gerätes problemlos durch andere Geräte kompensierbar. Bei der von uns angedachten Dezentralisierung des Internets kann jedes Smartphone Router oder Server sein.

Von der Europäischen Union müsste ein europäisches Smartphone als Ausgestaltung eines europäischen PDS gefördert werden (s. Kap. 2, Abschn. 2.5.5), welches über verschiedene (möglicherweise USB-)Steckplätze verfügt, selbst aber weder Funktechnik noch GPS eingebaut hat. Die Hardware sollte, wie vom BSI empfohlen (Die Bundesbeauftragte für den Datenschutz und die Informationsfreiheit 2015), mit einem speziellen Kryptoprozessor ausgestattet sein, der die Gültigkeit der Hardware und des Betriebssystems überprüft. Optimalerweise sind auf dem Smartphone keine Updates als potenzielle Sicherheitsschwachstelle nötig, weil es sich auf die inzwischen ausreichend erprobten Standardapplikationen beschränkt. Personenbezogene Daten werden auf einer wechselbaren Speicherkarte ausgelagert. Die Innovationszyklen zum Austausch sollten von derzeit zwei bis drei Jahren für den Austausch eines Smartphones auf über fünf Jahre angehoben werden. Über die vorgeschlagenen sechs Steckplätze (Berberich 2014a) könnten alle Innovationen wie neue Funkmodule erweitert werden. Für den Einsatz von Hardwareinnovationen wäre nur ein Steckertausch nötig.

Derzeit ist der Ausbau von Funknetzen mit einem hohen Risiko in Bezug auf den Return on Investment verbunden. Dieses Risiko würde weitgehend wegfallen, da Ausbaukosten nur anfallen, wenn ein Nutzer einen entsprechenden Vertrag abschließt und hiermit die Ausbaukosten direkt mitträgt.

Die Europäische Kommission müsste einerseits die Vergabe einer neuen europäischen Funklizenz an die Nutzung des PDS binden und andererseits die Entwicklung des PDS fördern. Der Ausbau der 5G-Infrastruktur würde bereits bei der Auslieferung des ersten PDS beginnen, da zuerst ein 4G-Stecker verwendet und später durch einen 5G-Stecker ausgetauscht werden kann.

Wie ein Funknetz aus kategorienoptimierten Subnetzen aufgebaut sein kann, wurde in Kap. 2, Abschn. 2.1.3 erläutert. Eine weitere Patentanmeldung für ein anonymisiertes und dezentralisiertes Netzwerk (Berberich 2014c) rundet die Machbarkeit eines solchen Konzepts ab (siehe Patentskizze, Abb. 3.3).

Hieraus ergeben sich die folgenden Fragen:

- Kann die zentrale Netzwerkintelligenz durch dezentrale Kleinstsysteme ersetzt werden?
- Welche rechtlichen Rahmenbedingungen bezüglich der durchgeleiteten Inhalte müssen geschaffen werden?
- Sind die Telekommunikationsunternehmen flexibel genug, sich von ihrem Funkzellendenken zu verabschieden oder müssen neue Anbieter/Konsortien gefunden werden?

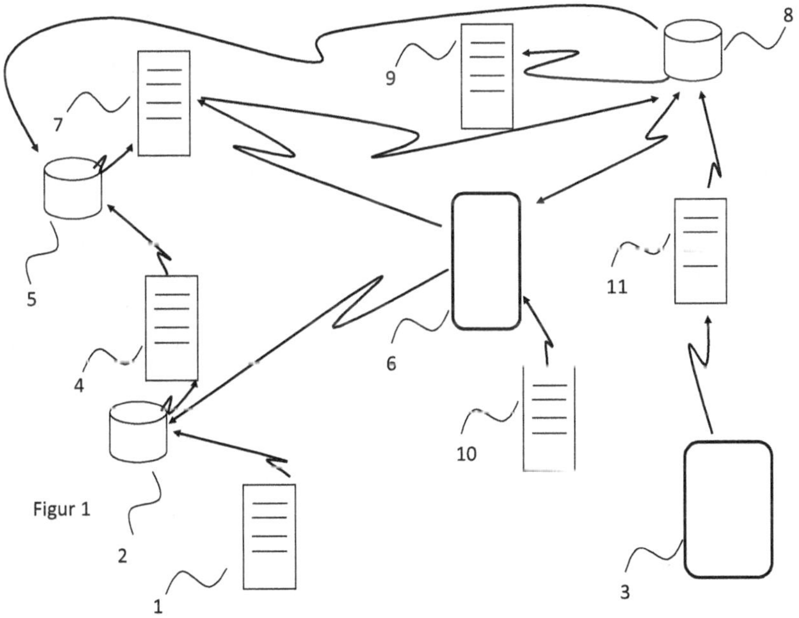

Abb. 3.3 Verfahren für ein dezentralisiertes anonymisiertes Kommunikationsnetzwerk

3.1.7 Fazit

► Dezentralisierung entspricht dem europäischen Grundkonzept der Vielfalt.

Durch die Zentralisierung der Wertschöpfung sind Demokratien und die soziale Marktwirtschaft in ihrem Fundament bedroht. So wie die USA, auf ihr Verständnis als Weltpolizei zugeschnitten, einen Masterplan erarbeitet und konsequent und dadurch erfolgreich im Bereich der IT umgesetzt hat, muss die Europäische Union ihrem Motto: „In Vielfalt geeint" (Europäische Union 2015), gerecht werden. Vielfalt ist das Gegenteil von Massenüberwachung und Massenmanipulation und kann nur mit dem Respekt vor der Privatsphäre und Autonomie des einzelnen Bürgers verbunden sein.

Die wesentliche Gefahr geht von der Umsetzungsgeschwindigkeit aus, mit der die Global Player monatlich neue Innovationen oder Übernahmen ankündigen. Im Vordergrund steht hier die Erhöhung der Kundenbindung in Kombination mit der Steigerung der eigenen Wertschöpfung durch Synergien zwischen den Produkten.

Es geht nicht darum, mehr Geld zu investieren, sondern es geht darum, die richtigen Weichen zu stellen. Aufgabe der öffentlichen Hand ist seit jeher, eine sichere Grundinfrastruktur zur Verfügung zu stellen, damit sich die Demokratie und die soziale Marktwirtschaft entwickeln können. Wie in Kap. 2, Abschn. 2.5 erläutert, muss zuerst mit vorhandenen Mitteln eine normale Sicherheit über die gesamte Informationsprozesskette hergestellt werden.

Der Bauplan für die digitale Gesellschaft bietet die Grundlage, um in den wichtigsten digitalen Wachstumsbranchen mit dezentralisierten und anonymisierten IT-Strukturen Wertschöpfung zu generieren. Die Wertschöpfung muss hierfür interdisziplinär betrachtet werden. Nachhaltig sind dezentralisierte Systeme besser, wenn sie einen transparenten Mehrwert für alle Beteiligten und eine daraus resultierende verteilte Wertschöpfung hervorbringen.

Rahmenbedingungen für die Versteigerung von Funklizenzen sind ein wirkungsvolles Mittel, um europaweit eine gemeinsame Richtung vorzugeben. Auch ein dezentralisiertes Konzept soll sich heute global aufstellen, aber es muss regional agieren. Die globalen Komponenten sollten auf das Minimum begrenzt sein, das zum Zusammenwachsen der Welt unbedingt nötig ist.

Kurzfristig sind keine Veränderungen möglich. Aber jetzt müssen die richtigen Entscheidungen für die nächsten 20 Jahre getroffen werden. Wir sollten größer denken als die GAFE. Durch den beginnenden Einsatz der M2M-Kommunikation stehen wir jetzt am Scheideweg. Werden wir zukünftig von zentralisierten Systemen beherrscht oder werden wir die Errungenschaften unserer vordigitalen Gesellschaft mithilfe weitgehend autonomer Systeme weiterentwickeln?

Größer Denken bedeutet, alle verfügbaren Ressourcen zu bündeln und alle Bereiche unter dem hier vorgestellten Fokus nach den besten Ideen zu durchforsten.

3.2 Persönliches digitales System als disruptive Technologie

▶ Die letzten Zentimeter des Mensch-Maschine-Interface sind das Tor zur Wertschöpfung.
Wer ein Konzept entwickelt, an dem alle fair partizipieren, wird selbst erhebliches Wachstum und Wertschöpfung generieren.

Nicht nur im Endkundensegment, sondern auch in Bereichen der Softwareentwicklung hatten Konzepte mit vordergründig kostenlosen Produkten in den letzten Jahren großen Erfolg. So hat Google mit 84,6 % Marktanteil an den mobilen Betriebssystemen (Kötzsch 2014) im Gegenzug zum kostenlosen Angebot die Kontrolle über den Nutzerzugang erhalten. Geschickt kontrolliert Google die eigentlich freie linuxbasierte Software durch proprietäre Software (Wikipedia 2015, Android). Das kostenlose Angebot ist wie ein Honigtopf, in dem sich erst App-Entwickler und dann die Nutzer selbst haben fangen lassen. Es wäre naiv zu glauben, man könnte über Nacht durch ein anderes virtuelles Produkt, wie etwa einen besseren Browser, Google verdrängen.

Allerdings ist Googles Stärke auch noch immer seine Schwäche. Es beherrscht die virtuelle Kundenschnittstelle. Das Unternehmen ist davon abhängig, dass seine Macht so groß ist, dass sich die Anbieter der Devices nach Google richten.

Schafft man es, mit welchem Geschäftsmodell auch immer, dem Endkunden die letzten Zentimeter des Mensch-Maschine-Interface in die Hand zu geben – etwa in Form des in diesem Buch vorgestellten PDS –, dann versteht der Nutzer seine Entscheidungsgewalt über seine Daten und über die von ihm gewünschten Produkte. Dann ist absolut nichts dagegen einzuwenden, wenn Google, Facebook etc., in einen echten Wettbewerb um den Kunden treten. Das nächste Betriebssystem braucht nur einen Stecker entfernt zu sein, um einen freien Wettbewerb zwischen verschiedenen Gesamtkonzeptanbietern zu gewährleisten.

Sehen wir uns den Individualverkehr an, dann hat sich ein komplexes System von persönlichem Besitz des Fortbewegungsmittels und öffentlich über Steuern finanzierter Infrastruktur entwickelt. Genauso muss das PDS unabhängig vom Provider im persönlichen Besitz des Nutzers sein. So wie er heute seine Telefonnummer von einem zum nächsten Provider mitnehmen kann, muss auch das PDS bei mehreren Anbietern gelten.

Die zukünftige Währung der Unternehmen sind die Daten. Betrachtet man allerdings die berechtigten rechtlichen Anforderungen des Datenschutzes und Urheberrechts, so kann es für Unternehmen viel einträglicher sein, sich ohne rechtliche Beschränkungen um den Mehrwert der Auswertung von bereits an der Quelle anonymisierten Daten zu kümmern, als nachher umfangreiche Vorkehrungen zu treffen, um Big Data überhaupt rechtskonform verwenden zu können. Man muss nicht wissen, wer der Kunde ist. Man muss nur wissen, dass er zu Bier auch Chips kaufen will. Wenn der Nutzer seine eigenen Daten beherrscht und entscheidet, wem er sie zur Verfügung stellt, fallen, wie im folgenden Abschnitt gezeigt werden wird, in vielen Bereichen rechtliche Hemmnisse weg und ermöglichen neue Geschäftsmodelle.

Wenn Menschen bereit sind, viele Tausend Euro in den Kauf eines Autos zu investieren, wie viel ist ihnen dann ein PDS wert, das sie sicher in der digitalen Gesellschaft begleitet? Doch das ist nicht die eigentliche Frage. In entsprechenden Stückzahlen kostet ein PDS zwischen 50 und 100 €. Die Stecker mit eigenen Rechnern refinanzieren sich durch die darauf abgebildeten Geschäftsmodelle. Diese Kosten sind unerheblich in Bezug auf die jährlichen Kosten, die der Nutzer heute bereit ist, für ein sicheres Internet auszugeben.

Findet sich eine entsprechende Allianz aus Anbietern von Automotive, Content, Software, Hardware, Sensoren, Industrie-4.0-Produkten, wird es überhaupt kein Problem sein, das PDS an die Nutzer zu verschenken. Andererseits ist ein Paradigmenwechsel sichergestellt, wenn auf einen Schlag alle ein solches PDS hätten. Die öffentliche Hand könnte E-Government erheblich beschleunigen, wenn sie das PDS an alle Bürger ausgibt.

Auch ohne hier einen Geschäftsplan vorzustellen, sollte das Potenzial eines PDS offensichtlich sein. Im Kap. 3, Abschn. 3.4 belege ich an konkreten Zahlen, dass eine wirtschaftlich erfolgreiche digitale Transformation nur mit der Umsetzung der in diesem Buch vorgestellten Konzepte möglich ist.

3.3 Ausblick in die einzelnen Bereiche

► Trusted Web bildet die Grundlage für eine funktionierende digitale Transformation in vielen Bereichen.

3.3.1 Anonymisierte E-Health-Systeme

► Dezentrale Organisation und Verfügungsgewalt des Patienten über seine Daten sind die Voraussetzung für die Akzeptanz und rechtliche Umsetzungsfähigkeit von E-Health.

Personenbezogene Krankheitsdaten sind besonders kritisch zu sehen. Deren ungewollte Veröffentlichung kann zum Arbeitsplatzverlust und zur langfristigen Stigmatisierung des Betroffenen führen. Die Einführung von E-Health in Deutschland scheitert derzeit faktisch an den hohen Hürden bei Datenschutz und Datensicherheit. Deshalb wird jetzt mit großer Geschwindigkeit das E-Health-Gesetz auf den Weg gebracht (Bundesministerium für Gesundheit 2015).

Trotz der Versprechen, hier hohe Standards vorzugeben, ist im Zuge der Zunahme von Cyberangriffen zu erwarten, dass auch die Gesundheitskarte, hinter welcher sich eine zentralisierte IT befindet, kurz nach der Durchsetzung in großem Maße von Datenabflüssen betroffen sein wird. Genau wie gespeicherte biometrische Daten haben Gesundheitsdaten einen lebenslangen Bezug zu den Betroffenen. Das kompromittierende Foto einer Fete kann gelöscht werden. Ein Fingerabdruck oder auch die DNA können während des gesamten Lebens eines Betroffenen gegen ihn verwendet werden. Das auch hierbei ein

Datenabfluss in großem Maßstab möglich ist, kann nach dem Cyberangriff auf die US-Behörden nicht mehr bezweifelt werden (Spiegel 2015a).

Will man die Schadenshöhe berechnen, so ist das nur schwer möglich. Schließlich geht es ja nicht nur um den Schaden für den Betroffenen, sondern auch um das Erpressungspotenzial, welches sich durch den Datenabfluss ergibt. Geht man davon aus, dass mehrere Behördenmitarbeiter für einen mehrstufigen Angriff benutzt werden (s. Kap. 2, Abschn. 2.5), so sind Schäden im Milliardenbereich bei einem gut vorbereiteten Angriff denkbar.

Aus Sicht des Trusted Web 4.0 sollten bei der Notfallmedizin und der präventiven Medizin unterschiedliche Lösungen geschaffen werden. In der Notfallmedizin kann weitgehend anonymisiert gearbeitet werden. Wichtig ist die Mitteilung des Standorts und der akuten Beschwerden. Die Anamnese und weitere Eigenschaften, wie z. B. Allergien, können über das PDS anonymisiert zur Verfügung gestellt werden.

In der Präventivmedizin sollten die Daten dezentral beim jeweiligen Hausarzt abgerufen werden können. Interessanterweise wird von den Ärzten selbst eine dezentrale Lösung gefordert (Wikipedia 2014, Elektronische Gesundheitskarte). Der vorgeschlagene USB-Stick ist jedoch nicht geeignet, da er gestohlen werden kann. Außerdem ist die Verwechselungsgefahr mit anderen Sticks sehr groß. Das Handling eignet sich nicht für eine Zielgruppe – hier insbesondere auch alte Menschen –, die möglicherweise nicht einmal den Sinn eines Datensticks versteht (s. Kap. 1, Abschn. 1.2).

Das in diesem Buch vorgestellte Modell ist praktikabel. Durch ein auf Kategorien und Regionen aufbauendes Netzwerk (s. Kap. 2, Abschn. 2.1.3) werden zum Beispiel nur die von der Kategorie „Gesundheit" Betroffenen miteinander verbunden. Selbst bei weltweitem Ausfall des Internets ist so sichergestellt, dass die Ärzte einer Region noch mit ihren Patienten verbunden sind (Berberich 2014c).

Die vom Arzt erhobenen Daten werden pseudonymisiert abgelegt. Über einen Link zu den im Besitz des Patienten befindlichen personenbezogenen Daten können diese vom Arzt aufgerufen werden. Wechselt der Patient den Arzt, so hebt er die Personalisierung auf (s. Kap. 3, Abschn. 3.5.2.2). Andererseits kann der Patient jederzeit auf den für ihn beim Arzt angelegten Datensatz zugreifen und ihn zum Beispiel einem anderen Arzt zur Verfügung stellen.

Es gibt Landes- und Bundesgesetze zum Datenschutz und Gesetze zu Medizin und Gesundheit, die derzeit die Einführung von E-Health verhindern. Allen diesen Gesetzen wäre bezüglich des Datenschutzes Genüge getan, wenn wie hier gezeigt der Patient eine tatsächliche Verfügungsgewalt über seine Daten hätte. Die Datensicherheit würde durch die dezentrale Speicherung bei den Ärzten auf die vordigitale Sicherheit angehoben. Patienten könnten so zudem in den Entscheidungsprozess, welche Daten von den Ärzten an die Krankenkassen weitergegeben werden dürfen, eingebunden werden.

Im E-Health-Bereich werden bis 2017 26 Mrd. US$ Umsatz weltweit erwartet (E-Health Blog 2015). Diese Umsätze ließen sich erheblich steigern, wenn Datensicherheit und Datenschutz den entsprechenden Gesetzen genügen und vom Verbraucher kontrolliert und so akzeptiert würden.

Die derzeitige Entwicklung der permanenten Verbindung einer Smartwatch mit einem Menschen ist sehr kritisch zu sehen (s. Kap. 1, Abschn. 1.1.1). Diese sendet abhängig von der verwendeten App die Daten direkt an ein zentrales Portal. Der Nutzer sollte aber mit Ausnahme von definierten Notfällen, wie z. B. dem Aussetzen des Pulses, jede Datenübergabe an das Internet freigeben können. An das PDS könnte ein getrennter E-Health-Stick angeschlossen werden, der die Aufbereitung der medizinischen Daten übernimmt und nur zusammen mit dem PDS die Daten auf Wunsch personalisieren kann.

Von den Datenschützern bisher unbemerkt, ist in diesem Zusammenhang auch der in den modernen Smartphones eingebaute Motion Chip kritisch zu sehen. Dieser Chip bereitet alle Informationen der in den Mobilgeräten eingebauten Sensoren auf. So kommt zum Beispiel der Apple M7-Koprozessor seit 2013 im iPhone 5S und iPad mini 2 zum Einsatz (Wikipedia 2015, Apple M7). Der Chip ist in der Lage, selbst im Ruhezustand des Gerätes umfangreiche Bewegungsdaten zu sammeln. Durch das sogenannte Motion Tracking lässt sich genau rekonstruieren, wann jemand aufgestanden, gesprungen, gerannt etc. ist. Selbst wenn der Nutzer sein GPS ausgeschaltet hat, können so genaue Bewegungsprofile erstellt werden. Kombiniert man diese Motion-Tracking-Daten mit anderen Daten, wie z. B. mit Telefongesprächen über ein Festnetztelefon, so kann der Standort des Telefons als Bezugspunkt in das Bewegungsprofil miteinfließen.

Die von dem Motion Chip erfassten Daten werden gespeichert und stehen später beliebigen Apps zum Abruf zur Verfügung. Im Gegenzug erhält der Nutzer die oft fragwürdige, durch die Sensoren zur Verfügung gestellte Convenience. Viel zu oft drehen sich Bildschirme, wenn man es nicht will. Ein Klick in die rechte Ecke, um den Bildschirm zu drehen, wäre sicherer. Solche Motion Chips sollten auf jeden Fall von den personalisierten Daten getrennt gehalten werden.

3.3.2 Unterstützung statt Überwachung im vernetzten Auto

► Die Funktion des Autos als Hilfsmittel zur Steigerung menschlicher Leistung muss erhalten bleiben.

Das Auto ist die Erfolgsstory überhaupt für eine gelungene Symbiose zwischen Mensch und Technik. Das Auto steht als dezentrales Hilfsmittel seinem Besitzer zur Verfügung. Durch eine immer größere Serienvielfalt werden die individuellen Bedürfnisse des Einzelnen berücksichtigt.

Der Autofahrer hat zu jeder Zeit die Kontrolle über das Fahrzeug. Er beeinflusst die Bewegungen unmittelbar. Er bestimmt präzise, wann er den Motor sportlich und wann kraftstoffsparend schaltet. Bereits seit 20 Jahren gibt es Automatikgetriebe und trotzdem sind 73 % der Neuzulassungen weiterhin mit Schaltgetrieben ausgestattet (Wikipedia 2015, Fahrzeuggetriebe). Vielen Fahrern geht es eben genau darum, Technik zu beherrschen und nicht von der Technik beherrscht zu werden. Deshalb tut die Automobilindustrie gut daran, diese wichtigen psychologischen Aspekte zu berücksichtigen.

Von den Fahrern unbemerkt, hat eine weitgehende Digitalisierung der Fahrzeuge stattgefunden. Ausgelöst wurde diese Digitalisierung durch den Wunsch nach einer höheren Fahrsicherheit (z. B. Airbag) und höherer Effizienz (z. B. elektronische Einspritzung). Als Ergebnis werden immer mehr Datenströme produziert, die erstmals 2014 in der breiten Öffentlichkeit hinterfragt wurden (CAR IT 2014). Zusätzlich zu den Möglichkeiten, das Fahrverhalten zu überwachen und Datenströme zum Beispiel mit Geodaten zu vermarkten, haben die Möglichkeiten drastisch zugenommen, dem Fahrer über Manipulationen die Kontrolle über sein Fahrzeug zu entziehen.

Im *Sonderbericht Wirtschaftsschutz* (BSI et al. 2014) heißt es zu Cyberbedrohungen gegen Kraftfahrzeuge:

„Die dadurch vorhandenen Schnittstellen ergeben eine Vielzahl von Angriffsmöglichkeiten sowohl für Cyber-Spionage als auch für Cyber-Sabotage." Folgende Szenarien können daher von den Akteuren ausgenutzt werden: Abschalten des Motors, Aktivierung der Wegfahrsperre, Veränderung der Motordrehzahl, Manipulation des ABS-Regelkreises, Provozieren von Lenkmanövern, Auslösen von Bremsmanövern, Auslösen von Airbags."

Die weltweite panikartige Reaktion auf den Abgasskandal von Volkswagen ist nicht nur ein Angriff auf das Image von „Made in Germany" (Spiegel 2015b), sondern ein Zeichen für das Unbehagen, das viele Menschen durch die zunehmende Digitalisierung ihrer Kraftfahrzeuge verspüren. So vertrauen derzeit nur noch 43 % der Deutschen dem Unternehmen Volkswagen (Manager Magazin 2015).

Eine Vollautomatisierung des Fahrens, wie von Google entwickelt, ist für ein aktives Altern oder den Bereich der öffentlichen Verkehrsmittel interessant, könnte aber für lange Zeit bei der Zielgruppe der Selbstfahrer zum Flop werden (Google 2015a).

Eine weitergehende Digitalisierung wird solange vom Fahrer akzeptiert, wie es sich für ihn um unzweifelhafte Hilfsmittel und nicht um Kontrolle handelt. Die in diesem Buch vorgestellten Kommunikationsregeln zwischen Mensch und Auto sind dabei einzuhalten (s. Kap. 1, Abschn. 1.1).

Automobilhersteller sollten deshalb konsequent auf zentralisierte Portale verzichten. Wie bei Ericsson (Ericsson 2014) diskutiert, können vorhandene Verkehrsüberwachungssysteme entweder zentral oder eben dezentral, nur z. B. in der entsprechenden Funkzelle organisiert werden. Das ist nur eine Frage der Konfiguration. Insofern ist für die Ausgestaltung einer dezentralen, anonymisierten, digitalen Verkehrsinfrastruktur in erster Linie die Einsicht von Wirtschaft und Politik in deren Notwendigkeit gefragt.

Dabei sollte überlegt werden, Kraftfahrzeuge zu anonymisieren und im Hinblick auf die kommunizierten Eigenschaften zu standardisieren. Finden die in diesem Buch vorgestellten Kategorien Anwendung, so kann man hinter jeder der 1000 Kategorien eine erweiterbare Eigenschaftsliste als Weltstandard definieren. Wenn ein Nutzer ohne aktives Fahrerlebnis nur von A nach B gebracht werden will, ist es ihm im Zweifel egal, ob ihn ein LKW oder ein PKW mitnimmt.

Wenn also alle Eigenschaften definiert und eindeutig gegen andere Eigenschaften abgegrenzt sind (s. Kap. 1, Abschn. 1.1.14), können später beliebige Geschäftsmodelle zur

Nutzung von Fortbewegungsmitteln entwickelt werden. In der Betriebswirtschaft zählen letztendlich nur die Auslastung und das Kosten-Nutzen-Verhältnis.

Anstelle eines Autoschlüssels sollte es in Zukunft möglich sein, einen Stecker während der Fahrt in das PDS zu stecken. Hierüber könnte eine sichere Funkverbindung mit dem Auto aufgebaut werden. Alle Daten, welche vom Auto nach außen gegeben werden, müssten vom Nutzer kontrollierbar sein.

Bei der Programmierung von Verkehrssicherheitssystemen stellen sich zunehmend ethische Fragen. Hat ein Sicherheitssystem alle relevanten Faktoren für eine „Entscheidung" zur Verfügung und ist es in der Lage, innerhalb von Sekundenbruchteilen mehrere mögliche Szenarien durchzurechnen? Nur dann kann eine Programmierung Vorgaben im Sinne der Gesellschaft oder im Sinne der eigenen Fahrzeuginsassen hinterlegen. Wäre es im Sinne der Gesellschaft, wenn eher Kinder geschützt würden als alte Menschen oder wenn Entscheidungsträger wichtiger sind als Nichtentscheidungsträger?

Da ein solches System niemand kaufen würde, geht man derzeit davon aus, dass ein System immer seinen eigenen Insassen Vorrang geben wird. Derzeit ist weitgehend gesellschaftlich akzeptiert, dass Entscheidungsträger wichtiger sind als andere Menschen. Diese können sich wesentlich größere und sicherere Autos leisten. So schützt in der Regel heute ein Oberklassewagen seine Insassen besser als ein Kleinwagen. Diese Akzeptanz ist durch eine theoretische Gleichstellung möglich. So kann sich fast jeder Arbeitende ein gebrauchtes Oberklassefahrzeug kaufen, wenn er ansonsten auf jeden anderen Luxus verzichtet. Man ist also selbst schuld, wenn man sich vor einem Unfall nicht besser geschützt hat.

In Zukunft werden Oberklassefahrzeuge zuerst ihre Sicherheitssysteme ausbauen und damit den Abstand zur Sicherheit von Kleinfahrzeugen noch vergrößern. Sie werden aber auch besser überwachbar und von außen manipulierbar sein.

Es ist schon jetzt abzusehen, dass die Technik für selbstfahrende Autos wesentlich früher zur Verfügung stehen wird, als hieraus entstehende rechtliche und gesellschaftliche Probleme auch nur im Ansatz geprüft sein werden. Spannend wird es sein, wie sich der „öffentliche" Individualverkehr entwickelt. Selbstfahrende Autos haben den Vorteil, dass sie alleine auch in ländliche Gebiete zu ihren Mietern fahren können. Insofern werden Sharing- und Mietkonzepte in Zukunft stark zunehmen.

Spricht man derzeit von selbstfahrenden Kraftfahrzeugen (Wikipedia 2015, Selbstfahrendes Kraftfahrzeug), so zielt die Serienreife in Europa noch im Wesentlichen auf die Unterstützung eines Fahrenden und die Übernahme von Teilaufgaben ab, wie etwa der von Mercedes entwickelte Stauassistent. Google hat mit einem Roboterauto Furore gemacht, das 2017 in die Serienproduktion gehen soll und in den USA für den Straßenverkehr unter der Bedingung zugelassen ist, dass ein Fahrer notfalls eingreifen kann.

Die bisherigen Modellversuche arbeiten mit dreidimensionalen Stereokameras und einer Vielzahl von Sensoren. Allerdings ist inzwischen klar, dass ein autonomes Fahren in einer Großstadt mit viel Verkehr und völlig unterschiedlichen Situationen nicht nur über die automatische Verarbeitung von Sensoren gelöst werden kann. Auch das „intelligente" selbstlernende Auto von Google kann nicht sicher zwischen einem Pappkameraden und einem echten Polizisten unterscheiden. Wie ist es bei verkleideten Kindern?

Haben wir aus unseren Fehlern gelernt und führen wir das richtige Konzept für einen Smartcar ein?

Folgende Aspekte müssen für ein akzeptiertes Konzept berücksichtigt werden:

- Die Programmierung des Sicherheitssystems muss das Weltbild der Menschen (s. Kap. 1, Abschn. 1.1.9) enthalten, um hierdurch die hinterlegten Eigenschaften, z. B. die Beschleunigung und Maximalgeschwindigkeit eines Fahrrads, zu kennen.
- Der Mensch muss zu jeder Zeit die Technik dominieren. Er soll also die Möglichkeit haben, einzugreifen. Nur, wenn er diese Möglichkeit nicht nutzt, darf die Technik in Notsituationen „entscheiden".
- Alle lebenden Verkehrsteilnehmer, also auch Tiere, müssen in dem Verkehrssicherheitskonzept vernetzt sein.
- Alle menschlichen Verkehrsteilnehmer sollen aktiv mit den anderen Verkehrsteilnehmern kommunizieren können. Zum Beispiel könnte ein Passant oder auch ein autonomes Fahrzeug einen fremden Hund warnen, nicht über die befahrene Straße zu laufen. Der Hund verfügt an seinem Halsband über eine elektronische Hundepfeife, auf die er zu reagieren gelernt hat und die ihn entsprechend warnt. Fußgänger könnten elektronisch signalisieren, dass sie eine Straße überqueren wollen.
- Alle Verkehrsteilnehmer müssen anonym miteinander kommunizieren können. Nur dann findet ein solches System Akzeptanz.
- Daten dürfen für die Strafverfolgung nur bei den einzelnen Verkehrsteilnehmern, nicht jedoch zentral aufgezeichnet werden.

Wie nahe der richtige und der falsche Weg beieinander liegen, demonstriert eindrucksvoll die neue KPMG-Studie für die Automobilindustrie (KPMG International 2015). In einem Diagramm wird „a day in the life of a fully connected customer" dargestellt. Der Mensch ist hier Teil einer Automatisierung mit dem Ziel, jegliche Zeit, auch die private, auf das Effektivste zu verplanen: „Your smart device tells you when and how to start your day". Man könnte fast meinen, das Diagramm wäre von einer „künstlichen Intelligenz" erstellt worden, die nur auf Effizienz programmiert wurde, der aber jegliches Verständnis für das Menschsein fehlt.

Es hilft einem Arbeitnehmer weiter, wenn er zahlreiche Tools erhält, die ihn bei Bedarf und mit situativ richtiger Ansprache unterstützen. Aber das Vorgeben von Alternativrastern, wie er seine Freizeit zu verbringen hat, macht den Menschen abhängig und auf Dauer dumm.

▶ Kreativität braucht möglichst viele nicht verplante Freiräume.

Tatsächlich war wohl keine künstliche Intelligenz am Werk, sondern ein Betriebswirt mit dem festen Blick auf die Generierung neuer Wertschöpfungsfelder durch die Gewinnung und Auswertung möglichst vieler personalisierter Daten. Richtig erkennt KPMG, dass die Wertschöpfung im Automobilbereich in Zukunft in der Dienstleistung rund um die Mobilität generiert wird. Andererseits findet derzeit bereits eine Verweigerung der Konsumenten wegen Reizüberflutung statt (s. Kap. 1, Abschn. 1.1.1). Weitere Daten zentral zu erheben, dient dem Ausbau von Manipulation und Überwachung, nicht aber der Generierung neuer Wertschöpfung.

Diese wird eher in echten Assistenzsystemen zu finden sein. Ein Wecker, der klingelt und alle Mitbewohner weckt, während man schon längst unter der Dusche steht, nervt. Ein Wecker, der merkt, dass man schon aufgestanden ist und nicht klingelt, ist intelligent und hilft. Dazu ist keine zentrale Datenerhebung nötig, sondern ein intelligentes autonomes auf ein Individuum und eine vernetzte Umwelt zugeschnittenes System.

Bereits jetzt werden auch in Deutschland für viel Geld die ersten Teststrecken für autonomes Fahren gebaut. Das in diesem Buch vorgestellte PDS für jedermann ist Voraussetzung für einen funktionierenden automatisierten Individualverkehr. Im Rahmen des Ausbaus von Straßen für autonomes Fahren fallen sowohl aufseiten des Straßenbaus als auch aufseiten der Verkehrsteilnehmer erhebliche Kosten an. Hierbei ist es möglich, ohne Mehrkosten für jeden Verkehrsteilnehmer, also für fast jeden Bürger, ein PDS zur Verfügung zu stellen.

In diesem Buch sind zahlreiche Konzepte genannt, wie man im Rahmen von Assistenzsystemen nachhaltige Wertschöpfung generieren und an andere Länder wie die USA und an Asien verlorene Wertschöpfungsbereiche zurückholen kann. Die Automobilindustrie ist dazu prädestiniert, dabei eine zentrale Rolle zu spielen.

3.3.3 Homebot zur Verwaltung von Smart Home und zur Energieversorgung

► Die dezentrale Steuerung von Smart Home und die Energiegewinnung führen zu einer hohen Akzeptanz neuer Technologien.

Derzeitige IPv6-Konzepte möchten jedes Objekt innerhalb eines Hauses, ob Waschmaschine oder Feuchtigkeitssensor, auch Smart Objects genannt, mit einer eigenen Adresse über das Internet kommunizieren lassen. Diese Smart Objects sollen dann über zentrale Portale gesteuert und verwaltet werden. Diese Sichtweise entstammt den historisch gewachsenen großen Energiekonzernen, die ihre zentralisierte Denkweise mit derzeit eher mäßigem Erfolg bis in den letzten Winkel des häuslichen Bereichs bringen möchten. Das Zuhause wird für viele Endkunden als der letzte Bereich betrachtet, in dem noch Privatsphäre herrscht. Selbst dem nicht technisch versierten Nutzer ist plausibel, dass die Technik ihn beherrschen wird, wenn jeder Sensor mit dem Internet verbunden ist (s. Kap. 1, Abschn. 1.1).

Ein dezentralisierter trusted-web-4.0-konformer Steuerungsansatz geht davon aus, dass ein Gebäude autonom sich selbst optimiert und soweit möglich Spannungsspitzen ausgleicht und so nicht jeden einzelnen Verbraucher an die Versorger mitteilen muss, sondern nur etwaige zu erwartende Spannungsspitzen. Die Kommunikation kann auf ein Minimum beschränkt werden. Da es keinen direkten Zugriff auf die einzelnen Geräte gibt, sind auch Angriffe von außen weitgehend auszuschließen.

Energiekonzerne müssen sich einer extremen digitalen Transformation unterwerfen, um in Zukunft erfolgreich zu sein. Sie sollten sich als Ergänzungszulieferer von Energie verstehen und die Wertschöpfung auf alle Bereiche rund um die Energie wie Produktberatung und Verkauf spezialisieren, sonst werden sie in kürzester Zeit verdrängt werden.

Automobilhersteller als Anbieter wie Tesla und jetzt auch Mercedes (Deutsche ACCUmotive GmbH & Co.KG 2015) stellen sich bereits in der dezentralen Energieversorgung auf. Ein großes Problem bestand bisher in der fehlenden dezentralen Speicherfähigkeit. Die neuen, bis zu 8 Module mit je 2,5 kWh Speicher sind äußerst preisgünstig und ermöglichen auch kleinen Wohneinheiten, erstmalig weitgehend autark den eigenen Strom zu erzeugen und zum Beispiel nachts, wenn über die Sonne keine Energie erzeugt werden kann, auf einen ausreichenden Speicher zurückzugreifen. Zusätzlich haben die Automobilhersteller viel Erfahrung mit der dezentralen Verarbeitung von komplexen Steuersignalen in einer dezentralen in jedem Auto eingebauten Steuereinheit. Genau dieses Knowhow wird benötigt, um einen dezentralen Homebot zu entwickeln.

Einen ersten vielversprechenden Ansatz einer dezentralen Energieversorgung verfolgt EnBW. Dezentral wird beim Kunden die Energieauslastung optimiert. EnBW verspricht, dass die vor Ort erhobenen Kundendaten auch beim Kunden bleiben. Ein dem Homebot vergleichbares System fragt nur zusätzlich benötigte Energie bei EnBW ab. Als Speicher wird der oben genannte Energiespeicher von Mercedes eingesetzt (EnBW 2015).

Der Homebot sollte gemäß den Vorgaben aus Kap. 1, Abschn. 1.1 in für jeden verständlicher Sprache den Nutzer fragen, ob er eine Kommunikation nach außen aufbauen soll. Hierzu sind nicht nur neue technische Voraussetzungen, sondern vor allem neue Geschäftsmodelle sinnvoll, wie z. B. eine Serviceflatrate. Der Nutzer tauscht am PDS den Mobilstecker gegen einen Homestecker, der gleichzeitig auch als Türschlüssel funktionieren kann, aus. Hierdurch wird automatisch 4G oder 5G durch WLAN ersetzt. Schon dadurch ist die Möglichkeit der Angriffe erheblich reduziert. Wichtig ist für den Nutzer das haptische Erlebnis von Sicherheit. Den Funkstecker legt er an der Tür ab, über den Schlüsselstecker ist er eindeutig bei dem Homebot angemeldet. Dieses sichere Steckerziehen ist nicht mehr Aufwand, als bisher mit einem konventionellen Schlüssel die Tür aufzuschließen, und genauso sicher.

3.3.4 Dezentrales E-Government

► E-Government und die Wirtschaft brauchen eine dezentrale Technologie zur Authentifizierungen und Identifizierung.

Wie in Kap. 2, Abschn. 2.5 beschrieben, kann von der öffentlichen Hand erwartet werden, in Sachen Datenschutz eine Vorreiterrolle einzunehmen. Derzeit ist für einen Bürger über die gesamte Informationsprozesskette mit Verwaltungen keine normale Sicherheit gewährleistet. Die Kommunen sollten Treiber der Dezentralisierungs- und Anonymisierungsidee werden. Schließlich legen die meisten – wenn auch zusammengeschlossen in kommunalen Rechenzentren – ihre Daten dezentral ab.

Bedenklich sind derzeitige Standardisierungstendenzen im Rahmen der E-Government-Initiative (Bundesministerium des Innern 2015). Die eID-Infrastruktur des Personalausweises beruht auf einer Public-Key-Infrastruktur. Über das BSI als zentralem Root-Betreiber wird die Funktion abgewickelt. Dieses Portal könnte also auch zentral angegriffen werden. Viel wichtiger aber als das unzureichende, weil zentralistisch aufgebaute Sicherheitskonzept sind sowohl die fehlende Convenience für die Nutzer als auch die fehlende Einbindung der Wirtschaft (Hoffmann 2014).

Ähnlich wie das eID-Verfahren arbeitet das von der Bundespolizei angebotene EasyPASS-System, welches insbesondere an Flughäfen die Grenzkontrolle automatisiert. Auch EasyPASS wird zentralisiert in diesem Fall bei der Bundespolizei verwaltet (Bundespolizei 2015). Zentrale Portale mit biometrischen Daten sind äußerst problematisch, da diese Daten nicht veränderlich sind und so in den falschen Händen ein ganzes Leben missbraucht werden können. Außerdem kann der Zugriff durch die Geheimdienste nicht ausgeschlossen werden (Monroy 2014).

Wie vorgeschlagen (s. Kap. 2, Abschn. 2.1.7), können die Zweitschlüssel in einem Dezentralisierungskonzept alternativ kommunal abgelegt werden. Kommunen sollten sich die Ideen des Trusted Web 4.0 zu eigen machen und für die Eigeninteressen der Rationalisierung von Behördenprozessen die Einführung eines PDS unterstützen. Der regionale Schlüssel könnte auch dazu verwendet werden, das PDS bei Diebstahl zu sperren oder die personalisierten Daten zu löschen.

Das Buch erläutert ausführlich, warum insbesondere eine mittelständisch ausgerichtete Wirtschaft in Zukunft von einem Konzept abhängig ist, in welchem die letzten Zentimeter der Kundenschnittstelle vom Kunden kontrolliert werden und die Vertraulichkeit der Daten entsprechend einer vordigitalen Sicherheit gewährleistet werden kann. Allein schon durch die Steckerfunktion des PDS und das Bündeln von Geschäftsfeldern über die vom jeweiligen Stecker bereitgestellte Technologie werden Oligarchien aufgebrochen. Es entsteht ein neuer an den Kundenbedürfnissen orientierter Wettbewerb.

Städte stehen ebenfalls miteinander im Wettbewerb. Durch ein nach dem Trusted Web 4.0 ausgerichtetes Gesamtkonzept können sie eine Gründerszene genauso befeuern wie bestehende Unternehmen mit entsprechenden Pilotprojekten gewinnen. Tragen Städte so einen Dezentralisierungsstandard in Pilotprojekten mit, haben sie zudem eine sehr gute Verhandlungsposition, um in Landes- und Bundesbehörden kompatible Strukturen zu schaffen. Im Ergebnis kann das PDS den Personalausweis dann ersetzen.

3.3.5 Industrie 4.0 als intelligentes Netzwerk von Maschinen

▶ Ein Wandel von der zentralisierten Globalisierung hin zur dezentralisierten Globalisierung ist möglich, wenn die Energiekosten in der Logistik weiter steigen und die Personalkosten im Verhältnis zu den Systemkosten unerheblich werden.

Die Wirtschaftlichkeit bestehender Produktionssysteme ist auf Großserien ausgelegt. Dabei umfasst das Ramp-up-Management „die Koordinierung aller Aktivitäten von der Planung über die Vorbereitung und der Fertigung des ersten Prototypen bis zur Produktion stabiler Produkte" (Jeschke 2014). Durch Industrie 4.0 werden die Ramp-up-Phasen erheblich verkürzt. Dies ermöglicht weitgehend individuelle Kundenanfertigungen.

Ins Ausland verlegte Produktionen können durch die Dezentralisierung nach Deutschland zurückgeholt werden. Der VDMA (Verband Deutscher Maschinen- und Anlagenbau e. V.), dessen Mitglieder 2014 212 Mrd. € umsetzten, fordert so auch „wettbewerbsfähige nachhaltige Produktion in Kundennähe" (Verband Deutscher Maschinen- und Anlagenbau 2015).

Als fünften Punkt in seinem 10-Punkte-Programm fordert der Verband: „Die mit Industrie 4.0 einhergehende Kommunikation zwischen Menschen, Maschinen, Fabriken und Unternehmen verlangt einheitliche, widerspruchsfreie und offene Standards, die den notwendigen Informationsaustausch gewährleisten" (Verband Deutscher Maschinen- und Anlagenbau 2015).

Als Informationsstandard, der dieser Forderung entspricht, wurde in diesem Buch das an die Technik angepasste Vier-Seiten-Kommunikationsmodell vorgestellt (s. Kap. 1, Abschn. 1.1). Gemäß dem Vorschlag aus Kap. 2, Abschn. 2.1.6 können weltweit 1000 Kategorienserver in Subnetze je Sprache und Region verzweigt werden. Jeder Regionalserver vergibt seinen eigenen IP-Nummernkreis in seinem geografischen Einzugsgebiet. Systeme können mit mehreren IP-Adressen für mehrere Kategorien gleichzeitig arbeiten (Berberich 2014c). Hierdurch ist das Internet zweifach, durch die Kategorien und durch die Regionen dezentralisiert. Wenn Gleichgesinnte einer Region miteinander kommunizieren, z. B. Maschinen einer Branche, optimiert sich die Last im Internet durch kurze Wege. Latenzzeiten werden auf ein Minimum reduziert. Solche Systeme sind auch viel stabiler. Wenn fast das gesamte Internet ausfällt, können die an dem jeweiligen Subnetz Beteiligten einer Region immer noch miteinander kommunizieren.

Einig ist man sich, dass Industrie 4.0 aus dezentralen intelligenten und weitgehend autonomen Systemen bestehen muss. Diese Systeme müssen das menschliche Weltbild und die menschlichen Regeln der Kommunikation in ihrem Regelwerk enthalten, um im Sinne des auch zukünftig einzigen Konsumenten, des Menschen, produktiv zu sein.

Es ist zu überlegen, ob nicht Geschäftsmodelle geschaffen werden können, welche eine anonymisierte Kommunikation zum Beispiel über eine eindeutige Auftragsnummer zwischen Auftraggeber und der Smart Factory zulassen. Hier spielt die Anonymisierung eine große Rolle. Trotz aller elektronischen Zahlungsmöglichkeiten gibt es heute noch anonyme Währungen, welche überall auf der Welt gelten, aber trotzdem dezentral gelagert und anonym verwendet werden können. Solche Währungen sind zum Beispiel Gold und Edelsteine.

Entsprechende anonyme digitale Währungen wie Bitcoin gibt es ebenfalls bereits (s. Kap. 1, Abschn. 1.2.9). Jedes Smart Object einer Factory muss im Idealfall nur einer Clearingstelle seine Produktionseigenschaften und seine freien Kapazitäten mitteilen können. Über diese eindeutige Auftragsnummer könnten alle weiteren Aktionen wie Fertigstellungsinformation, Auslieferung, Reklamation etc. abgewickelt werden. Idealerweise ist eine solche Auftragsnummer dezentral, aber weltweit nur einmal vergeben.

3.3.6 Der Logistiker 4.0 als regionale Clearingstelle

► Der Regionallogistiker kann erhebliche Wertschöpfung durch die Bündelung von Aufträgen generieren und den Einzelhändler ersetzen.

Im Rahmen einer dezentralen, kundennahen Produktion fällt Regionallogistikern eine wichtige Rolle zu. So hat Amazon früh die zentrale Bedeutung einer guten Logistik in der Wertschöpfungskette erkannt und ist durch seine zentral organisierte Logistik groß und wirtschaftlich erfolgreich geworden.

Auch wenn die Ramp-up-Phasen verkürzt werden, so spielen sie doch noch eine erhebliche Rolle für die Kosten des Endprodukts. Dem wird ein geschickter Regionallogistiker durch seine Preispolitik gerecht. So kann es verschiedene Endkundenpreise abhängig von der Lieferzeit geben. Wer seine Ware direkt erhalten will, zahlt seine individuelle Ramp-up-Phase als Aufschlag. Wer länger warten kann, zahlt einen weit günstigeren Preis. Der Regionallogistiker kann in dieser Zeit weitere, mit gleichen Werkzeugen zu bearbeitende Aufträge sammeln und die Ramp-up-Kosten der Smart Factory durch mehrere Kunden teilen. In der letzten Stufe der Prozessreduzierung entfallen so die Personalverwaltungskosten der Smart Factory weitgehend. Insofern sollten Produzenten sich frühzeitig um die Beteiligung von Regionallogistikern bemühen.

Für die Auslastung des Unternehmens ist es sinnvoll, wenn der Regionallogistiker sich nicht nur auf eine Branche spezialisiert, sondern Branchen mit gleichen Logistikanforderungen bündelt. Wer Autos liefert, kann auch Traktoren liefern, ist aber für die Bücherlieferung mit gleichem Fuhrpark ungeeignet. Um Leerfahrten zu vermeiden und zur Kundenbindung der Produzenten sollte der Logistiker sowohl die Rohmaterialien zum Produzenten bringen als auch die Endprodukte zum Kunden.

Durch den zukünftig verbreiteten Einsatz von Drohnen fallen die bisherigen Kostennachteile der letzten Meile zum Kunden weitgehend weg. Der reine Einzelhändler verliert endgültig seine Berechtigung. Soweit notwendig, kann der Logistiker einen Showroom zur Verfügung stellen oder Erlebniseinkaufsangebote ergänzen.

3.3.7 Dezentralisierung des Finanzwesens

► Die zunehmende Anfälligkeit des globalen Finanzsystems fördert die Suche nach dezentralen überschaubaren Lösungen.

Das Dezentralisierungsthema muss ganzheitlich angegangen werden. Ein wichtiger Punkt für den Erfolg dezentraler Konzepte ist die Projektfinanzierung. Aber auch in der Zukunft wird es zentrale z. B. Telekommunikationsstrukturen geben müssen, um die Vernetzung großer Entfernungen zu gewährleisten.

Derzeit bestimmen zentralisiert strukturierte Global Player durch Unternehmensbeteiligungen sowie durch eine gute Vernetzung mit und Beteiligung von institutionellen Anlegern die wesentliche Innovationsfinanzierung. Eine grundlegende Voraussetzung für die Risikofinanzierung ist heute ein hoch skalierbarer Geschäftsplan. Wird eines von mehreren Unternehmen erfolgreich, kompensiert der Investor die Verluste der anderen Unternehmen und erhält die im Durchschnitt über alle Beteiligungen gewünschte Rendite. Ein globaler, meist zentralisiert angelegter Geschäftsplan ist also Voraussetzung für den Erhalt von Risikokapital.

Die meisten Geschäftskonzepte erfüllen diesen Anspruch nicht, können aber trotzdem in einem Rahmenkonzept der dezentralisierten Globalisierung sehr erfolgreich sein. Dezentralisierte Risikoverteilungskonzepte wie Auffangmodelle innerhalb eines Synergienetzwerks können hoch wirkungsvoll und transparenter funktionieren.

Eine neue Finanzierungsmöglichkeit bietet Crowdfunding. Beteiligt sich ein Kleininvestor an einem Fond, so ist er von den meist global ausgerichteten Entscheidungen des Fondsmanagers abhängig. Beim Crowdfunding wird das Geld genau für ein Projektziel eingesammelt. Dieses Modell steckt bezüglich der Investitionsgrößen noch in den Kinderschuhen (Wikipedia 2015, Crowdfunding). Nicht geregelt ist die Größe der einzelnen Beteiligung. Ebenfalls nicht geregelt ist, ob ein so gegründetes Unternehmen nicht in weiteren Finanzierungsphasen doch von Investoren mit der Absicht, es vom Markt zu nehmen, übernommen wird.

Eine Lösung könnte eine steuerlich begünstigte Form einer „europäischen Gesellschaft" sein, in der maximal 49 % der Stimmenanteile langfristig von den Gründern oder anderen Investoren gehalten werden dürfen und die anderen 51 % zu nicht mehr als 1 % Stimmenanteilen durch juristische oder natürliche Personen gehalten würden. Dieses Konzept ist derzeit unerprobt. Die Firma/Organisation könnte bei Gründung bis zum Verkauf direkt 51 % halten oder diese Anteile würden treuhänderisch verwaltet, damit der Verkaufserlös vollständig der Firma/Organisation zugutekommt. Solange das Kapital nicht über Strohleute gebündelt wird, wäre so sichergestellt, dass durch diese Finanzierung das eigentliche Projektziel nicht konterkariert wird.

Auch Banken beschäftigen sich inzwischen intensiv mit der Dezentralisierung und mit dezentralen Währungen, wie z. B. Bitcoin. Aber die Konzepte gehen noch weiter.

Die Grundlage für Bitcoin bietet die Blockchain-Technik. Vereinfacht kann man sich eine gespannte Kette vorstellen, in der in zeitlicher Abfolge neue Glieder angefügt werden. Will jemand ein bereits eingefügtes Glied in der Kette ersetzen, so würde die Kette zerreißen und alle würden das merken.

Die in diesem Buch vorgestellte Dezentralisierung der IT beruht auf der Idee, Daten an verschiedenen Orten dezentral zu speichern und insbesondere personalisierte Daten von anderen Daten zu trennen. Eine andere Art der Dezentralisierung ist die Möglichkeit, auf allen Computern alle Informationen über Transaktionen zu speichern. Genau so funktioniert Blockchain. Die Datei mit allen bisherigen Transaktionen ist derzeit ca. zwei Gigabyte groß und wird auf allen an diesem System beteiligten Computern in Kopie gespeichert. Alle Transaktionen sind bei Blockchain für jeden transparent und bauen mittels mathematischer Verfahren aufeinander auf. Es ist äußerst schwer, Manipulationen vorzunehmen, ohne dass diese Manipulationen entdeckt werden können.

In diesem Buch geht es jedoch weniger um den technischen Zusammenhang als um die Einsatzmöglichkeit in einer Gesellschaft, die mit den vordigitalen Errungenschaften ausgestattet ist. Gute Erläuterungen zu der Funktionsweise von Blockchain finden sich im Internet (M. Jäger 2015).

Interessanterweise haben sich neun der weltweit größten Banken zusammengetan, um eine Anwendung mit der Blockchain-Technologie zu schaffen (Reuters 2015). Man hofft durch den automatisierten Handel von Geldgeschäften, wie z. B. Aktien, und die fälschungssichere, weitgehend automatisierte Vertragserstellung erhebliche Rationalisierungspotenziale zu erreichen. „Die Blockchain ermöglicht es, Dinge dezentral umzusetzen, die vorher sinnvollerweise nur zentral organisiert werden konnten" (Weiss 2015).

Auch lassen sich Onlinewahlen fälschungssicher gestalten und vieles mehr. Gehen wir aber wieder zurück zu der Frage, warum sich die größten Banken mit Blockchain beschäftigen.

Wie alle Global Player sind sie ihren Shareholdern gegenüber verpflichtet, ihre Marktpositionen auszubauen und die Gewinne zu erhöhen. Insofern werden die von den Banken vorangetriebenen Blockchain-Projekte in erster Linie dafür verwendet, um vorhandene Arbeitsplätze durch Automatismen zu ersetzen und den zunehmenden Missbrauch und die Manipulation von Onlinefinanzgeschäften in den Griff zu bekommen. Blockchain-Konzepte haben aber auch das Potenzial, derzeit für die Verfügbarkeit und Integrität von Daten noch notwendige zentrale Lösungen durch dezentrale Lösungen zu ersetzen.

Mittels dieser Technologie gibt es erste Projekte wie OpenLibernet, die ein globales Mesh-Netzwerk aufbauen und den Datenverkehr auf viele Schultern verteilen, so wie es der Idee dieses Buches entspricht. Hierdurch wird nicht nur die Verfügbarkeit des derzeitigen Internets erreicht, sondern ein gegen jegliches Ausfallszenario wesentlich robusteres System geschaffen.

Selbst wenn die Blockchain-Technologie eine Pseudonymisierungskomponente wie bei Bitcoin enthält, wird man weder den Betreibern noch den Entwicklern solcher Produkte trauen, dass sie keine Hintertüren zur Spionage eingebaut haben. Für die Vertraulichkeit ist Blockchain nicht optimal geeignet. Die Fehler der Vergangenheit, die Verantwortung für den Datenschutz auf wenige Schultern zu legen, könnten hier wiederholt werden. Banken können die Akzeptanz solcher Projekte erheblich beschleunigen, wenn sie für die Vertraulichkeit und zur Personalisierung Blockchain mit dem in diesem Buch vorgeschlagenen PDS kombinieren.

Nachdem in vielen Staaten das Bankgeheimnis de facto aufgehoben ist und zumindest staatliche Behörden umfangreichen Zugriff auf Bankdaten haben, gibt es große Bedenken, sich einem solchen Konzept völlig auszuliefern. Dies ist auch begründet, solange Millionen vertraulicher Daten von Behördenservern abfließen beziehungsweise Behörden über die gesamte Informationsprozesskette keinen sicheren Umgang mit den Daten gewährleisten.

Einerseits gibt es Zukunftsvisionen von smarten Verträgen, die ein Auto vollautomatisch abschalten, wenn die fällige Rate nicht bezahlt wurde, andererseits sieht man enormen rechtlichen Anpassungsbedarf an die aus diesen Konzepten entstehenden Problemstellungen (Kuhn 2015).

All dies ist im Zusammenhang mit der geplanten Abschaffung des Bargeldes zu sehen (s. Kap. 1, Abschn. 1.2.9). Der Staat hat ein berechtigtes Interesse, die ihm zustehenden Steuereinnahmen auch zu erhalten. Es gibt aber ein verbrieftes Bürgerrecht, dass der Einzelne mit seinem versteuerten Geld machen kann, was er will, solange er nicht andere dadurch beeinträchtigt und gegen geltendes Recht verstößt.

Zuerst einmal muss also geprüft werden, ob mit den in diesem Buch vorgestellten Konzepten die vordigitale Rechtsprechung nicht weitgehend erhalten bleiben kann. Gerade Banken sollten prüfen, ob es für sie nicht wirtschaftlicher ist, wenn sie sich als Finanzhändler mit automatisierter Verfügbarkeit und Integrität sehen und das Thema Vertraulichkeit ganz in die Hände des einzelnen Betroffenen übergeben. Die Angreifbarkeit durch Datenlecks und die aus Shitstorms entstehenden Schäden müssen in die Berechnung einfließen und können so auf ein Minimum reduziert werden.

3.4 Geht nicht, gibt es nicht!

► Digitale Transformation und Datensicherheit durch Dezentralisierung sind die wesentlichen Erfolgsfaktoren für die Zukunft der meisten Unternehmen.

Immer häufiger hört man: „Es ist doch sowieso schon zu spät. Die wichtigen Daten sind abgeflossen". Tatsächlich hat sich eine Datenverwertungslobby installiert, die mit bedenklich totalitären Tendenzen die demokratischen Systeme der Welt bedroht.

Sehen wir uns noch einmal die vordigitale Welt an. Obwohl die meisten Haustüren innerhalb von wenigen Minuten aufgebrochen werden können, sind die Zahl der Einbrüche und die Angst davor gering. Schließlich muss der Einbrecher zu jeder einzelnen Tür hinfahren. Jeder hat zudem als weiteren Schutz die Möglichkeit, ohne Eintrag ins Telefonbuch anonym zu bleiben. Einen dritten Schutz stellt die soziale Kontrolle durch Nachbarn dar, die einen Einbruch melden, auch wenn sie den Namen des Bewohners nicht kennen. Wenn wir es schaffen, eine dezentralisierte und anonymisierte IT durchzusetzen, erhöhen wir nicht die Sicherheit der einzelnen Tür. Aber wir machen einen flächendeckenden Angriff uninteressant, weil der Aufwand hierfür zu hoch ist.

Digital gibt es in der zentralisierten IT eine dicke Panzertür, hinter der man im Zweifel ohne weiteren Widerstand alle Bürger eines Landes oder einer sogar viele Länder umfassenden Community erreichen kann. Der Einsatz noch so teurer Werkzeuge lohnt sich für Staaten in gleicher Weise wie für Kriminelle, um diese Panzertür zu öffnen. Einen wesentlichen Risikofaktor bildet der Mensch. Niemand sollte einen Generalschlüssel besitzen und in Versuchung kommen, diesen für viel Geld oder unter Druck herauszugeben.

Alle zurzeit global erfolgreichen IT-Strukturen ordnen sich der Doktrin der Überwachung unter und wurden gesellschaftlich unreflektiert umgesetzt, obwohl es Alternativen gibt. Die meisten Bürger, aber auch insbesondere Führungskräfte, haben eine erstaunliche Fähigkeit entwickelt, alle Anzeichen für die Fehlentwicklung unserer Gesellschaft zu ignorieren. Nur, wenn wir uns verhalten wie im Widerstand, in dem das Vertrauen zu falschen Person den wirtschaftlichen Ruin bedeuten kann, Nichtstun jedoch die zukünftige Bedeutungslosigkeit und Aufgabe der eigenen Selbstbestimmung garantiert, werden wir diesem real existierenden globalen Krieg etwas entgegensetzen können.

Jenseits von Erklärungen und Appellen sollte letztendlich die folgende Zusammenfassung der Zahlen so deutlich sein, dass jeder Unternehmer eine Grundlage hat, sich selbst zwischen drei möglichen Wegen zu entscheiden.

In Kap. 2, Abschn. 2.5 wurde auf derzeit jährlich bis zu 575 Mrd. US$ Verlust weltweit durch Cyberschäden hingewiesen (Eckert 2015). Cyberkriminalität ist mit Fernzugriff weniger riskant und attraktiver als der Drogenhandel. Dabei ist fraglich, ob in dieser Zahl die hohe Dunkelziffer der tatsächlichen Angriffe berücksichtigt werden konnte. Ebenfalls ist nicht sicher, ob die langfristigen Schäden genügend Berücksichtigung finden. Know-how, das einmal abgeflossen ist, kann von Konkurrenten in Billiglohnländern benutzt werden, um Produkte nachzubauen. Kreative, am Markt erfolgreiche Produkte können nicht unbegrenzt neu entwickelt werden. Oft geht es also um die Existenz von Unternehmen.

Sicher ist, die Zahl der Attacken wird in Zukunft größer und nicht kleiner werden. Bisher liegt noch so viel Geld hinter offenen Türen, z. B. Router mit Standardpasswörtern, dass das Angriffspotenzial durch interdisziplinäre Angriffe (s. Kap. 2, Abschn. 2.5.2) und mehrstufige Angriffe (s. Kap. 2, Abschn. 2.5.3) noch nicht einmal ansatzweise ausgenutzt wurde. Insbesondere in zyklisch wiederkehrenden Wirtschaftskrisen führen Geheimdienste zunehmend für die eigene Wirtschaft solche Angriffe durch. Dazu kommen die noch gar nicht einzuschätzenden Angriffsrisiken bei der direkten Vernetzung von Milliarden von Geräten.

Im Vergleich wirken die drohenden Wertschöpfungseinbußen über eine Zeitschiene bis 2025 in Höhe von insgesamt geschätzten 605 Mrd. für Europa im Zuge der digitalen Transformation fast bescheiden (Schönefeld 2015).

Bücher wie *Dematerialisierung, Die Neuverteilung der Welt in Zeiten des digitalen Darwinismus* (Kreutzer und Land 2015) wollen alle diejenigen wachrütteln, die sich in ihrem Bereich von den Veränderungen der Wirtschaft scheinbar nicht betroffen sehen. Allerdings vernachlässigt das Buch vollständig, dass gerade neue erfolgreiche Projekte

Aufsehen erregen und dadurch in den Fokus von Cyberkriminellen und Wettbewerbern geraten. Interessanterweise ließe sich der genannte Titel auch für ein Buch benutzen, welches die Auflösung unserer sozialen Marktwirtschaft zugunsten einiger Datenverwerter beschreibt.

Tatsächlich sind viele Unternehmen nicht in der Position, an den Marktveränderungen teilzunehmen, solange nicht ein stabiles Umfeld für die Einführung digitaler Konzepte besteht. So haben 58 % der Unternehmen und Behörden in den letzten zwei Jahren eine Cyberattacke auf sich erkannt. Fast die Hälfte (42 %) der Angriffe waren erfolgreich und führten zu Schäden durch Betriebs- bzw. Produktionsausfälle und Kosten für die Wiederherstellung der betroffenen Systeme (Bundesamt für Sicherheit in der Informationstechnik 2015).

Nur wenn man die in diesem Buch geforderten Technologien einführt, kann in Zukunft, dann wesentlich in Bereichen der Dezentralisierung, überhaupt noch von einem Wachstum gesprochen werden. Dem kommt entgegen, dass es auch globale Tendenzen zu einer Dezentralisierung gibt. So sieht der WTO-Chefökonom Robert Koopman den Zenit der Globalisierung überschritten (Deutsche Wirtschaftsnachrichten 2015).

Es würde den Rahmen dieses Buches sprengen, wollte man auf die branchenspezifischen Herausforderungen eingehen. Sicherlich gibt es große Unterschiede in der Auswirkung der Digitalisierung auf die einzelnen Bereiche. Auch hängen die potenziellen Schäden von Cyberangriffen davon ab, wie viele digitale Prozesse im jeweiligen Unternehmen vorhanden sind beziehungsweise durch die Digitalisierung eingeführt werden. Aus den branchenspezifischen Zahlen leitet sich jedoch nur ein gradueller Unterschied in Bezug auf die Bedrohung zukünftiger Wertschöpfung ab.

Prinzipiell stehen alle Unternehmen vor der Entscheidung, einen der drei folgenden Wege zu gehen. Vor diesem Hintergrund wurde die Abb. 3.4, wenn auch ohne belastbares Zahlenmaterial, auf einer Zeitschiene von 2015 bis 2025 erstellt.

Unter Berücksichtigung der im Folgenden dargestellten Aspekte werden sich die Trends in dem vorgestellten Rahmen der Grafik (Abb. 3.4) bewegen. Alle drei Wege

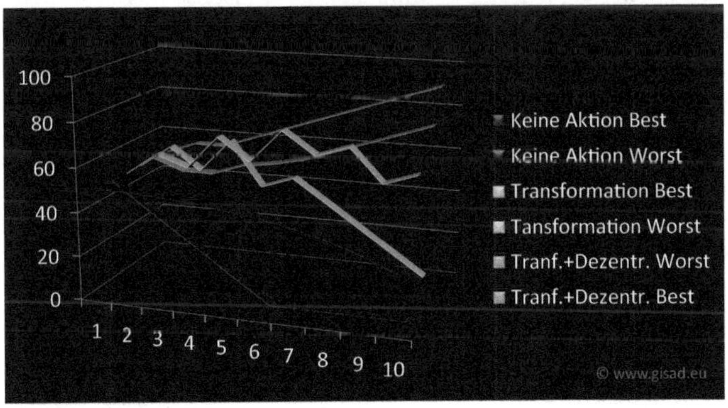

Abb. 3.4 Drei Wege der Unternehmensentwicklung

beginnen bei 50 % Wertschöpfung des Unternehmens. Eine Steigerung der Wertschöpfung auf 100 % oder eine Reduzierung der Wertschöpfung bis auf 0 % werden angezeigt. Nur Unternehmen, die in einem Markt etabliert sind, werden berücksichtigt. Ich gehe davon aus, dass es nach den vordigitalen Spielregeln keine unvorhergesehenen Ereignisse gibt, dass keine unternehmerischen Fehler begangen werden und dass durch langfristige Geschäftsbeziehungen weitgehend abgesicherte Umsätze existieren.

Jeder Weg zeigt ein Best-Case- und ein Worst-Case-Szenario an. In dem Bereich dazwischen werden sich die meisten Unternehmen in Zukunft wiederfinden.

3.4.1 Unternehmensführung ohne Veränderung

Den ersten Weg beschreiten Unternehmen, die davon überzeugt sind, von der digitalen Transformation nicht betroffen zu sein, und es für ausreichend halten, im bisherigen Umfang ihre Geschäftsprozesse weiter zu optimieren.

Beispielsweise lässt ein deutsches Unternehmen seine IT von bewährten Partnern im Rahmen von Serviceverträgen warten. Regelmäßig werden zudem Upgrades eingespielt. Die Virenscanner auf den Rechnern sind immer aktuell und zeigen keine Bedrohungen an. Ein Serviceprovider hält die standardisierten Attacken fern. Selbst DDoS-Attacken werden durch ihn umgeleitet. Die Webseite des deutschen Unternehmens ist so immer über das Internet erreichbar.

Irgendwo auf der Welt hat dann ein Start-up eine Idee. Es kommt aus einer völlig anderen Branche und generiert Wertschöpfung in einem völlig anderen Bereich als der deutsche Unternehmer. Allerdings kann es in dem Markt des Deutschen wesentlich günstigere Preise anbieten, weil es in seiner Wertschöpfung breiter aufgestellt ist und durch Synergien in der Prozesskette Kosten spart. So wurde Amazon zum Beispiel 1995 als reiner Buchhandel gegründet und ist heute ein weltweites Logistikunternehmen.

Im Best Case verläuft die Wertschöpfung des Deutschen dann entlang der zweiten Kurve von unten in Abb. 3.4. Die Wertschöpfung geht innerhalb von zehn Jahren langsam zurück. Das Unternehmen schrumpft, kann sich aber insbesondere mit den Kunden, die sich ebenfalls versuchen, der digitalen Transformation zu entziehen, noch mit entsprechender Reduzierung von Mitarbeitern am Markt halten. Das Start-up wächst aufgrund seines Wertschöpfungsvorteils so schnell am Markt, dass es gar keine Ressourcen hat, sich um den Deutschen als Wettbewerber zu kümmern.

Allerdings sind auch in der digitalen Transformation echte disruptive Technologien oder revolutionäre Geschäftsmodelle eher die Ausnahme als die Regel. Viel wahrscheinlicher ist, dass das Start-up zum Geheimdienst seiner Regierung geht und um Unterstützung beim Ausspähen des Know-hows des Deutschen bittet. In vielen Staaten wie China und Russland ist der Spionageauftrag für die heimische Wirtschaft gesetzlich verankert. Wenn das Start-up überzeugt ist, das Know-how zu besitzen, lässt es in einer zweiten Phase das Unternehmen massiv angreifen.

Bei einem intelligenten Angriff merkt der Deutsche gar nicht, dass sein Know-how abfließt. Innerhalb von kurzer Zeit bleiben die Kunden aufgrund gezielter Falschinformationen, abgefangener Sendungen etc. weg und der Deutsche gelangt gemäß der unteren Kurve (Abb. 3.4) innerhalb weniger Jahre, im Extremfall sogar innerhalb von Monaten, in die Insolvenz.

3.4.2 Unternehmensführung mit aktiver digitaler Transformation

Diesen Weg gehen Unternehmen, die sich in der Regel externes Know-how einkaufen mit dem Ziel, in ihrer Branche die vorhandenen Marktanteile zu halten und optimalerweise Marktanteile hinzuzugewinnen.

Geht der Deutsche aus unserem Beispiel diesen Weg, dann hat er hierfür einen fundierten Geschäftsplan. Die alten Wertschöpfungsketten wurden aufgebrochen. Das deutsche Unternehmen will sich nur noch um die für ihn attraktiven Wertschöpfungsbereiche kümmern und alles andere seinen Partnern überlassen. Dazu gehört auch die IT. Alles wird in die Cloud verlegt. Man greift im Wesentlichen auf Managed Services zurück und lagert so vordergründig die Inhouse-Risiken aus.

Der Turnaround gelingt schnell und in kürzester Zeit verzeichnet der Deutsche erhebliche auf Wertschöpfungszuwächse zurückzuführende Gewinne. Dies bleibt in der Branche nicht unentdeckt. So wie er plötzlich in völlig neuen Bereichen Wertschöpfung generiert, erhält er auch Gegner, zu denen er sich vorher als Wettbewerber nicht positionierte.

Sein neues Geschäftsmodell ist hoch skalierbar für den globalen Markt erstellt. Nicht nur die Wettbewerber aus anderen Branchen, sondern auch die internationalen Wettbewerber machen ihm zunehmend Probleme. Diese fühlen sich bedrängt und greifen in Zukunft selbstverständlich über Cyberattacken an. Gegen gezielte Attacken, wie sie heute noch selten sind, kann man sich nur begrenzt wehren. Erbeutete Informationen benutzen Wettbewerber entweder für eine direkte Erpressung oder meist effektiver zum Auslösen eines Shitstorms, wenn z. B. Normen oder Kundenversprechen durch den Deutschen nicht eingehalten wurden.

Im besten Fall wiegt der Wertschöpfungszuwachs die Verluste der Angriffe gemäß der oberen hellen Kurve in der Mitte auf (Abb. 3.4). Entnervt gibt der Deutsche nach zehn Jahren auf und verkauft sein Unternehmen mit Gewinn. Im Worst Case steht er nach zehn Jahren ungefähr da, wo er bestenfalls bei Einschlagen des ersten Weges hätte stehen können (vgl. untere mittlere helle Kurve in Abb. 3.4).

3.4.3 Unternehmensführung mit Dezentralisierung und Anonymisierung

Die Unternehmensziele des dritten Weges sind vergleichbar mit dem zweiten Weg. Allerdings lässt sich das Unternehmen Zeit, seine Prozesse zu anonymisieren und zu dezentralisieren. Es beachtet dabei die Grundlagen eines Trusted Web 4.0 aus Kap. 1 und Kap. 2.

In den ersten zwei Jahren wird etwas weniger Wertschöpfung generiert, denn alle Ressourcen des Unternehmens werden nach innen gerichtet, um sich neu aufzustellen. Wichtig ist, dass alle Mitarbeiter das Dezentralisierungskonzept mittragen. Dafür wird von den Mitarbeitern eine hohe Flexibilität erwartet, sich an die neue Organisationsform anzupassen. Grundsätzlich ist jetzt der richtige Zeitpunkt zur konstruktiven Zerschlagung des Unternehmens, da auch die digitale Transformation nicht ohne innere Veränderungen des Unternehmens möglich ist. Im Idealfall werden die Veränderungen durch die neuen Unternehmenswertschöpfungsbereiche mit der Dezentralisierung und Anonymisierung abgestimmt.

Das Wachstum des dritten Weges ist anfänglich langsamer als bei dem zweiten Weg. Allerdings ist man wesentlich sicherer gegen Angriffe von außen aufgestellt. Selbst mehrstufige Angriffe erreichen nicht das lebenswichtige Know-how des Unternehmens, sondern richten nur verkraftbare Teilschäden an.

Ab dem 5. Jahr geht die Entwicklung der beiden Kurven mit der höchsten Steigung am Ende (Abb. 3.4) von der Markteinführung von PDS-Systemen aus. Sollte es nicht gelingen, bis dahin die letzten Zentimeter zum Kunden von den derzeitigen Oligarchen abzunabeln, ist jegliche Zukunftsprognose hinfällig. In jedem Geschäftsplan müssen dann die nichtkalkulierbaren zunehmenden Kundenzölle und Übernahmen von Wertschöpfungsbereichen durch die Oligarchen Berücksichtigung finden.

3.5 Die nächsten Schritte

► Ohne breite Unterstützung eines Paradigmenwechsels durch Wirtschaft und Politik wird es in Zukunft kein sicheres Internet geben.

Damit die öffentliche Hand weiterhin den Schutz ihrer Bürger sicherstellt, sollten von ihr Pilotprojekte mit Vorbildfunktion und Forschungsförderung zum Trusted Web 4.0 erwartet werden. In einem ersten Schritt steht jedoch nicht die weitere technische Entwicklung im Vordergrund, sondern die Gründung einer Institution, die erst einmal interdisziplinär alle Bemühungen zur Dezentralisierung und Anonymisierung weltweit erfasst und diese als Struktur relevant definiert. Daraus kann dann ein Masterplan für eine europäische Antwort auf eine totalitäre Globalisierung im Sinne weniger Global Player, wie sie derzeit entsteht, abgeleitet werden.

Es kann nicht oft genug erwähnt werden, wie wichtig es ist, eine sichere Kommunikation als Grundlage für einen eigenen Weg zu schaffen. Informationssicherheit auf einem normalen Niveau über die gesamte Prozesskette ist die Grundlage dafür, dass überhaupt eine Entwicklung des Trusted Web 4.0 möglich ist. Wenn die Kommunikation mit Geldgebern und der öffentlichen Hand jederzeit von Datenverwertern mit entsprechenden

Möglichkeiten unterbunden werden kann, dann wird es keine Entwicklung und Markteinführung für ein sicheres Internet geben.

Die derzeitige IT-Sicherheitsforschung ist eng verbunden mit den Geheimdiensten. Es wird noch immer als Ritterschlag betrachtet, wenn man Forschungsmittel etwa in der Verschlüsselung von den Geheimdiensten erhält. Die derzeitige IT-Sicherheitsbranche ist wichtig, um Datenverfügbarkeit und Datenintegrität zu gewährleisten. Die Forschung zum Erhalt digitaler Vertraulichkeit durch Anonymisierung und Dezentralisierung muss hiervon aber komplett abgekoppelt werden. Entsprechend regte der Autor auch nach dem Angriff auf den Deutschen Bundestag (s. Kap. 2, Abschn. 2.5.16) bei den relevanten Ministerien die Schaffung eines Referats für Dezentralisierung an.

Es geht eben in erster Linie nicht um den Einsatz neuer Technik, sondern um ein Umdenken und eine Neuordnung in dezentralen Organisationsstrukturen. Hierdurch werden nicht nur Schäden vermieden, sondern es besteht auch die einmalige Chance, durch den Export von dezentraler IT neue Arbeitsplätze zu schaffen.

Die mittelstandgeprägte deutsche Wirtschaft muss sich für ein Trusted Web 4.0 formieren. Hierbei handelt es sich immer noch um die wesentliche Mehrheit der Wertschöpfungsbringer und um die, welche am meisten zum „europäischen“ BIP beitragen und gleichzeitig die Hauptgeschädigten durch Datenabflüsse sind!

Im Kap. 1, Abschn. 1.2 wurde darauf hingewiesen, dass insbesondere die Älteren in einer Pflegesituation davon bedroht sind, völlig von Technik dominiert zu werden. Viele hochqualifizierte Manager werden heute weit vor dem Erreichen der offiziellen Rente freigesetzt. Diese müssten ihre Stimme erheben und ihre Erfahrungen bei der Mitgestaltung der Nachkriegsdemokratie einbringen, anstatt den Jungen, die oft unreflektiert nur den vordergründigen Nutzwert einer weiteren Steigerung der Reizüberflutung sehen, das Feld zu überlassen.

Der hier vorgestellte Weg eines Trusted Web 4.0 soll letztendlich als europäische Lösung mit dem Anspruch, einen globalen Standard zu setzen, gesehen werden. Fördermittel und Vorleistungen in Höhe von ca. 50 Mio. € sollten bereitgestellt werden. Im Verhältnis zu den Schadenssummen und Verlustszenarien (vgl. Kap. 2, Abschn. 2.5 und Kap. 3, Abschn. 3.4) ist eine solche Investition gut angelegt und dringend notwendig. Eine Refinanzierung sowohl für die öffentliche Hand als auch die Wirtschaft ist in kürzester Zeit möglich.

So wie die USA auf ihr Verständnis als Weltpolizei zugeschnitten einen Masterplan erarbeitet und diesen konsequent und dadurch erfolgreich im Bereich der IT umgesetzt hat, muss die Europäische Union ihrem Motto: „In Vielfalt geeint“ (Europäische Union 2015), gerecht werden. Vielfalt ist das Gegenteil von Massenüberwachung und Massenmanipulation und kann nur mit dem Respekt vor der Privatsphäre und Autonomie des einzelnen Bürgers verbunden sein. Derzeitige zentralisierte IT-Entwicklungen führen zwangsläufig zur zentralen Steuerung und Gleichschaltung der Bevölkerung und sind nicht vereinbar mit oben genanntem Anspruch der EU. Will die EU ihre eigene Identität behalten, so muss sie sich geschlossen hinter eine ganzheitliche Sichtweise stellen, welche die gesellschaftlichen Errungenschaften der europäischen Demokratien konsequent auf die Entwicklung von technischen Konzepten für autonome Systeme überträgt.

Um die europäische Dimension dieser Aufgabe zu unterstreichen, sollte deshalb, wie im folgenden Abschnitt erläutert, die Gründung eines europanahen Instituts GISAD (Global Institute for Structure relevance, Anonymization and Decentralization) vorangetrieben werden.

3.5.1 GISAD

► Trusted Web 4.0 benötigt ein Sprachrohr.

Wenn sich das richtige Dutzend Entscheidungsträger aus der ersten Führungsebene der größten europäischen politischen und wirtschaftlichen Institutionen als Gründer für die Durchsetzung eines Trusted Web 4.0 einsetzt, kann ein sicheres Internet ohne erhebliche zusätzliche Geldmittel in kürzester Zeit realisiert werden.

Die an einem solchen Konzept ernsthaft Interessierten sollen in einem zweiten Schritt in einem Verband zusammengefasst werden, um eine entsprechend mächtige Stimme in der EU zu erheben. GISAD soll die folgenden Aufgaben erfüllen.

3.5.1.1 Transparenz für nachhaltige Technologien schaffen!

Durch GISAD sollen Gutachten zur Strukturrelevanz von Ideen und Projekten erstellt werden. Hierbei spielt es keine Rolle, ob eine Idee bereits am Markt erprobt wurde.

In einer derzeit zentralisierten Globalisierung entstehen monopolistische Strukturen mit totalitären Tendenzen. Hierdurch gehen zunehmend über Jahrhunderte erarbeitete Freiheitsgrade für den Einzelnen wieder verloren. In einer solchen Umgebung besteht die Gefahr, dass neue Ideen unterdrückt oder nur einer sehr kleinen Zielgruppe zur Verfügung gestellt werden. Wenn nur noch auf Basis von Renditeerwartungen über Projekte entschieden wird und zudem durch digitale Attacken immer leichter Wettbewerber ausgeschaltet werden können, besteht die Gefahr, dass eine sehr kleine weltweite Führungsschicht sich komplett von dem Rest der Welt abkoppelt.

So werden zum Beispiel in der Medizin durch die Programmierung von induzierten pluripotenten Stammzellen seit 2006 erhebliche Fortschritte verzeichnet. Innerhalb der nächsten Jahrzehnte ist es realistisch, den Alterungsprozess im Sinne einer erheblichen Verlängerung der Lebenszeit aufzuhalten. Aus betriebswirtschaftlicher Sicht gibt es keinen Grund, diese Technologie einer breiten Bevölkerungsschicht zur Verfügung zu stellen. Viel einträglicher ist es, diese ohne Marketingkosten, Vertriebskosten und ethische Diskussionen oder gar mögliche Ressourcenkriege den reichsten Menschen exklusiv und geheim anzubieten. Diese würden sicherlich jeweils 100 Mio. € dafür bezahlen, in einer kleinen Gruppe ihre Macht durch eine wesentliche Verlängerung der Lebenszeit ausbauen zu können.

GISAD-Gutachten müssten für Unternehmensgründer finanzierbar sein. Standardisierte Gutachten zur Strukturrelevanz will GISAD für unter 1000 € anbieten.

3.5.1.2 Eine der vordigitalen Gesellschaft vergleichbare Sicherheit wiederherstellen!

In fast allen Bereichen, in denen IT eingesetzt wird, gibt es derzeit Tendenzen, die IT zu zentralisieren und die Autonomie der Menschen durch massenhafte Beeinflussung zugunsten einer globalen Gleichschaltung zu beschränken. Auf der anderen Seite nimmt die Autonomie von intelligenten vernetzten Systemen zu. GISAD attestiert durch Gutachten Projekten und Ideen, welchen Wert sie für eine dezentralisierte Globalisierung haben.

Derzeit erfolgt zum Beispiel die Verkehrssteuerung für Kraftfahrzeuge über zentrale Portale. Hierdurch sind massenhafte Überwachung und Manipulation möglich. Ein dezentralisiertes Konzept erlaubt Fahrzeugen und Ampeln eines kleinen Bereichs, z. B. innerhalb einer Funkzelle, sich möglichst autonom mit minimalem Datenaustausch abzustimmen. Ein solches Konzept ist wesentlich robuster als ein zentralisiertes Konzept.

GISAD-Gutachten bewerten, ob die Autonomie von Mensch und Maschine im Sinne der Dezentralisierung von Prozessen und Speicherorten gewährleistet ist und ob ein Eingriff Dritter nur innerhalb des jeweiligen Rechtsraums möglich ist.

3.5.1.3 Demokratische Errungenschaften der Autonomie des Einzelnen sichern!

Für die Autonomie von Menschen sind Freiräume durch anonymes, nicht überwachtes Handeln nötig. Viele personenbezogene Daten werden bei der Kommunikation von Systemen mit Menschen, aber auch in der Kommunikation zwischen den Systemen erhoben. GISAD erstellt Gutachten zur Anonymisierung von Prozessen. Jede nicht für den jeweiligen Prozess erforderliche Information sollte in der Kommunikation vermieden werden.

Um zum Beispiel etwas in einer autonomen Fabrik zu bestellen, sollen die Eigenschaften des Produkts genau beschrieben und ein Übergabepunkt der Ware vereinbart werden. Weder die Fabrik als Hersteller noch der Besteller müssen hierfür ihre Anonymität aufgeben, wenn sie mit anonymem digitalen Geld bezahlen.

GISAD-Gutachten nehmen dazu Stellung, ob Prozesse so weit wie möglich auf den Austausch personen- und maschinenbezogener Daten verzichten.

3.5.1.4 GISAD als Clearingstelle für Forschungsprojekte

GISAD hat einen neuen „call in horizon 2020" für ein Trusted Web 4.0 angeregt. Weitere regionale und überregionale Fördermöglichkeiten sollen genutzt werden.

GISAD übernimmt Koordinierungsaufgaben im Innenverhältnis zwischen den Forschungsprojekten bis hin zur Markteinführung. GISAD kümmert sich, soweit nötig und möglich, um die Erstellung neuer Standards und eine möglichst große Kompatibilität der Projekte untereinander. Idealerweise wird hierfür aus öffentlichen Mitteln ein eigener Etat zur Verfügung gestellt.

In Forschungsprojekten allgemein heute üblich, wird bereits bei der Beantragung die Vermarktungsfähigkeit berücksichtigt. In Zusammenarbeit mit GISAD sollen aus den Förderanträgen bereits frühzeitig funktionierende Geschäftsmodelle abgeleitet werden.

3.5.1.5 Die Organisation

Mitglieder sollten neben den Gründungsvorständen Organisationen/Unternehmen sein, welche die Anschubfinanzierung übernehmen und gleichzeitig als Multiplikatoren tätig sind. Es gibt Überlegungen, GISAD als gemeinnützigen Verein zu etablieren.

Mittelfristig will sich GISAD aus seinen Gutachten refinanzieren. In die Gutachtenerstellung (außer Standardgutachten zur Strukturrelevanz) sollen international aus den einzelnen Disziplinen namhafte Experten aus Politik, Wissenschaft und Wirtschaft eingebunden werden. Durch die Gründung eines Verbandes der Anonymisierer und Dezentralisierer will GISAD in einem zweiten Schritt ein entsprechendes Gewicht in der Durchsetzung seiner Ziele erreichen.

Zentralistische, hoch skalierbare Geschäftspläne, die kurzfristig hohe Gewinne erwarten lassen, bestimmen in den nächsten Jahren weiter die Wirtschaft. Erst mittelfristig wird sich zeigen, dass sich eine digitale Gesellschaft, die konsequent auf Dezentralisierung und Anonymisierung in der IT setzt, wesentlich stabiler gegenüber Bedrohungen verhält. Dies gilt sowohl bei Naturkatastrophen als auch im Cyber War. Alternative dezentrale Geschäftsmodelle, mit denen man mit minimiertem Risiko hohe Gewinne erzielen kann, müssen sich bewähren.

Der Zeitfaktor für die Gründung von GISAD spielt eine erhebliche Rolle. Das Konzept muss zügig umgesetzt werden, sonst verhindert das eine oder andere totalitäre Szenario, ähnlich wie in den fiktiven Büchern von Olaf Berberich 2008, 2014d, 2015a und 2015b beschrieben, jegliche freie unternehmerische Tätigkeit.

3.5.2 Forschungsprojekte für ein persönliches digitales System

► Die letzten Zentimeter des Kundenzugangs entscheiden über die Partner mit nachhaltiger Teilhabe an der Wertschöpfung.

In diesem Buch sind verschiedene Ideen des Autors für ein PDS vorgestellt worden. Hierdurch wurde bewiesen, dass es keine grundsätzlichen technischen Hemmnisse gibt, ein PDS zu bauen. Trotzdem ist es noch ein langer Weg, bis ein massentaugliches PDS in den Markt eingeführt werden kann.

Möglicherweise ist die aktive Mitgestaltung des 5G-Standards die letzte Gelegenheit, die Errungenschaften der vordigitalen Demokratien über die Dezentralisierung und damit Demokratisierung der Kommunikationsstrukturen aufrecht zu halten. Die Zeit drängt also. Finanziert werden kann die Forschung aus noch nicht zweckgebundenen Fördermitteln des Bundes und der EU, hier „horizon 2020“. Ebenfalls ist es möglich, bestehende Projekte leicht zu modifizieren.

Im Sinne einer freien Marktwirtschaft sollten unterschiedliche Ideen parallel gefördert werden. Im Folgenden habe ich Vorschläge für die aus meiner Sicht wichtigsten Trusted WEB 4.0 Forschungs- und Entwicklungsprojekte (F&E) festgehalten. Oft müssen nicht neue Projekte aufgesetzt werden. Es reicht, wenn die Ziele in vorhandenen Projekten leicht modifiziert werden.

3.5.2.1 Mindestanforderungen an ein PDS

- Die Usability darf sich nicht gegenüber vorhandenen Devices und Apps verschlechtern.
- Für den Nutzer wichtige Daten sind hardwaremäßig und softwaremäßig getrennt von Daten zu speichern, die mit Dritten verbunden werden.
- Das PDS dient als Ersatz für alle anderen Identifikations- und Authentifizierungsmethoden.
- Die Authentifizierung und Identifizierung in allen Bereichen erfolgt über einen im PDS integrierten dezentralen Schlüssel.
- Das PDS kann im Netz anonym oder pseudonymisiert bleiben.
- Über das PDS kann der Nutzer alle von ihm erzeugten Daten kontrollieren.
- Ein Kopierschutz verhindert Kopien im Internet bzw. trägt unberechtigte Kopierer in eine Blacklist ein.
- Durch hardwaremäßige Trennung von Funkmodulen bleibt gewährleistet, dass sich Zugriffsrechte und Daten im Zusammenhang mit der Nutzerrolle als Privatperson, Arbeitnehmer oder Geheimnisträger nicht vermischen können.

3.5.2.2 Anonymisierungskonzept

In diesem Buch schlägt der Autor wesentliche Maßnahmen für den Datenschutz schon vor:

- Die Trennung der personenbezogenen Daten des PDS von allen anderen Daten führt dazu, dass persönliche Daten überhaupt nicht ins Netz gestellt werden.
- Wenn Logfiles nur dezentral beim entsprechenden Benutzer gespeichert werden und je Kategorie ein Einstieg mit einer eigenen zeitlich begrenzt vergebenen IP-Adresse erfolgt, wird die Erstellung von Profilen erheblich erschwert.

Trotzdem kann nicht ausgeschlossen werden, dass Daten, z. B. durch die Ermittlung des permanenten Standorts, einer Person zugeordnet werden können. Die Einführung des PDS sollte von weiterer Grundlagenforschung und Anwendungsforschung in der Frage begleitet werden, wie man die Zusammensetzung eines Gesamtprofils aus einzelnen Informationen verhindern kann (s. Abb. 3.5). Dabei muss es der Strafverfolgung in Zusammenarbeit mit einer regionalen Instanz möglich sein, im Einzelfall mit zumutbarem Aufwand ein Täterprofil zu erstellen. Weiterhin ist es für die Gesellschaft wichtig, aussagekräftige Statistiken zu erhalten, deren Analysequalität nicht wesentlich durch das Anonymisierungskonzept eingeschränkt wird.

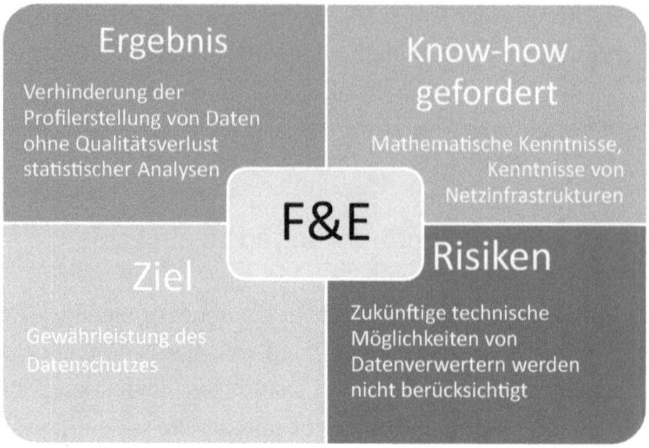

Abb. 3.5 Forschungsprojekt Anonymisierung

3.5.2.3 Kopierschutz

Der tatsächliche Besitz von Daten durch einen Urheber beseitigt viele rechtliche Hemmnisse und Vertrauensprobleme.

Ähnlich wie in XML (Extensible Markup Language) der Content von den Stilen getrennt wurde, sollten in zukünftigen Dokumenten grundsätzlich anonymisierte oder pseudonymisierte Urheberrechtsvermerke enthalten sein. Im Ergebnis könnte ein Kopierschutz durch Verschlüsselung ähnlich funktionieren wie das derzeitige „HD+-Konzept" der privaten Fernsehkanäle.

Der Urheber sollte bestimmen können, ob seine Datei nur in einem zugriffsbeschränkten Intranet oder auch im Internet verwendet werden darf und ob Daten gedruckt werden dürfen. Durch den Aufbau eines Netzes im Netz mithilfe des Kategorienkonzepts (s. Kap. 2, Abschn. 2.1.3) und eines PDS, das von allen in diesem Konzept Integrierten benutzt wird, kann die Lösung aus einer Sender- und Empfängerkomponente bestehen. Da eine Kompromittierung der Datei und somit ein unerlaubter Zugriff durch Dritte nicht ausgeschlossen werden kann, sollte zusätzlich eine spezielle Mustererkennung entwickelt werden (s. Abb. 3.6), die im Falle des unerlaubten Verwendens der Datei die Kopie entdeckt und auf Wunsch des Urhebers einen Löschmechanismus auslöst.

3.5.2.4 Entnetzung von Smartphone-Apps

► Apps auf Smartphones fordern den Zugriff auf zahlreiche persönliche Daten. Der Nutzer vergibt an die Apps Rechte, ohne die Tragweite der Freigabe zu verstehen.

Als erster Schritt müssen in diesem Projekt personenbezogene Daten komplett von Software, die Profildaten benötigt, getrennt werden (s. Abb. 3.7).

Apps, welche unbedingt personenbezogene Daten benötigen, wie Telefonbuchfunktion, Telefonfunktion etc., sollen von Apps, welche Nutzerdaten an Dritte weitergeben, wie z. B. Lokalisierungsdienste, getrennt werden.

Abb. 3.6 Forschungsprojekt Kopierschutz

Abb. 3.7 Forschungsprojekt Entnetzung von Apps

Es gibt zahlreiche Möglichkeiten, personenbezogene Profildaten zu erzeugen. Kann zum Beispiel dem Besucher einer Webseite kein Name zugeordnet werden, so ermöglicht das Setzen von Cookies oder bei IPv6 die Übernahme der Device-IMEI dennoch Profile zu erstellen. Es reicht eine Stelle aus, an der die Profile mit dem Personennamen und seiner Adresse verbunden werden, um diese Verknüpfung für alle gesammelten Daten zu nutzen. Auf der anderen Seite besteht die Notwendigkeit, Profildaten zum Beispiel für lokale Dienste zu verwenden. Diese Profildaten müssen jedoch nicht mit den personenbezogenen Daten verknüpft werden, sondern können alternativ mit einer Transaktionsnummer arbeiten.

Basis sollen bestehende Betriebssysteme wie Android sein.

3.5.2.5 Entnetzung von Smartphonehardware

- Alle Funkmodule bieten Angriffsmöglichkeiten zur Manipulation und Überwachung und sind von einem sicheren Hardwarekern zu trennen.

Abb. 3.8 Forschungsprojekt Entnetzung von Hardware

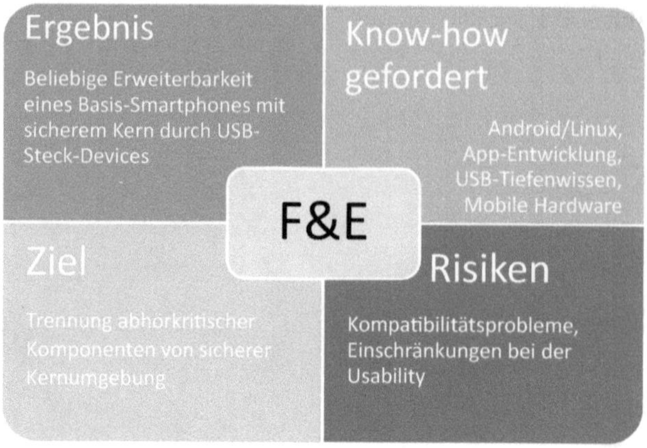

Ziel des Projekts ist es, die eigentliche Kernhardware der Smartphones nicht angreifbar zu machen (Abb. 3.8).

Es gibt bereits eine Patentanmeldung aus dem Jahr 2014 zu diesem Thema (Berberich 2014a). Über mehrere USB-Ports sollen Funkmodule und Module mit erweiterten Eigenschaften wie Video, Beamer etc. in einen Smartphonekern einsteckbar sein. Applikationen werden auf den USB-Devices und nicht auf dem Smartphonekern installiert.

Durch Ein- und Ausstecken einzelner Module soll der Anwender bewusst entscheiden können, welche Applikationen auf das Smartphone zugreifen können. Durch die ständig fortschreitende Miniaturisierung können die Devices selbst komplett eigenständig arbeitende Systeme sein, die jedoch nur auf das Display zugreifen können oder dem Smartphone eine Funkverbindung anbieten.

3.5.2.6 Zugriff über Devices auf einen Touchscreen

► Zum Erhalt der Usability sollen alle Apps weiterhin durch den gleichen Touchscreen angesteuert werden.

Der Touchscreen eines Smartphones soll über einsteckbare Module getrennt angesteuert werden können (s. Abb. 3.9).

Bereits jetzt gibt es Multitasking mit Windowed-Apps auf Android. Hier wird durch das gleichzeitige Verwenden einzelner Tasks die Möglichkeit geboten, auf mehreren Fenstern mit mehreren Anwendungen gleichzeitig zu arbeiten. Ziel des Projektes ist die Erhöhung der Sicherheit durch Trennung des sicherheitsrelevanten geschlossenen (ohne Updates) Smartphonekerns von über USB-Devices angebotenen Applikationen, welche zu den Anbietern oder Dritten eine Datenkommunikation aufbauen (z. B. Chartdienste, Lokalisierungsdienste etc.).

Sowohl die Videosignale als auch der Steuerungs-Handshake sollen also zwischen den Kernprozessor und den Prozessoren der einsteckbaren Module sicher geschaltet werden können.

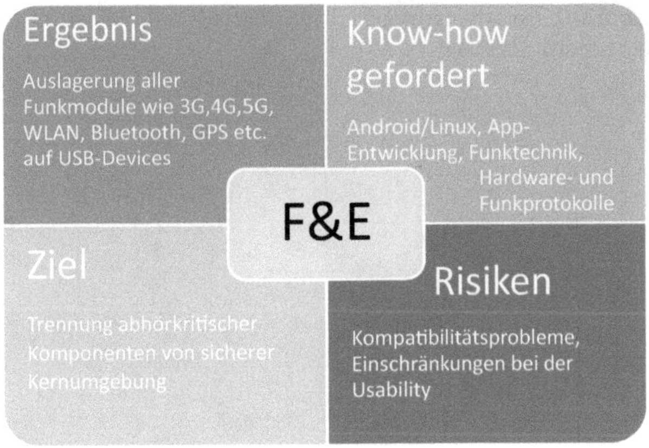

Abb. 3.9 Forschungsprojekt Zugriffssteuerung

3.5.2.7 5G-Ausbau ohne Antennenstation

- Für hohe Ausfallsicherheit und kurze Latenzzeiten soll ein dezentralisiertes Funknetz aufgebaut werden.

Ziel des Forschungsprojektes ist die Entwicklung von USB-Devices als Router für ein dezentralisiertes Mobilfunknetz auf Basis von 5G-Frequenzen (s. Abb. 3.10).

5G wird derzeit noch von den klassischen Konzepten der Mobilfunkanbieter getrieben. Hier geht man davon aus, dass wie bisher Antennen in Funkzellen mit Mobiltelefonen verbunden werden. Die 300-GHz-Technologie benötigt jedoch mindestens alle 2 km einen entsprechenden Sendemast. Dies ist ein enormer Finanzaufwand.

Alternativ können die Smartphones selbst die IP-basierten Datenpakete routen. Hierfür ist die weiter gehende Miniaturisierung von Funktechnik nötig. Eine zusätzliche Voraussetzung dafür ist die Dezentralisierung des Internets, wie ich sie im Projekt weltwei-

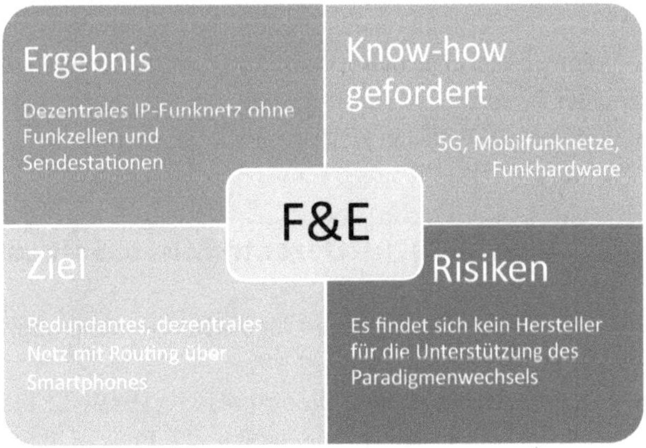

Abb. 3.10 Forschungsprojekt Mesh-Netzwerk

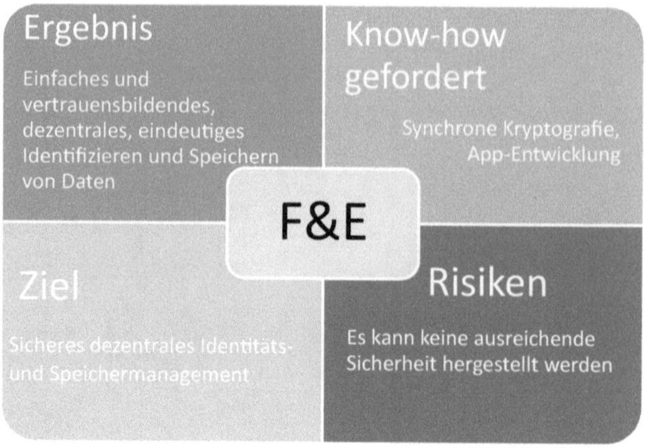

Abb. 3.11 Forschungsprojekt dezentraler Schlüssel

ter Kategorienstandards vorschlage (siehe hierzu die entsprechenden Patentanmeldungen (Berberich 1999, 2014)).

3.5.2.8 Erstellung dezentraler symmetrischer Schlüssel

► Angriffsszenarien basieren auf Aufwandsschätzungen.
Vordigitale Sicherheit wird durch dezentral erzeugte Schlüssel für Angriffe unattraktiv.

Es sollen drei gleiche Schlüssel durch symmetrische Verschlüsselung (z. B. AES, Advanced Encryption Standard) erstellt und dezentral automatisch generiert werden (s. Abb. 3.11). Diese werden sicher an drei Stellen distribuiert.

Wie in der GISAD-Stellungnahme zur Vorratsdatenspeicherung dargestellt, soll zumindest die vordigitale Sicherheit im Internet erreicht oder noch erhöht werden.

Im Zeitalter von Quantencomputern ist jede Public-Key-Struktur in kürzester Zeit zu knacken. Durch die dezentrale Schlüsselerzeugung, die symmetrische Verschlüsselungsart (z. B. über Zufallsverfahren) und die dezentrale Distribution (Tunnelung oder „point to point") gleicher Schlüssel an drei Partner (Behördenschlüssel, eigener Schlüssel, hinterlegter Zweitschlüssel) soll der Aufwand des Entschlüsselns so erhöht werden, dass sich nur in wenigen Fällen gezielte Angriffe rechnen.

3.6 Cloud ab 2020 – Dezentralisierte Softwareentwicklung

► Die Cloud ist prädestiniert für die Dezentralisierung.

Dieses Buch hat gezeigt, wie komplex im Detail die Idee eines Trusted Web ist. Dies ist der erste technische Ansatz, der technische Entwicklungen gesellschaftlichen und daraus abgeleitet rechtlichen und organisatorischen Notwendigkeiten unterordnet. Diese Notwendigkeiten ergeben sich, wenn man die Errungenschaften der vordigitalen Gesellschaft auf die digitale Transformation übertragen will. Sollte sich Trusted Web 4.0 durchsetzen, dann besteht die Hoffnung, dass der Mensch in seiner zukünftigen Entwicklung und in seiner Funktion als technikbeherrschendes Wesen nicht mehr in den Hintergrund gedrängt wird.

Von Datenschützern wird heute die Cloud sehr kritisch gesehen. Aber wie jede Technologie muss sie nur richtig ausgestaltet werden, um vom Menschen akzeptiert zu werden. Dezentralisierung funktioniert auch in der Cloud, sie ist sogar prädestiniert dafür. Wenn die notwendige Cloud-Standardisierung voranschreitet, dann können einzelne Datensätze oder Teile einzelner Datensätze in einem dem RAID-System vergleichbaren System bei verschiedenen Providern als Back-up an unterschiedlichen Stellen gespeichert sein. Nur personenbezogene Daten und der Schlüssel für den Zugang zu den gespeicherten Daten haben in der Cloud nichts zu suchen, sondern gehören in die unmittelbare physische Kontrolle des Urhebers.

Der offene OpenStack-Standard ermöglicht es, Marktplätze für Services in der Cloud aufzubauen, über die bestimmte Applikationen oder Funktionen durch Managed-Service-Provider angeboten werden. Die entsprechenden Provider sind 24/7 für die Verfügbarkeit und Integrität der Portale verantwortlich. Viele nichtpersonalisierte Daten oder Daten wie Webseiten, die sowieso der Öffentlichkeit zur Verfügung stehen, sind in der Cloud unkritisch, da keine Vertraulichkeit gewährleistet sein muss.

Aus Sicht eines Trusted Web 4.0 wäre es wünschenswert, wenn in Zukunft Services von den Kundendaten, insbesondere personenbezogenen Daten, getrennt funktionieren. Im Idealfall stellt man sich in Zukunft die benutzte Software aus vielen Einzelmenüs individuell von vielen Anbietern zusammen. Auch das ist eine Form von Dezentralisierung. Wenn diese Anbieter selbst für ihre Hardwarearchitektur verantwortlich sind, werden sie eine stabile Umgebung zur Verfügung stellen. Bei einem Angriff auf den Nutzer sind so nur Teile seiner Applikationen betroffen.

Es ist sowohl technisch als auch rechtlich viel einfacher, die Personalisierung gleich bei der Datenerstellung über ein PDS zu verwalten und von den anderen Daten zu trennen, als sich später Gedanken über eine aufwendige, datenschutzkonforme Konvertierung im Rahmen von Big Data zu machen.

Checkliste für die digitale Transformation

Die im Internet verfügbaren Checklisten gehen in Richtung Change-Management und enthalten allgemeine Ratschläge. Im Folgenden wird versucht, basierend auf den Grundlagen dieses Buches, eine konkrete Hilfestellung zu geben. Institutionen können darauf aufbauend ihren Anpassungsbedarf ermitteln. Natürlich kann eine allgemeine Checkliste nicht jeden Einzelfall und jede Branche berücksichtigen.

Allerdings ist es gerade der Blick über den Tellerrand, der für eine ehrliche Analyse wichtig ist. Wenn fast jeder Prozess in die Cloud ausgelagert und digital transformiert werden kann, dann hat auch jede Branche Zugriff auf alle branchenspezifischen Ressourcen. Erst am Ende der Analyse sollte einfließen, welche Alleinstellungsmerkmale eine Institution besitzt. Um mögliche Wettbewerber frühzeitig zu erkennen, sollten im ersten Schritt die eigenen Mitarbeiter und die eigene Branchenerfahrung weitgehend ausgeblendet werden. Eventuell ist ein externer unbeeinflusster Berater hinzuzuziehen.

► Betroffenheit von der digitalen Transformation.

Analysieren Sie alle in Ihrer Institution durchgeführten Prozesse!

Welche von Menschen erledigten Prozesse Ihrer Institution werden in anderen Institutionen bereits durch IT abgebildet?	☐
Gibt es bereits Institutionen, die mit vergleichbaren Prozessen Wertschöpfung oder mehr Wertschöpfung als Ihre Institution generieren?	☐
Ist Ihre Institution aufgrund ihrer Positionierung am Markt oder aufgrund sonstiger Faktoren in einem Prozess konkurrenzfähig oder sogar besser als andere?	☐
Gibt es Synergien mit anderen Institutionen bei der Zusammenlegung einzelner Prozesse?	☐

► Überprüfung soziologischer Grundlagen.

O. Berberich, *Trusted Web 4.0 – Bauplan für die digitale Gesellschaft*, Xpert.press,
DOI 10.1007/978-3-662-49208-6

Welche Auswirkungen hat die Veränderung einzelner Prozesse auf die Wahrnehmung Ihrer Institution in der Öffentlichkeit (s. Kap. 1, Abschn. 1.1)?	☐
Entstehen durch die Digitalisierung Kommunikationsstörungen zwischen den beteiligten Menschen und der Technik?	☐
Ist sichergestellt, dass durch die Zentralisierung von Prozessen Menschen nicht von der Technik beherrscht werden?	☐
Wurde berücksichtigt, wie alte oder behinderte Menschen durch die Digitalisierung mittels Heimarbeitsplätze integriert werden können (s. Kap. 1, Abschn. 1.2)?	☐

► Überprüfung rechtlicher und organisatorischer Grundlagen.

Wurden die „Kronjuwelen" unter den Daten definiert und deren von Internet und Cloud getrennte Speicherung berücksichtigt (s. Kap. 2, Abschn. 2.5)?	☐
Wurde die Vertraulichkeit von Prozessen über die gesamte Informationsprozesskette sichergestellt?	☐
Wurden für jeden zu digitalisierenden Prozess Konzepte der Dezentralisierung und Anonymisierung bereits bei der Datenerfassung berücksichtigt?	☐
Wurden je nach Vertraulichkeitsstufe unterschiedliche Netze vorgesehen?	☐
Sind Mitarbeiter in der Lage, entsprechend ihrer Vertraulichkeitseinstufung im Notfall benötigte Stellvertreteraufgaben zu übernehmen?	☐
Wurde die Kompromittierung von in der Cloud gespeicherten Daten eingeplant und wurden Gegenmaßnahmen bei Social Engineering und mehrstufigen Angriffen berücksichtigt (s. Kap. 2, Abschn. 2.5.3)?	☐
Wurde die aktuelle Gesetzeslage zu Datenschutz und Datensicherheit berücksichtigt?	☐
Wurden Notfallstrukturen und Compliance-Richtlinien auf die einzelnen Bereiche angepasst?	☐
Besteht die jederzeitige Verfügungsgewalt über die eigenen veröffentlichten Daten und ist die Rücknahme der Veröffentlichung durch Löschung durch den Urheber sichergestellt (s. Kap. 2, Abschn. 2.4.2)?	☐

► Zusammenfassung der Prozessbewertung.

Bisher waren Prozessveränderungen meist nur durch die kurzfristige Verbesserung betriebswirtschaftlicher Kennzahlen getrieben. Wie in Kap. 3, Abschn. 3.4 erläutert, führen die möglicherweise entstehenden Schäden durch das Abfließen von Daten dazu, dass sich die Veränderung eines Prozesses langfristig negativ auf die Wertschöpfung auswirkt.

Zu jedem Prozess, den Sie transformieren möchten, sollten Sie in der Lage sein, unter Berücksichtigung der in dieser Checkliste genannten Kriterien eine Kosten-Nutzen-Rechnung aufzustellen.	☐
Jede Institution sollte dazu den einzelnen Fragen eine auf die Institution angepasste Wertigkeit in Form eines Grundwerts von 1 bis 10 Punkten geben.	☐

► Neudefinition des Kerngeschäfts.

Nur dann, wenn im Ergebnis eindeutig einer oder mehrere der Prozesse durch die Digitalisierung nachhaltig wertiger werden, ist die Basis vorhanden, um über eine Veränderung des Kerngeschäfts nachzudenken. Ansonsten sollten nur einzelne Prozesse optimiert werden.

Jetzt sind die unternehmensspezifischen Faktoren einzubeziehen:

Welche Mitarbeiter können den Wandel mittragen?	☐
Welches Know-how muss eingekauft werden?	☐
Sind die gesuchten Know-how-Träger am Markt verfügbar?	☐

► Anpassung mit Augenmaß.

Entscheider zu sein, wird bei zunehmender globaler Komplexität immer schwieriger. Dezentralisierung hilft, die Prozesse zu entflechten und die Komplexität zu verringern.

Literatur

Statista 2015. BVWD: Deutschland: 12.12.2013 bis 08.01.2014, 340 Social Media Nutzer. http://www.statista.de (Erstellt: 5. März 2015)

14. Frankfurter Symposium Compliance und Unternehmenssicherheit. 12. November 2015. Diverse Keynotes und Fazit der Podiumsdiskussion. Frankfurt: s.n., 12. November 2015.

Milliardenwettstreit um entscheidende Frequenzblöcke. Adelmann, Stefan. 2015. 2015, CRN Ausgabe 7.

Airdata AG 2011. Pressemeldung. http://www.airdata.ag (Erstellt: 24. Juni 2011). Zugegriffen: 2. März 2015

ARD/ZDF 2014. Onlinestudie 2014: Internetnutzer in Deutschland 1997 bis 2014. http://www.ard.de. Zugegriffen: 20. Mai 2015

Beiersmann, Stefan 2015. Hacking-Team-Leaks: Adobe warnt vor weiteren Zero-Day_lücken in Flash Player. http://www.zdnet.de (Erstellt: 13. Juli 2015). Zugegriffen: 15. Juli 2015

Berberich, Olaf. 1997–2014. Verschiedene Pilotprojekte zum TRUSTED WEB 4.0. [Online] 1997-2014. [Zitat vom: 15.8.2015.] shop.get-primus.de/index.php?id-category=16&controller=category&id_lang=2.

Berberich, Olaf. 1999. PCT/EP 1 389 317 search machine. Europapatent.

Berberich, Olaf. 2008. *7/11 Insiderstory des Wandels in Deutschland 1999-2015*. Krefeld: BOD.

Berberich, Olaf. 2009–2011. Jung hilft Alt Konzept. [Online] 2009 - 2011. [Zitat vom: 15.8.2015.] shop.get-primus.de/index.php?id-category=18&controller=category&id_lang=2.

Berberich, Olaf 2013. Mitlese-Affaire? Werden jetzt bei uns Briefe mitgelesen. blog.get-primus.de. Zugegriffen: 18. Nov. 2013

Berberich, Olaf. 2014a. Antrag 10 2014 001 762.1, Verfahren für ein abhörsicheres Smartphone. Deutschland, 2014.

Berberich, Olaf. 2014b. Antrag 10 2014 001 901.2, Verfahren zum abhörsicheren dezentralen Speichern. Deutschland, 2014.

Berberich, Olaf. 2014c. Antrag: 10 2014 010 757.4, Verfahren für ein dezentralisiertes anonymisiertes Kommunikationsnetzwerk. Deutschland, 2014.

Berberich, Olaf. 2014d. *6/11 Global Spy Pact Quadrilla X von 2013 bis 2020*. Krefeld: Kindle Edition.

Berberich, Olaf. 2015a. 4/11 der Waffenstillstand 2022 bis 2032. Krefeld: Vorexemplare auf Anfrage unter shop.get-primus.de, 2015.

Berberich, Olaf. 2015b. 5/11 Der globale WEB Widerstand 2016 bis 2023. Krefeld: Vorexemplare auf Anfrage unter shop.get-primus.de, 2015.

Berberich, Olaf. 2016. *Trusted Web 4.0 – Konzepte einer digitalen Gesellschaft*. Heidelberg, Berlin: Springer Vieweg.

Berberich, Olaf, und Ingrid Schmidt. 1991. *Theorie und Praxis der Alphabetisierung Erwachsener*, 222. Köln: Forschungsstelle für Patholinguistik.

Biselli, Anna 2015. Deutschland rechtfertigt VDS vor EU-Kommission: Zwischen den Zeilen mehr Gründe dagegen als dafür. http://www.netzpolitik.org (Erstellt: 18. Nov. 2015). Zugegriffen: 26. Nov. 2015

Body of European Regulators for Electronic Communications (BEREC) 2015. BEREC Workshop on Oligopolies, Analysis and Regulation, Public Debriefing 22nd BEREC Plenary, Brussels. http://berec.europa.eu (Erstellt: 4. März 2015). Zugegriffen: 7. März 2015

Bostrom, Nick 2014. *Superintelligenz*. Oxford: Suhrkamp.

Boué, Thomas 2015. Mehr Kooperation bitte!. http://www.theeuropean.de (Erstellt: 17. Juni 2015). Zugegriffen: 17. Juli 2015

Brandt, Mathias 2015. Vorgestellt Studie von Adobe und PageFair. http://de.statistika.com (Erstellt: 10. Aug. 2015). Zugegriffen: 18. Aug. 2015

Brasel, S.Adam., und J. Gips. 2011. Media Multitasking Behavior, Concurrent Television and Computer Usage. *Cyberpsychologie, Behavior, and Social Networking* 14(9):527–534.

BSI,BVS,BKA,BND. 2014,12. Sonderbericht Wirtschaftsschutz, 1. Sonderausgabe Cybersicherheit. 2014,12.

Bundesamt für Sicherheit in der Informationstechnik 2008a. BSI_Standard 100-1, Version 1.5. http://bsi.bund.de. Zugegriffen: 6. Juli 2015

Bundesamt für Sicherheit in der Informationstechnik 2008b. *BSI-Standard 100-2, IT-Grundschutz-Vorgehensweise, Version 2.0*. Bonn: BSI.

Bundesamt für Sicherheit in der Informationstechnik 2008c. BSI-Standard 100-3, Version 2.5. http://bsi.bund.de. Zugegriffen: 7. Juli 2015

Bundesamt für Sicherheit in der Informationstechnik 2008d. *BSI-Standard 100-4, Notfallmanagement, Version 1.0*. Bonn: BSI.

Bundesamt für Sicherheit in der Informationstechnik 2008e. *BSI-Standard 100-4, Notfallmanagement, Version 1.0*, 52.

Bundesamt für Sicherheit in der Informationstechnik 2008f. BSI-Standard 100-4, Version 1.0, S. 4. http://bsi.bund.de. Zugegriffen: 7. Juli 2015

Bundesamt für Sicherheit in der Informationstechnik 2009. IT-Grundschutz-Kataloge: G 2.147 Fehlende Zentralisierung durch Peer-to-Peer. http://www.bsi.bund.de. Zugegriffen: 23. Juni 2015

Bundesamt für Sicherheit in der Informationstechnik 2014. IT-Grundschutzkatalog, B5.24 Web-Service. http://www.bsi.bund.de. Zugegriffen: 1. Juli 2015

Bundesamt für Sicherheit in der Informationstechnik 2015. Cyber-Sicherheits-Umfrage 2015 - Die Anzahl der erfolgreichen Cyber-Angriffe nimmt zu. https://www.bsi.bund.de (Erstellt: 6. Okt. 2015). Zugegriffen: 16. Okt. 2015

Bundesamt für Statistik. 2015, Januar. Arbeit und Erwerb, Panorama. 2015, Januar.

Bundesministerium des Innern 2015. E-Government Initiative. http://www.personalausweisportal.de. Zugegriffen: 13. Okt. 2015

Bundesministerium für Gesundheit 2015. Themen/Krankenversicherung/E-Health-Gesetz. http://www.bundesgesundheitsministerium.de (Erstellt: 3. Juli 2015). Zugegriffen: 9. Okt. 2015

Bundespolizei 2015. Was ist EasyPASS-RTP?. http://www.easypass.de. Zugegriffen: 13. Okt. 2015

Bundesverband Digitale Wirtschaft e. V. 2014. BVDW-Studie: Social Media in Unternehmen, Seite 27. http://de.statista.com/statistik/daten/studie/164027/umfrage/risiken-bei--nutzung-von-social-media-durch-organisationen. Zugegriffen: 3. Juli 201

CAR IT 2014. Wem gehören die Daten aus dem Auto?. http://www.car-it.com (Erstellt: 30. Jan. 2014). Zugegriffen: 9. Okt. 2015

2012. Charta der Grundrechte der Europäischen Union, Artikel 8: Schutz personenbezogener Daten. 2012/C 326/02, eur-lex.europa.eu, 2012.

Clauß, Ulrich 2014. Cybercrime schadet Deutschland am stärksten. http://www.welt.de (Erstellt: 9. Juni 2014). Zugegriffen: 17. Juli 2015

Dehmel, Susanne 2013. BITKOM Studie: Bring Your Own Device. http://www.bitkom.org. Zugegriffen: 7. Juli 2015

Der Landesschutzbeauftragte für den Datenschutz Niedersachsen 2015. Personalmanagementverfahren. www.lfd.niedersachsen.de. Zugegriffen: 1. Juli 2015

Deutsche ACCUmotive GmbH & Co.KG 2015. Mercedes-Benz Energiespeicher. http://www.schlauspeichern.de. Zugegriffen: 14. Okt. 2015

Deutsche Wirtschaftsnachrichten 2015. WTO: Die Globalisierung hat ihren Höhepunkt überschritten. http://www.deutsche-wirtschafts-nachrichten.de (Erstellt: 29. Aug. 2015). Zugegriffen: 5. Okt. 2015

Dewald, Andreas. 2012. Formalisierung digitaler Spuren und ihre Einbettung in die forensische Informatik. Erlangen: Dissertation an der Technischen Fakultät der Universität Erlangen-Nürnberg, 2012.

Die Bundesbeauftragte für den Datenschutz und die Informationsfreiheit 2015. Miniaturisierung der Informations- und Kommunikationstechnik. http://www.bfdi.bund.de. Zugegriffen: 13. März 2015

Die Welt 2015. RCT: Anschläge von Paris: Deutsche befürworten Steuererhöhung im Anti-Terror-Kampf. http://www.welt.de (Erstellt: 19. Nov. 2015). Zugegriffen: 26. Nov. 2015

Die Zeit 2015a. AFP: Nato: Pariser Anschläge sind Angriff auf die Demokratie. http://www.zeit.de (Erstellt: 15. Nov. 2015). Zugegriffen: 26. Nov. 2015

Die Zeit 2015b. sk: Selektorenliste: BND belauschte deutschen Diplomaten. http://www.zeit.de (Erstellt: 11. Nov. 2015). Zugegriffen: 3. Dez. 2015

Dropbox 2015a. AGB. http://www.dropbox.com (Erstellt: 1. Mai 2015). Zugegriffen: 15. Mai 2015

Dropbox 2015b. Angaben zum Datenschutz. http://www.dropbox.com (Erstellt: 13. Febr. 2015). Zugegriffen: 13. Mai 2015

Dückers, Anja 2015. Flüchtlinge sind eher Opfer als Täter. http://www.zeit.de (Erstellt: 22. Nov. 2015). Zugegriffen: 27. Nov. 2015

Eckert, Claudia 2015. *Security im Zeitalter von Industrie 4.0 und Internet der Dinge* Hacker & BIG Data Day 2015, 30. September 2015. Vortrag, Bonn.

eco-Verband der deutschen Internetwirtschaft e. V. 2015a. Pressemitteilung: Internet der Dinge: Überforderung für den Verbraucher?. www.eco.de (Erstellt: 31. Juli 2015). Zugegriffen: 5. Aug. 2015 eco-Verband der deutschen Internetwirtschaft e. V. 2015b. eco Report: M2M Future Trends 2015. http://www.eco.de (Erstellt: 1. Juli 2015). Zugegriffen: 11. Aug. 2015

E-Health Blog 2015. Was ist E-Health?. https://ehealthblog.de/ehealth. Zugegriffen: 9. Okt. 2015

EnBW 2015. *Clever sparen als Energie-Selbstversorger. Mit der Photovoltaik-Komplettlösung der EnBW*. Karlsruhe: EnBW Energie Baden-Württemberg AG.

Ericsson 2014. *9. Intelligente Sensornetze – Geschäftspotentiale und technische Herausforderungen* Workshop bei Ericsson im Rahmen einer Veranstaltung des ITK.NRW.

Europäische Union 2015. Die Symbole der EU. http://www.europa.eu. Zugegriffen: 15. März 2015

Facebook 2015. Facebook Unternehmensinformation. http://www.facebook.com/legal/terms (Erstellt: 30. Jan. 2015). Zugegriffen: 15. Juli 2015

Faigle, Philip und Schlieritz, Mark. 2015,9. Google zerschlagen? [Online] 2015,9.

FAZ 2015. bard.:. Kritik am Ausnahmezustand: Wie ein Spinnennetz über ganz Frankreich. http://www.faz.net (Erstellt: 24. Nov. 2015). Zugegriffen: 26. Nov. 2015

Fischer, Malte 2015. Abschaffung von Münzen und Scheinen. Rettet das Bargeld!. http://www.wiwo.de (Erstellt: 18. Mai 2015). Zugegriffen: 21. Mai 2015

Fleisher, Lisa 2015. Google bestätigt Pläne für ein eigenes Mobilfunk-Angebot. http://www.finanzen (Erstellt: 2. März 2015). Zugegriffen: 7. März 2015

Focus 2015. HAST/DPA: BKA-Präsident: So viele Terroranschläge wurden in Deutschland seit 2000 vereitelt. http://www.focus.de (Erstellt: 13. Mai 2015). Zugegriffen: 27. Nov. 2015

Gehlen, Martin 2015. Der IS drängt nach Europa. http://www.zeit.de (Erstellt: 18. Mai 2015). Zugegriffen: 24. Nov. 2015

Gesellschaft der Arbeit und Ergonomie online e. V. 2015. Menschengerechte Arbeitsgestaltung. http://www.ergo-online.de (Erstellt: 1. Jan. 2015). Zugegriffen: 17. Aug. 2015

getTIME.net GmbH. 2011-2013. Social Media Booster, zur anonymisierten Distribution von Inhalten zu den üblichen Social Media Plattformen. [Online] 2011-2013. [Zitat vom: 5.6.2013.] http://www.getmysense.com.

Golod, V. 2015. Das Internet lacht über Thomas De Maizière. http://www.rp-online.de (Erstellt: 18. Nov. 2015). Zugegriffen: 25. Nov. 2015

Google 2015a. selfdrivingcar. https://www.google.com. Zugegriffen: 9. Okt. 2015

Google 2015b. Unternehmensgeschichte im Detail. www.google.de/about/company/history/. Zugegriffen: 6. März 2015

GraTeach GmbH/getTIME.net GmbH. 1997 bis 2013. www.citythek.de. [Online] 1997 bis 2013. http://www.grateach.de.

Greis, Friedhelm 2015. NSA soll Daten von Ausländern nach fünf Jahren löschen. http://www.golem.de (Erstellt: 3. Febr. 2015). Zugegriffen: 15. März 2015

Grochla, E. 1972. Grundlagen der Organisation, S. 6. http://michael.hahsler.net. Zugegriffen: 6. Juli 2015

Gropp, Martin 2014. Woran das europäische Netz noch hängt. http://www.faz.net (Erstellt: 19. Febr. 2014). Zugegriffen: 5. März 2015

Hampton, Keith et al. 2014. Social Media and the ‚Spiral of Silence. http://www.pewinternet.org (Erstellt: 26. Aug. 2014). Zugegriffen: 9. Juli 2015

Haufe 2015. Digitalisierung bei Gericht: Gesetz zur Förderung des elektronischen Rechtsverkehrs läutet Abschied vom Papier ein. http://www.haufe.de. Zugegriffen: 3. Dez. 2015

HaushaltsSteuerung 2015. Staatsverschuldung in der Europäischen Union, Abbildung 5: Staatsdefizit, bzw. Staatsüberschuss der EU-Länder 2014 nach Maastricht-Vertrag im Vergleich (in Prozent des BIP. http://www.haushaltssteuerung.de (Erstellt: 23. Apr. 2015). Zugegriffen: 20. Juli 2015

Hesse, Carsten 2015. Methoden des Social Engeneerings. http://www.riskworkers.com. Zugegriffen: 1. Juli 2015

Hochschild, U. 2012. ehemaliger Richter: Idee und Wirklichkeit der Gewaltenteilung in Deutschland, 12. Warum der Widerstand gegen die Verwirklichung des Gewaltenteilungsprinzips?. http://www.gewaltenteilung.de. Zugegriffen: 3. Dez. 2015

Hoeren, Thomas 2015. Eine Unverschämtheit – der Regierungsentwurf zur WLAN-Haftung. blog.beck.de (Erstellt: 15. März 2015). Zugegriffen: 26. Mai 2015

Hoffmann, Christian 2014. Warum die eID-Funktion des neuen Personalausweises (noch) keinen Erfolg hat. http://www.government2020.de (Erstellt: 4. März 2014). Zugegriffen: 13. Okt. 2015

Huber, Frank, Frederik Meyer, und Ute Strickborn. 2011. *Online Avatare zur Steigerung der Markenloyalität*, 1. Aufl., 42. Lohmar: Josef Eul.

IBM X-Force. 2015,Q1. Security-Report. 2015,Q1.

ITDaily 2014. 84 % der Verluste im IT-Sicherheitsbereich werden durch menschliche Aktivitäten verursacht. http://www.it-daily.net (Erstellt: 4. Apr. 2014). Zugegriffen: 17. Aug. 2015

Jäger, Moritz 2015. Blockchain, Eine Technik zwischen Hype und Wirtlichkeit. http://www.golem.de/news/blockchain-eine-technik-zwischen-hype-und-wirklichkeit-1510-116573-3.html (Erstellt: 2. Okt. 2015). Zugegriffen: 4. Jan. 2016

Jäger, Thomas 2015. Diesen drastischen Schritt erwog Merkel wohl in der Schuldenkrise. http://www.focus.de (Erstellt: 7. Juli 2015). Zugegriffen: 9. Juli 2015

Jeschke, Sabine 2014. Clustermanagement ITK.NRW: Kybernetik und die Intelligenz verteilter Systeme. http://itk.nrw.de. Zugegriffen: 2. März 2015

Kahle, Christian 2014. „Passwort" ist nicht mehr meistgenutztes Passwort. http://www.winfuture.de (Erstellt: 20. Jan. 2014). Zugegriffen: 15. Mai 2015

Kaps, R. 2015. Ausgabe 10: Freifunker kritisieren Gesetzesvorlage zur Störerhaftung. http://www.heise.de (Erstellt: 6. März 2015). Zugegriffen: 15. März 2015

Knocke, Felix 2014. Cloud-Mining: Informatiker warnen vor Bedrohungen der Kryptowährung Bitcoin. http://www.spiegel.de (Erstellt: 16. Apr. 2014). Zugegriffen: 20. Mai 2015

Kötzsch, Tobias 2014. Android läuft auf fast 85 % aller Smartphones. http://www.Golem.de (Erstellt: 1. Aug. 2014). Zugegriffen: 2. Okt. 2015

KPMG International. 2015. Metalsmith or Grid Master: The automotive industry at the crossroads of an highly digitalized age, S. 7 ff. 2015.

Kremp, Matthias 2015. Spiegel: Android-System: Forscher kopieren Fingerabdrücke von Smartphones. http://www.spiegel.de (Erstellt: 7. Aug. 2015). Zugegriffen: 11. Aug. 2015

Kreutzer, T., und K.-H. Land. 2015. *Dematerialisierung, Die Neuverteilung der Welt in Zeiten des digitalen Darwinismus, Sonderedition der T-Systems Multimedia Solutions*. Köln: FutureVision-Press e. K.

Kuhn, Johannes 2015. Erst Bitcoin, dann die Welt. http://www.sueddeutsche.de (Erstellt: 12. Jan. 2015). Zugegriffen: 4. Jan. 2016

leParisien 2015. AFP: Lutte contre Deach: le porte-avions Charles-de-Gaulle s'apprête à quitter Toulon. http://www.leparisien.fr. Zugegriffen: 25. Nov. 2015

Lobo, Sacha 2015. Ausweitung der Überwachung: Geheimdienste lesen nicht mal Zeitung. http://www.spiegel.de (Erstellt: 25. Nov. 2015). Zugegriffen: 30. Nov. 2015

LTE-Anbieter.info 2015. 5G: Alles zum LTE-Nachfolger der Zukunft. www.lte-anbieter.info. Zugegriffen: 1. Juli 2015

Manager Magazin 2015. Nur noch 43 Prozent der Deutschen trauen Volkswagen. http://www.manager-magazin.de (Erstellt: 9. Okt. 2015). Zugegriffen: 9. Okt. 2015

Mäurer, Lutz 2013. Geschichte des Guerillakriegs. http://www.if-zeitschrift.de (Erstellt: 4. Dez. 2013). Zugegriffen: 6. Juli 2015

Mayrhofer, Stefan 2015. Sprachassistenten im Vergleich, Siri gegen Cortana gegen Google Now. www.itonews.de (Erstellt: 25. Aug. 2015). Zugegriffen: 26. Aug. 2015

Monroy, Matthias 2014. Bundespolizei stellt automatisierte Kontrollgates für neue EU-Vorratsdatenspeicherung auf. http://www.heise.de (Erstellt: 24. Feb. 2014). Zugegriffen: 13. Okt. 2015

Mücke, Sturm & Company 2015. Smart Home Markt, Marktwachstum trotz Barrieren. http://www.crn.de (Erstellt: 3. März 2015). Zugegriffen: 13. Aug. 2015

Mühlbauer, Holger 2015. Bundesverband IT-Sicherheit warnt vor Absenkung des IT-Sicherheitsniveaus durch TTIP. https://www.teletrust.de

Norton, William B. und Summa, Harald A. 2014. Internet Peering Playbook. s. l.: DE-CIX, 2014.

Ohly, Ansgar 2014. Vorlesungsprotokoll WS 2014/14 IUrheberrecht, Universität LMU München, Lehrstuhl für Bürgerliches Recht, Recht des geistigen Eigentums und Wettbewerbsrecht. http://www.zr11.jura.uni-muenchen.de/downloadarchiv/urhr_ws_13_14.pdf. Zugegriffen: 12. Juli 2015

Park, Enno 2014. Google erkennt Katzen und weiß nicht warum. blog.zdf.de (Erstellt: 29. Jan. 2014). Zugegriffen: 7. Aug. 2015

Phillips, Claire, Patrick Wintour, und Justin McCúrry. 2015. High degree of certainty' that US strike killed Mohammed Emwazi. http://www.theguardian.com. Zugegriffen: 25. Nov. 2015

Ponemon Institute LLC. 2015. 2015 Cost of Data Breach Study: Global Analysis. http://www.01-ibm.com. Zugegriffen: 6. Juli 2015

Prestashop 2015. Prestashop Marketplace. addons.prestashop.com. Zugegriffen: 21. Mai 2015

PWC 2014. Ein Bericht von PwC in Zusammenarbeit mit Iron Mountain: Über die guten Absichten hinaus. Abbildung 1,4, Seite 7. http://www.pwc.de (Erstellt: 1. Juni 2014). Zugegriffen: 20. Aug. 2015

Reißmann, Ole 2013. Sendungsverfolgung: Deutsche Post erfasst nur Adressen, keine Namen. http://www.spiegel.de (Erstellt: 2. Aug. 2013). Zugegriffen: 8. Juli 2015

Reuters 2015. Nine of the World's Biggest Banks Form Blockchain Partnership. https://recode.net (Erstellt: 15. Sep. 2015). Zugegriffen: 4. Jan. 2016

Ronning, Gerd, et al. September 2005. Band 4, S. 53. Wiesbaden: Statistisches Bundesamt, September 2005.

Schönefeld, Frank 2015. *Digitale Transformation gestalten. Folie 12: Verlustrisiken aus digitaler Transformation* Hacker & BIG Data Day 2015, 30. September 2015. Bonn: T-Systems Multimedia Solutions GmbH.

Schulte, Samba. 2015. *Die Wanze in der Hosentasche.* 2015, CRN Nr. 20, 15. Mai, S. 3.

Secunia 2015. Secunia Country Reports für das dritte Quartal 2014. http://www.secunia.com. Zugegriffen: 1. Juli 2015

Spiegel 2014a. EU-Parlamentspräsident: Schulz sieht Freiheit durch Digitalisierung bedroht. http://www.spiegel.de (Erstellt: 5. Feb. 2014). Zugegriffen: 15. März 2015

Spiegel 2014b. ihü: Übernahmegespräche: Telekom will T-Online an Springer verkaufen. http://www.spiegel.de (Erstellt: 20. Dez. 2014). Zugegriffen: 8. März 2015

Spiegel 2015a. aar/dpa/AFP: Cyberangriff auf US-Behörde, Hacker erbeuten 5,6 Millionen Fingerabdrücke. http://www.spiegel.de (Erstellt: 24. Sep. 2015). Zugegriffen: 9. Okt. 2015

Spiegel 2015b. Abgas-Skandal: Die Welt gegen Volkswagen. http://www.spiegel.de (Erstellt: 26. Sep. 2015). Zugegriffen: 9. Okt. 2015

Spiegel 2015c. syd/AFP/dpa:Cyberangriff in den USA: Hacker erbeuten Daten von vier Millionen Regierungsangestellten. http://www.spiegel.de (Erstellt: 5. Juni 2015). Zugegriffen: 17. Juli 2015

Spiegel/Wikileaks 2015. MGB: Wikileaks-Dokumente: NSA spionierte Kanzleramt seit Jahrzehnten aus. http://www.spiegel.de (Erstellt: 8. Juli 2015). Zugegriffen: 9. uli 2015

Stangl 2014. Eidetisches Gedächtnis. http://lexikon.stangl.eu/667/eidetisches%20Gedächtnis. Zugegriffen: 13. Mai 2015

Statistisches Bundesamt 2015. 13. koordinierte Bevölkerungsvorausberechnung, Statistisches Bundesamt Wiesbaden 2015. http://www.destatis.de. Zugegriffen: 18. Aug. 2015

Stricker, Hans Peter 1996. Internet: Agenten im Netz, Bilder der Wissenschaft. www.wissenschaft.de (Erstellt: 1. Okt. 1996). Zugegriffen: 10. Aug. 2015

Tanriverdi, Hakan 2015a. Bürgerkrieg in Syrien: Das Internet wird als Waffe eingesetzt. http://www.sueddeutsche.de (Erstellt: 5. Jan. 2015). Zugegriffen: 24. Nov. 2015

Tanriverdi, Hakan 2015b. Das Internet wird als Kriegswaffe eingesetzt. http://www.sueddeutsche.de (Erstellt: 5. Jan. 2015). Zugegriffen: 14. Okt. 2015

Tanriverdi, Hakan 2015c. Silicon Valley gegen die NSA. www.sueddeutsche.de/digital/kryptografie-debatte-silicon-valley-gegen-die-nsa-1.2432893 (Erstellt: 13. Apr. 2015). Zugegriffen: 15. Mai 2015

Thoma, Jörg 2015. dpa: Bundestagsnetz wird abgeschaltet und IT-System neu aufgesetzt. http://www.golem.de (Erstellt: 3. Juli 2015). Zugegriffen: 13. Juli 2015

Thun, und Friedmann Schulz von Thun. 2015. Grafik wurde von Olaf Berberich anhand des 4-Seiten Modells erstellt. https://de.wikipedia.org/wiki/Friedemann_Schulz_von_Thun (Erstellt: 5. Aug. 2015). Zugegriffen: 5. Aug. 2015

Verband Deutscher Maschinen- und Anlagenbau (VDMA) 2015. Industrie 4.0: Chance für Europa, 10-Punkte-Plan für die Umsetzung von Industrie 4.0 in Europa. http://www.vdma.org. Zugegriffen: 10. Okt 2015

Vertrieb Digittrade GmbH 2015. Hochsicherheitsfestplatte mit USB 3.0, HS256 S3. http://www.gigittrade.de

viruslist 2015. Neues BIOS-Implantat und Tool zum Aufspüren von Sicherheitslücken debütieren auf der CanSecWest. http://www.viruslist.com (Erstellt: 25. März 2015). Zugegriffen: 7. Juli 2015

Weiss, Marcel 2015. Bitcoin: Nicht die Währung sondern die Blockchain ist die Revolution. http://www.neunetz.com (Erstellt: 29. Jan. 2015). Zugegriffen: 4. Jan. 2016

Wendt, Johannes 2014. Das Google Amt. http://www.zeit.de (Erstellt: 19. Mai 2014). Zugegriffen: 6. März 2015

Wietfeld, Cristian 2013. *Kommunikationsnetzwerke für Cyber Physical Systems, Clustermanagement ITK.NRW*

Wikipedia 2014. Elektronische Gesundheitskarte. http://de.wikipedia.org. Zugegriffen: 9. Okt. 2015

Wikipedia 2015a. Android. http://de.wikipedia.org. Zugegriffen: 2. Okt. 2015

Wikipedia 2015b. Apple M7. https://de.wikipedia.org. Zugegriffen: 14. Okt. 2015

Wikipedia 2015c. ASGW. http://de.wikipedia.org. Zugegriffen: 6. Juli 201

Wikipedia 2015d. Biometrie. https://de.wikipedia.org/wiki/Biometrie (Erstellt: 1. Juli 2015). Zugegriffen: 11. Aug. 2015

Wikipedia 2015e. Crowdfunding. https://de.wikipedia.org. Zugegriffen: 9. März 2015

Wikipedia 2015f. eCl@ss. https://de.wikipedia.org/wiki/ECL@ss (Erstellt: 1. Juli 2015). Zugegriffen: 10. Aug. 2015

E-Mail 2015g. Zitat vom. http://de.wikipedia.org (Erstellt: 5. Juli 2015). Zugegriffen: 9. Juli 2015

Wikipedia 2015h. Fahrzeuggetriebe. https://de.wikipedia.org. Zugegriffen: 9. Okt. 2015

Wikipedia 2015i. Gescheiterter Staat, gesehen 9.7.2015. http://de.wikipedia.org. Zugegriffen: 8. Juli 2015

Wikipedia 2015j. Geschichte der Zeitmessgeräte. https://de.wikipedia.org/wiki/Geschichte_der_Zeitmessgeräte (Erstellt: 2. Aug. 2015). Zugegriffen: 2. Aug. 2015

Wikipedia 2015k. Guerillataktik veröffentlicht Johann von Erwalt 1785 seine Abhandlung. http/de.wikipedia.de. Zugegriffen: 15. Juli 2015

Wikipedia 2015l. Netzwerkprotkoll. https://de.wikipedia.org/wiki/Netzwerkprotokoll (Erstellt: 7. Aug. 2015). Zugegriffen: 7. Aug. 2015

Wikipedia 2015m. Pull-Medien. https://de.wikipedia.org/wiki/Pull-Medien (Erstellt: 10. Aug. 2015). Zugegriffen: 11. Aug. 2015

Wikipedia 2015n. Prothese. https://de.wikipedia.org/wiki/Prothese (Erstellt: 6. Aug. 2015). Zugegriffen: 6. Aug. 2015

Wikipedia 2015o. Protokoll. https://de.wikipedia.org/wiki/Protokoll (Erstellt: 7. Aug. 2015). Zugegriffen: 7. Aug. 2015

Wikipedia 2015p. Selbstfahrendes Kraftfahrzeug. https://www.wikipedia.org. Zugegriffen: 9. Dez. 2015

Wikipedia 2015q. Terroranschläge am 13. November 2015 in Paris. https://www.wikipedia.org. Zugegriffen: 25. Nov. 2015

Wikipedia 2015r. Vorwärtsfehlerkorrektur. http://de.wikipedia.org. Zugegriffen: 6. Juli 2015

Wirtisch, Manfred, und Bernd Matouschek. 2001. Macht und Sprache. www.eduhi.at/dl/MachtSprache.pdf (Erstellt: 1. Jan. 2001). Zugegriffen: 5. Aug. 2015

Witkowski, Martin 2014. Unidirektionale Netzwerke (Data Diode. http://www.itsecblog.de (Erstellt: 22. Dez. 2014). Zugegriffen: 1. Juli 2015

Zdrzalek, Lukas 2015. Bleiberecht. http://www.zeit.de (Erstellt: 15. Juni 2015). Zugegriffen: 14. Okt. 2015

Ziercke, Jörg, und Dieter Kempf. 2014. Pressekonferenz zu Cybercrime, S. 7. https://www.bitkom.org/Presse/Anhaenge-an-PIs/2014/August/140827_BITKOM_Charts_PK_Cybercrime_mit_BKA_28_07_14.pdf (Erstellt: 27. Aug. 2014). Zugegriffen: 3. Mai 2015

Sachverzeichnis

FSC
www.fsc.org
MIX
Papier | Fördert
gute Waldnutzung
FSC® C083411

Kolibri 360 GmbH
Ferdinand-Jühlke-Straße 7
99095 Erfurt, Deutschland
produktsicherheit@kolibri360.de